1 문장 허가증 Grant of Arms

잉글랜드, 스코틀랜드 등에서는 현지에서도 문장의 무단 사용은 허용되지 않아 문장원에 소정의 허가료를 내고 사용 허가를 신청했다. 신청서를 받은 문장원에서는 잉글랜드를 기준으로 가터 킹 오브 암스(Garter King of Arms) 소속 문장관이 신청서를 심사했다. 심사 과정에서 신청자의 가문과 신분, 기타 사항을 조사해 문장을 작성하고 문장 허가증을 발부해주었다. 사진은 1867년 메리 앤 호튼(Mary Ann Horton)에게 발부된 허가증. (저자 소장)

2 잉글랜드 최초의 가터 킹
오브 암스(주석 문장관)
William Bruges, 1415년,
헨리 5세에게 임명.
Science of Heraldry in
England. 1793.

3 문장감 Roll of Arms의 일부
디어링 문장감(The Dering Roll). 1270~80년경 편찬되었다고 전해진다.

4 중세 회화에서 볼 수 있는 기사 출장도(出場圖)
말을 탄 인물은 제프리 러트럴 경(Sir Geoffrey Luttrell).
(대영박물관 소장)

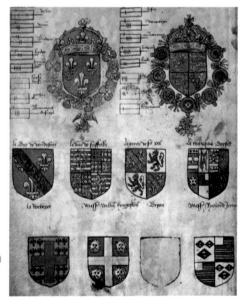

5 헨리 8세 시대의 마상 창
시합 대전표(Jousting cheque)
(Society of Antiquaries
소장)

6 시칠리아 왕 르네 당주(René d'Anjou, 1460년경~65년 재위) 주최 마상 창 시합도
(1460년경 세밀화. 파리 국립도서관 소장)

7 마상 창 시합도

존 애슬리 경(John Astley)을 위해 그려진 작품으로, 왼쪽에 말을
탄 기사가 존 애슬리 경. 15세기 작품. (미국 뉴욕, 피어폰트 모건
라이브러리[Pierpont Morgan Library] 소장, Ms. 775, fo. 2v.)

8 바이외 태피스트리(Bayeux Tapestry)를 그린 영국의 기념우표

오른쪽 아래는 바이외 태피스트리를 소장한 베이유 대성당(cathedral de bay-eux).

9 바이외 태피스트리
본문 61, 102쪽 참조

10 궁정 시인을 그린 고화로 디자인한 우표
상단은 서독일, 하단은 리히텐슈타인 우표

11 영국의 네 위인을 그린 우표
A) 스코틀랜드 왕 로버트 1세(Robert the Bruce, 1274~1329)
B) 웨일스의 오와인 글린드루(영어식 표기 Owen Glendower, 1354?~1416)
　우표에는 웨일스어로 오와인 글린드루(Owain Glyndŵr)로 표기
C) 헨리 5세(Henry Ⅴ, 1413~22년 재위)
D) 에드워드 흑태자(Edward the Black Prince, 1330~76)
　각 위인상의 방패, 서코트(Surcoat, 휘장이 그려진 중세 군인의 겉옷-역주), 커패리선
　(Caparison, 말의 보호와 장식을 위해 덮는 천, 성장[盛裝]-역주)에 그려진 문장에 주목.
　로버트 더 브루스(로버트 1세)에 관해서는 본문 '솔타이어(Saltire)' 장을 참조

12 궁정 시인상(Minnesang)
초기 간결한 문장 디자인이 특징. 1300년대 초기의 사본 『Mannessischen Liederhandschrift』의 복각본. (Junsel-Velag, Leipzig)
A) 탄호이저(Der Tannhäuser, 1205~67)
B) 주네게(Der von Suonegge)
C) 볼프람 폰 에셴바흐(Wolfram von Eschenbach, 1170년경~1220년경)
D) 발터 폰 데르 포겔바이데(Walther von der Vogelweide, 1170년경
　~1230년경) 레오폴트 5세의 빈 궁정에 출사

E   F

E) 토겐부르크 백작(Kraft I. von Toggenburg)
F) 하르트만 폰 아우에(Hartmann von Aue, 1160 · 1165년경~1215년경),
   스위스 샤프하우젠 출생

13 북웨일스 마지막 왕자 허웰린(Llywelyn)상
북웨일스의 도시 콘위(Conwy)에 있다.

14 조프루아 5세 당주 백작(조프루아 5세[Geoffrey V, Geoffroy d'Anjou, 조프루아 플랜태저넷], 1113~1151) **무덤의 에나멜 세공상**(Enamel effigy of Geoffrey Plantagenet, Count of Anjou on his tomb)

15 솔즈베리 백작 윌리엄 롱제스페 (William Longespée, 3rd Earl of Salisbury, 1226년 사망)**의 무덤에 있는 상** 솔즈베리 대성당에 있다.

16 서리 백작 워런(John de Warenne, 6th Earl of Surrey, 1286~1347)**의 상** 방패가 서리 백작의 문장. 워런 가문은 윌리엄 드 워런(William de Warenne, 1030?~1088)을 시조로 삼고 있다. 앵글로 노르만 계열 가계로 서리(Surrey), 서식스(Sussex), 노퍽(Norfolk) 그리고 요크셔(Yorkshire)에 걸친 광대한 영역을 다스린 명문가. 문장은 방패뿐 아니라 말의 커패리선(Caparison)과 워런의 서코트까지 그려져 있다.
왼쪽 아래 흑백으로 덧붙여진 그림은 그 문장을 계승한 노퍽 공(Duke of Norfolk)의 문장.

17 『작센슈피겔』(Sachsenspiegel, 게르만법, 독일에서 가장 오래된 법전)에 수록된 손으로 그린 삽화
이 법전은 1215~1235년경 기사 아이케 폰 레프고(Eike von Repgow)가 편찬했다고 전해진다.

18 18세기 중엽의 각국 왕가와 귀족의 문장
1751년, 수채 판화 (저자 소장)

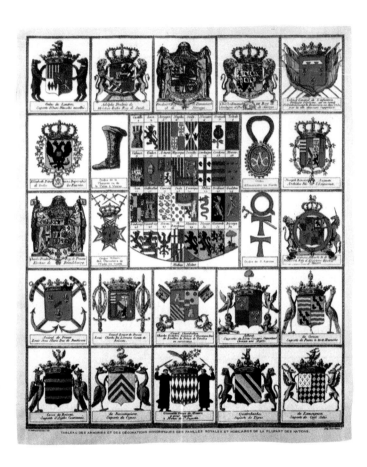

TABLEAU DES ARMOIRIES ET DES DÉCORATIONS HONORIFIQUES DES FAMILLES ROYALES ET NOBILIAIRES DE LA PLUPART DES NATIONS.

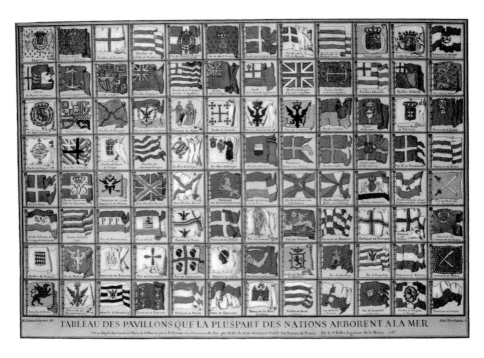

19 18세기 중엽의 각국 깃발
당시 국기 대다수가 문장을 그대로 이용했음을 유추할 수 있다.
옆 페이지는 부분도. 1756년, 수채 판화 (저자 소장)

20 궁정 카드(Hofämterspiel)

막시밀리안 1세의 손자로 오스트리아 대공, 보헤미아 왕, 헝가리 왕, 신성로마제국의 페르디난트 1세(Ferdinand I, 1503~64)의 유품에서 발견되었다. 영미권에서 플레잉 카드(Playing Cards)라 부르는 트럼프의 선조로 볼 수 있는 귀중품. 카드는 제국, 프랑스, 보헤미아, 헝가리, 이렇게 네 개 세트로 나누어져 있다. 사진은 빈의 문화역사 박물관에서 소장한 복제품

21 작센 왕국 국장(Der Königlich Sächsische Stasta Wapen)

22 뷔르템베르크(Württemberg) 백작의 문장

23 발데크(Waldeck) 백작의 문장

24 『뮌헨 캘린더』 1895년 표지
오른쪽이 바이에른, 왼쪽이 호엔촐레른의 문장

25 메클렌부르크(Mecklenburg)
의 문장

26 슈바르츠부르크(Schwarzburg)의
문장

27 『뮌헨 캘린더』 1899년 표지
오른쪽이 뮌헨, 왼쪽이 바이에른의 문장

28 리페(Rippe) 백작 가문의
문장

29 올덴부르크(Oldenburg)
가문의 문장

30 웨스트민스터 사원(Westminster Abbey) **헨리 7세 예배당 내부**
왼쪽은 글로스터 공(Duke of Gloucester)의 문장기(紋章旗)

31 앙투안 드 무아투리에(Antoine Le Moiturier) **작품, 필리프 포트** (Philippe Pot)**의 묘석**
루브르 박물관 소장. 위의 흑백 그림은 필리프 포트의 문장.

32 존 챈도스 경(Sir John Chandos, 1369년 사망)
의 문장
윈저성 내부의 세인트 조지 예배당(St George's
Chapel)에 남은 가터 스톨 플레이트(Garter stall
plate)를 모사했다("The Stall Plates of the Knights
of the Order of the Garter", 1901년). 챈도스 경은
가터 기사단의 최초 단원. 세인트 조지 예배당 내
의 스톨(기사석) 뒷벽에는 역대 가터 기사단원의
문장이 빼곡하게 장식되어 있다.

33 피터 도지(Peter Dodge)의 문장
College of Arms 소장. 본문 231쪽 참조

34 셰익스피어 가문의 문장(College of
Arms 소장)
왼쪽 흑백 그림은 셰익스피어의 출생지
스트랫퍼드어폰에이번(Stratford-upon-
Avon)의 문장.

35 프랜시스 드레이크 경(Sir Francis Drake, 1540~1596)의 문장

36 스코틀랜드의 아가일 공작(Duke of Argyll) 캠벨(Campbell) 가문의 문장
스코틀랜드의 문장에는 배를 모티브로 삼은 유명한 문장이 많다.

37 슈바르츠부르크 존더샤우젠(Schwarzburg-Sondershausen) 공국의 대문장
"Deutschen Wappenrolle"(1897)에서

39 후안 카를로스 1세
(Juan Carlos I) **전 스페인 왕의 문장**
프랑코 총통 사후 스페인 왕이 되었
던 이 왕의 문장은 유럽 왕실 문장
중 최신. 옛 부르봉 가문 출신임을
보여주는 '프랑스'의 문장이 배치되
어 있다.

38 스페인의 국장(Lesser Royal Coat of
Arms of Spain, 1930년까지 사용)
방패 주위는 그리스 신화에서 모티브를
따온 황금 양모피(Golden Fleece) 훈장

40 루이 15세의 문장

41 스웨덴 왕의 대형 문장

42 오스트리아 대공 마리아
테레지아(Maria Theresia,
1717~1780)의 문장
이 책 299쪽 참조

43 오스트리아제국의 국장
(마지막 국장)

44 덴마크 왕의 소형 문장

45 덴마크 왕의 대형 문장
1972년까지 사용

46 러시아제국 시대의 국장
현 러시아공화국 국장에 부활

47 독일제국 시대의 국장

48 네덜란드 왕가의 문장

49 미합중국 43개 주 시대의 국장

50 1697년, 프랑스 귀족이 그린 당시 헝가리 왕의 문장 (필자 소장)

위의 흑백 첨부 그림은 1915년까지 헝가리 국왕의 국장(오른쪽), 1916년 당시의 소형 문장 (왼쪽)

51 캐나다의 국장

52 오스트리아의 국장

53 영국 엘리자베스 2세의 문장

54 스코틀랜드 왕의 문장

55 영국 왕이 스코틀랜드에서 사용한 문장
덱스터(dexter) 깃발은 스코틀랜드의 세인트 앤드루스(Saint Andrews) 깃발, 시니스터(sinister)는 잉글랜드의 세인트 조지(Saint George) 깃발

56 프린스 오브 웨일스(Prince of Wales, 웨일스 공) 찰스의 문장

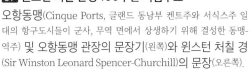

57 윈스턴 처칠 탄생 100주년 기념우표
오항동맹(Cinque Ports, 글랜드 동남부 켄트주와 서식스주 일대의 항구도시들이 군사, 무역 면에서 상생하기 위해 결성한 동맹-역주) 및 오항동맹 관장의 문장기(왼쪽)와 윈스턴 처칠 경(Sir Winston Leonard Spencer-Churchill)의 문장(오른쪽).

58 파리시(Paris)의 문장

59 사우샘프턴(Southampton)시

60 스윈던(Swindon)시

61 에든버러(Edinburgh)시

62 맨체스터(Manchester)시

63 시티오브런던(City of London)

64 더블린(Dublin)시

65 네덜란드의 유명한 주
조 기업, 볼스(Bols)의 문장

66 엘리자베스 왕대비
(Queen Mother Elizabeth)의 문장
런던의 여성복 전문점이 왕대비 전속
의상실임을 알리기 위해 내건 간판.
이 책 319쪽 참조.

67 바이아(Baia, 이 책 '라운들
[Roundle]' 항목 참조)를 차지한
희귀한 문장을 볼 수 있는 이
탈리아의 키안티 와인 라벨

68 술 창고의 문장을 상표(trademark)로
삼은 모젤(Mosel) 와인 라벨

69 프랑스의 오래된 지방·도시의 문장을 시리즈로 만든 프랑스의 우표
첫 번째 줄 왼쪽부터 오른쪽으로 푸아(Foix), 루시용(Roussillon), 로렌(Lorraine), 알자스(Alsace)
두 번째 줄, 샹파뉴(Champagne), 트루아(Troyes), 마르셰(marché), 부르보네(Bourbonnais)
세 번째 줄, 사부아(Savoie), 마르세유(Marseille), 랑그도크(Languedoc), 앙주(Anjou)
네 번째 줄, 리무쟁(Limousin), 멘(Maine), 베리(Berry), 니베르네(Nivernais)

70 스페인의 문장 우표

왼쪽부터 프랑코 총통 시대의 국장, 바르셀로나, 레온, 발렌시아 각 주의 문장

71 체코슬로바키아의 문장 우표

상단의 큰 두 장은 프라하성에 남은 오래된 문화재로 보인다. '보헤미아 사자', 중앙은 프라하시. 체코슬로바키아 사자는 모두 '두 쌍의 꼬리'를 가졌다는 특징이 있다. 왼쪽 체스카 트르제보바(Česká Třebová) 문장은 인간의 머리가 달린 닭이라는 기묘한 조합이다. 원래 닭만 있던 문장을 16세기에 이 지역을 지배한 영주가 본인의 얼굴로 바꾸었다고 알려져 있다. 체코슬로바키아 도시의 문장은 이처럼 다양한 전설에 기반을 둔 재미난 이야기가 많다.

72 벨기에의 문장 우표

왼쪽부터 하셀트(Hasselt), 브뤼셀, 안트베르펜, 리에주 각 도시

73 오스트리아 각 주의 문장(상단 중앙은 현재 오스트리아의 국장)
첫 번째 줄 왼쪽부터 오른쪽으로 니더외스터라이히(Niederösterreich), 오버외스터
라이히(Oberösterreich), 슈타이어마르크(Steiermark)
두 번째 줄, 케른텐(Kärnten), 티롤(Tirol), 포랄베르그(Vorarlberg)
세 번째 줄, 잘츠부르크(Salzburg), 부르겐란트주(Burgenland), 빈

유럽의
문장 이야기

모리 마모루 지음 | 서수지 옮김

AK TRIVIA BOOK

일러두기

1. 일본 인명과 지명은 국립국어원 외래어 표기법에 따랐다.

2. 본문 중에서 '역주'로 표기된 것 외에는 모두 저자의 주석이다.
   * 역주 예 : 서코트(Surcoat, 휘장이 그려진 중세 군인의 겉옷-역주), 커패리선(Caparison, 말의 보호와 장식을 위해 덮는 천, 성장[盛裝]-역주)

3. 서적 제목은 겹낫표(『 』)로 표기하였으며, 그 외 인용, 강조, 생각 등은 작은따옴표(' ')를 사용하였다.
   * 예 : 모토 해독에는 『엘빈 모토 사전』(Elvin's Handbook of mottoes)이 편리하다. 이를 증명하는 유력한 단서로 '블라종(Blazon)'이라는 문장 용어가 있다.

4. **1**과 같은 숫자 번호는 이 책 앞부분(1~32쪽)의 컬러 그림을, 1 과 같은 숫자 번호는 본문 속의 그림을 가리킨다.

머리말

우연한 계기로 '서양의 문장(紋章)'을 접하고 의문을 품게 되었다. 얼핏 단순한 도형으로 이루어져 어느 정도 지식을 쌓으면 이해할 수 있을 줄 알았는데, 문장의 세계는 상상 이상으로 심오했고 쉽사리 문을 열어주지 않았다. 손에 잡힐 듯 말 듯 좀처럼 곁을 내주지 않는 문장에 답답함을 느끼면서도 한번 발을 들이면 빠져나올 수 없는 늪처럼 그 매력에 빠져들어 문장의 포로가 된 지 어느덧 서른여섯 해 가까이 되었다.

방패 양쪽으로 사자와 독수리 혹은 인간과 괴물이 방패를 떠받치고 있는 문장이 있는가 하면, 오로지 방패로만 이루어진 문장도 있다. 이 문장들의 차이는 무엇을 의미할까?

영국 왕의 문장이라고 하면 시대에 따라 달라질 뿐 아니라 인쇄물에 따라서도 제각기 다른 문장이 등장한다. 왜 영국 왕의 문장은 일본의 문장처럼 일정하지 않을까?

문장에 그려진 독수리는 대개 고개를 왼쪽으로 향하고 있는데, 드물게 오른쪽을 향한 독수리도 있다. 무슨 이유에서 독수리가 고개를 돌리는 방향이 달라질까?

또 분명 같은 인물의 문장인데 방패에 그려진 사자의 얼굴과 모

양은 왜 각양각색일까?

한번 생겨난 궁금증은 꼬리에 꼬리를 물고 이어졌다. 한 번에 답을 찾을 수 없어 국내와 해외의 백과사전 등을 뒤져보았으나 문장에 대한 대략적인 실마리는 얻을 수 있어도 '바로, 이거야!'라고 고개를 끄덕이며 수긍할 만한 속 시원한 해설은 찾아내지 못했다. 반대로 해설 그 자체에 의문이 새로 생겨날 때도 있다. 매번 문장의 세계가 얼마나 넓고 오묘한지, 쉽사리 해석을 허락하지 않는 문장의 존재에 새삼 경탄하게 된다.

놀라움은 끊이지 않는다. 서양의 것이라면 무엇이든 모방하고 흡수하고 보는 일본이라는 나라의 탐욕스러운 국민성은 서양의 문장에도 예외는 아니다. 위스키 라벨, 카페와 바의 간판, 골프클럽 마크, 나아가 생명보험회사의 로고에 이르기까지 서양의 문장을 흉내 낸 마크와 상표가 일본 사회에 차고 넘친다. 오히려 일본 고유의 문장을 찾아보기 어려울 지경이다. 상황이 이러한데도 '서양의 문장'을 해석한 일본인의 책은 눈을 씻고 보아도 찾을 수 없다.

서양의 문장에 관한 올바른 지식을 갖추지 못한 채 어설픈 모방을 남발하는 현상이 만연하고 있다. 모름지기 사용해서는 안 될 서양의 문장을 무단으로 광고에 이용하는, 무지에서 비롯된 실수를 당당하게 저지른다. 일본에서 문장을 함부로 사용했다가 세간을 떠들썩하게 만들었던 사건도 있다. 일본의 어느 넥타이 회사가 네덜란드 왕가의 문장을 그대로 사용했다가 국제적 물의를 일으킨

적도 있다. 또 어느 저명한 미술 평론가가 서양 회화를 해설했는데, 그 그림에 자그마하게 그려 넣은 문장에 관한 올바른 지식이 없었던 탓에, 완전히 엉터리 해설이 당당하게 퍼진 사례도 있다. 요컨대 일본에서는 '서양 문장학'은 연구가 제대로 이루어진 적이 없는 미지의 분야라고밖에 할 수 없다.

시작은 개인적인 궁금증이었다. 거기에 '그 누구도 발을 들이지 않은 분야'라는 미지의 세계가 주는 매력도 한몫했다. 촛불 하나 없이 어둠 속을 손으로 더듬듯 힘들게 더듬더듬 실마리를 찾아 수많은 관련 서적을 주문해 읽어보았다. 하지만 책을 읽고 문장 관련 지식이 늘어날수록 문장이라는 존재의 난해함, 대상의 광범위함 그리고 심오한 깊이에 압도당했다. 어째서 오늘날까지 이 분야 연구가 방치되었는지 나름대로 머리를 싸매고 그 이유를 떠올려보았으나 이렇다 할 이유를 찾지 못했다.

서양 문장이라고 두루뭉술하게 말하지만, 서양의 문장은 잉글랜드만 해도 약 9만 종, 유럽 전체를 통틀어 150만 종이 넘는 방대한 가짓수를 자랑한다. 잉글랜드에서는 금기시되는 문장이 독일에서는 자유롭게 사용되듯, 나라에 따라 혹은 지방에 따라 서로 다른 시스템과 규칙이 존재하는 복잡한 세계다. 문헌에 등장하는 문장 사용자에 얽힌 갖가지 궁금증은 말할 것도 없고 문헌 대부분이 희귀본에 속해 일반인은 열람조차 하기 어렵다. 엎친 데 덮친 격으로 난해한 문장학 전문용어와 유럽 각국 고어까지 해독해야 하니, 문장학 연구 진입 장벽은 절대 낮지 않다. 모험에 나서자마자 정글에서 길을 잃고 제자리에서 뱅뱅 도는 풋내기 모험가 신세다. 쉽사리 접근을 허락하지 않는 문장의 세계에 지긋지긋해져 때때로 자료를 내던지고 모든 걸 포기해버리고 싶다고 생각했던 적도 있다.

그러나 '오리무중(五里霧中)'처럼 짙게 낀 안개도 언젠가 개는 날이 있듯 일단 길이 열리면 문장학 그 자체를 이해할 수 있는 순간이 찾아온다. 나아가 '문장을 해독'하는 순간 느껴지는 짜릿한 지적 쾌감, 문장학이라는 학문에도 의외로 효용성이 있다는 발견이 이 학문에 대한 흥미를 부추겨 나를 문장의 세계로 더 깊이 밀어 넣었다.

독일 르네상스 사조 화가인 루카스 크라나흐(Lucas Cranach)의 판화에는 반드시 서명 대신 그의 문장이 들어갔다. 그림 속의 문장 하나가 화가가 당시 작센 지방에서 어떤 지위였고, 어느 정도 대우를 받았는지를 이야기해준다.

셰익스피어의 일련의 희곡에 등장하는 인물의 모델은 대부분 실존했다. 등장인물의 문장 대다수가 문장 교과서에 인용될 정도로 유명한 문장일 뿐 아니라 그 문장의 유래를 알고 셰익스피어의 작품을 다시 읽어보면 완전히 새로운 책처럼 느껴질 정도로 인상이 달라진다.

문장을 이해했을 때 어떤 효용이 있는지 예를 들자면 끝이 없다.

"문장학의 어디가 그렇게 재미있나요?"

문장학을 연구한다고 하면 흔히 받는 질문이다. 문장학이라는 학문 자체가 물론 재미있다. 거기에 따라붙는 덤이 중독성이 너무 강하다. 문장을 알아가는 과정에서 사소한 발견을 하게 될 때가 있는데, 그 순간 느껴지는 짜릿함에 중독되면 문장학을 도저히 놓아버릴 수 없다. 수수께끼 풀이를 좋아하는 사람이라면 문장학에 빠질 수밖에 없다. 몇 년 동안 누가 사용했는지 모르던 문장이 어느 날 홀연히 베일을 벗고 민얼굴을 살짝 보여주는 순간이 있다. 그 순간에는 며칠 밤을 꼬박 새워 고민하며 풀던 퍼즐을 한 방에 풀어냈을 때와 같은 짜릿한 쾌감을 맛볼 수 있다. 셜록 홈스라는 세기의 명탐정을 낳은 아서 코넌 도일은 어린 시절부터 어머니에게 철저하게 문장학 교육을 받은 덕분에 문장학 전문가에 가까운 지식을 보유했다고 한다. 어쩌면 어린 시절 주입식으로 받은 문장학 교육이 그를 '수수께끼 풀이'에 관심을 가지게 만들었을 수도 있다. 그리고 관심에 재능이 더해지며 세계인이 사랑하는 치밀한 설정을 자랑하는 셜록 홈스 시리즈가 탄생했을 수도 있다.

이 책은 학문적 부분보다 문장 이해의 '즐거움'을 느끼는 데 비중을 두었다. '서양 문장을 ABC부터 차근차근' 배워나갈 수 있도록 최대한 이해하기 쉽게 정리했다. 그러나 문장 자체가 천 년에 이르는 유럽 각국 역사 속에서 발전한 제도를 배경으로 삼고 있기에, 이해의 범주를 벗어나는 부분도 덩달아 늘어날 수밖에 없다. 언젠가 '서양 문장학 입문'을 완성해 부족한 부분을 채워 넣을 예정이다. 이 책은 처음에 설명했듯 아주 난해한 문장 규칙과 시스템이 입문자에게 문장 알레르기를 일으키지 않도록 '문장학 입문 길라잡이' 역할을 겸하고 있다. 그래서 이 책은 다음과 같은 방침으로 써나갔다.

◎ 서양의 문장 구조는 각 국가에 따라 서로 다른 면이 많다. 그래서 유럽 전역의 문장을 한마디로 설명하는 건 불가능에 가깝다. 또 설령 가능하더라도 독자의 이해에 혼란을 초래할 우려가 있다. 그래서 이 책은 잉글랜드(영국이 아니다)의 문장학, 문장 제도를 중심축으로 삼아 문장학의 실타래를 차근차근 풀어나간다. 잉글랜드의 문장 제도가 유럽에서 가장 높은 완성도로 확립되어서가 아니다. 지금도 '문장원(College of Arms)'이라는 기관이 존재하고, 문장 제도의 전통이 살아 있는 유일한 나라이기 때문이다. 제도와 규칙의 차이는 단순히 국가로 구분할 수 없다. 가령 같은 영국이라도 잉글랜드와 스코틀랜드의 문장은 다른 나라로 볼 수 있을 정도로 다르다. 또 프랑스에서는 나폴레옹 1세의 철저한 문장 제도 개혁으로 빚어진 옛 제도와의 혼선이 현재까지 이어지고 있다. 한편 독일은 문장학이 가장 발전한 나라라고 하나, 그 역사가 보여주듯 통일 독일로서의 기간이 지극히 짧다. 극단적으로 말하면 독일은 지방마다 제도와 규칙이 다르다고 할 수 있을 정도로 문장 분야에서는 중구난방이다. 그래서 프랑스나 독일의 문장학은 초보자용 길라잡이로는 적합하지 않다고 판단해 잉글랜드의 문장 제도를 중심으로 설명하기로 했다. 그러나 큰 얼개에서는 극단적인 차이는 적고, 공통분모도 많다. 따라서 잉글랜드를 중심으로 했다고 하나, 유럽 전역의 문장 이해에 징검다리 역할을 충분히 해내리라 믿는다. 또 각국의

극단적으로 다른 제도와 특징에 관해서는 필요에 따라 병기했다.

◎ 문장 전문용어는 최대한 피할 심산이었는데, 번역할 수 없는 단어, 번역하면 오히려 이해하기 어려워지는 단어가 상당수 존재해 불가피하게 전문용어를 사용하기도 했다. 전문용어를 완벽히 피해가기는 어렵다고 판단했다. 그러나 내 경험으로 보건대 전문용어를 남발하면 문장의 이해를 어렵게 만들 소지가 있어 필요 최소한의 수준으로만 사용했다. 용어는 외래어 표기법에 따라 표기하고, 반드시 원어를 첨부해 각각 해설을 덧붙였는데, 편집자의 호의로 복잡한 용어를 이 책 권말에 색인으로 깔끔하게 정리해두었다. 문장학 전문용어는 600쪽이 넘는 사전이 만들어질 정도로 양이 방대하고 분야도 다방면에 걸쳐 있다. 이 책에서 사용한 가장 기본이 되는 용어를 알기만 해도 어느 정도 영어 문장 문헌의 해독에 도움이 되리라 믿으며, 아무쪼록 독자 여러분이 이용해주시기를 바란다.

◎ 문장과 그 문장 사용자의 성(姓), 지위, 연대 등은 매우 밀접한 관계에 있어 주석으로 각각 원어와 그 밖의 정보를 함께 표기했다. 원어 표기는 일반적으로는 '참고 정도'의 의미인데, 이 책에서는 문장 사용자의 원명과 지위 그 자체가 문장 도형과의 관계에 필요 요소일 때가 많아 주의가 필요하다. 또 문장 문헌 대부분은 인용한 인물에 관한 설명이 아주 피상적이다. 예를 들어 '마치 백작 에드

먼드의 문장'과 같은 식이다. 그런데 마치 백작 에드먼드라는 인물은 한 사람이 아니다. 도대체 몇 년 무렵의 마치 백작인지 대충 읽기만 해서는 도저히 판단할 수 없을 뿐 아니라 연대에 따라 문장 도형도 다른 모양이어서 이 역시 문장 이해에 걸림돌로 작용한다. 원명과 함께 표기한 연대, 상황에 따라서는 약력 등은 이러한 방해 요소를 조금이나마 줄이기 위한 궁여지책이다. 그중에는 '몇 세기 경의 인물'이라고밖에 판정할 수 없어 그 이상은 알 수 없는 인물도 있음을 양해 부탁드린다.

◎ 성명, 지명 등 고유명사의 외래어 표기는 국립국어원의 외래어 표기법 규정에 따라 원지음으로 적는 것을 원칙으로 했다. 즉 베니스가 아니라 베네치아, 색스시가 아니라 작센 등의 표기 방식을 채용했다. 이 역시 해당 발음과 문장 도형이 밀접한 관계에 있는 경우가 많기 때문이다. 그러나 실제로는 외래어 표기법에도 한계가 있다. 지나치게 충실하게 원지음을 따르면 "도스또옙스끼지 도스토옙스키가 아니다"는 식으로 관용적인 표현과 너무 달라질 때가 있어 어느 정도 절충하는 방식으로 타협한 부분도 있다. 주석 안에 덧붙인 원어는 이러한 현지 발음과 외래어 표기의 틈을 메우는 데 보탬이 되리라 믿는다. 또 영어 고유명사 발음의 외래어 표기는 국립국어원의 외래어 표기법을 참고했는데, 12~14세기 역사 인물에 관해서는 국립국어원의 표준국어대사전과 다른 것도 있다.

제 1 장
문장이란

문장이란 무엇인가? 학문적인 정의는 차치하고 대다수 독자는 각자 '문장(紋章)'에 관한 나름의 이미지를 가지고 있을 터이다. 가장 일반적인 이미지는 머리 두 개 달린 사자가 방패처럼 보이는 무언가를 양쪽에서 떠받치고 있는 도식이 아닐까. 때로는 사자 없이 방패만 있는 문장을 떠올리는 독자도 있을 수 있다. 그렇다면 사자가 방패를 버팀목처럼 떠받친 문장과 방패만 있는 문장은 무엇이 다를까? 또 일본에는 각 가문의 문장이 있는 게 상식인데, 도쿄도와 오사카시처럼 지방자치단체의 문장은 존재하지 않는다. 그래서 다른 나라 독자와 달리 일본 독자 중에는 런던시와 파리시에 문장이 있다는 사실을 알고 의아함을 느낀 분이 있을 수도 있다. 서양에는 비단 도시뿐 아니라 대학의 문장, 교회 혹은 주교직 문장도 있다. 또 기업의 문장도 있어서 개인의 문장밖에 모르는 일반인에게는 서양의 문장에 많든 적든 이런저런 의문이 솟아나게 마련이다.

막연히 동양과 서양의 문장은 다르다는 정도는 알고 있다. 동서양 문장의 기원, 사용 목적은 무척 닮았다. 우연이라고는 하나 11세기 이후부터라는 게 흥미롭다. 전 세계에서 천 년에 걸친 역사를 지닌 문장은 유럽과 일본에만 존재하고, 과거 유럽과 일본은 서로 전혀 영향을 주고받지 않고 독자적인 길을 걸어 오늘날에 이르렀기 때문에 '우연'이라는 단어를 사용했다. 그리고 일본에서는 가문의 문장, 즉 각각의 집안을 중심으로 한 문장에 집중하고 있다. 반면 서양은 개인을 기본으로 하는 문장에서 출발했고, 그 원칙은 지금도 살아 있다. 그러나 서양의 문장에도 가문의 문장 요소가 더해지고, 또 개인 이외의 국가, 도시, 교회 등의 기관, 법인의 문장까지 발전했다는 특징이 일본과 큰 차이다. 앞에서도 언급했듯 이러한 차이점이 갖가지 의문을 자아내는 결과로 이어지고 있다. 또한 사자 등의 동물이 방패를 떠받치는 문장 혹은 방패만 있는 문장도 구별하지 않고 일반적으로는 '문장'이라는 용어로 부르기에 '무엇이 진짜 문장일까?'라는 의문을 점점 더 풀기 어려워진다.

그래서 현재의 복잡한 문장은 잠시 보류해두고, 문장이 생기기 시작한 시대로 거슬러 올라가 '문장이란 무엇인가?'를 고찰해보자. 서양에서는 '문장의 정의는 문장학자의 수만큼 존재한다'는 유머가 있을 정도로, 문헌마다 문장의 정의가 다르다. 또 '저 친구는 꼭 문장학자 같다'는 말은 그 사람이 자신의 주장을 굽히지 않은 고집불통임을 비유하는 관용구로 사용될 정도다. 그만큼 문장학이란 무엇인지 딱 떨어지는 정답을 제시하기 어렵다. 그러나 다양한 학설을 종합해보건대 문장이란 중세 유럽에서 기독교가 지배하던 귀족 사회에서 비롯되어 방패에 각각 개인을 식별할 수 있는 상징을 곁들인 세습적 제도라는 게 가장 보편적인 정의라 할 수 있다.

방패에 상징을 곁들였다는 것은, 원래 목적이 전투를 전제로 전장에서 피아 식별에 가장 편리한 도구로 항상 지참하는 방패가 그 수단으로 선택된 것이라고 보는 논리가 가장 자연스럽다. 따라서 문장이 생긴 초기에는 방패 그 자체가 문장이었다. 바야흐로 서코트(Surcoat, 그림 **4**, 중세 겉옷인 Surcoat[또는 Tabard]는 '문장이 그려져 있는 소매 없는 외투[a coat without sleeves, whereon the armorial ensigns were depicted]'를 뜻한다. 이 복식에서 따와 문장을 '코트 오브 암스 [Coat of arms]'라 부르게 되었다)와 말의 커패리선(Caparison, 그림 **4 11 16**) 등에 문장도를 배치하게 되었다. 또 사자 등의 동물이 방패를 떠받치는 도식의 문장은 더 후대에 나타났다. 영어의 'Coat of arms', 프랑스어의 'Armes', 독일어의 'Wappen'은 모두 방패로만 이루어진 문장 도형을 뜻한다는 게 올바른 설명이다.

개인을 식별하는 표장은 매우 엄중한 규정에 따라야 했다. 설령 부모와 자식 사이라도 같은 문장 사용은 허용되지 않았다. 그래서 장남 이하 각각이 장남이라거나 차남이라는 식으로 마크(Cadency Mark, 그림 **156 157**)를 아버지의 문장에 붙이거나(잉글랜드 사례), 혹은 이런저런 테두리 장식을 아버지의 문장에 덧붙이는(스코틀랜드의 사례, 그림 **158 159 160**) 등의 방법으로 구별했다. 부친이 사망하면 장남만이 마크 혹은 테두리 장식을 제외하고 부친의 문장을 계승한다. 아버지와 아들 사이에서조차 이 정도로 엄격한 규정이 적용되었으니 피 한 방울 섞이지 않은 생판 남이 자신의 문장과 같은 도형을 사용하는 상황은 일대 사건이 될 수 있다. 나중에 살펴보겠지만, 문장을 둘러싼 분쟁에서 시작되어 왕의 정통성을 다툰 사건이 기록된 사료도 있다.

그러므로 같은 문장의 출현을 방지하는 방법으로 문장감(Roll of arms, 그림 **3**)을 설치하고 문장을 등록하는 제도가 문장 제도 발족 후 100년 전후로 확립되었다. 잉글랜드의 사례로 살펴보면 글로버스 롤(Glover's Roll, 1255년 무렵) 등이 초기 제도로 현존하고 있다.

또 이러한 문장 등록은 단순히 등록 기관에 신청서를 제출하고 승인을 기다리는 데서 그치지 않았다. 헤럴드(Herald)라는 군사 겸 문장을 담당하는 관리를 각지에 파견해 중앙에서 떨어진 지방에서 위세를 떨치던 호족 등의 문장을 조사하고 등록하는 방법도 채택했다. 헤럴드는 왕 직속 관리였으나 요즘으로 치면 프리랜서에 가깝다. 각지의 영주에게 고용되는 등 신분은 다양했지만 적대 관계에 있는 지방에서도 신변 안전을 보장받는 특수 직역이었다. 당시 여행은 너무 위험해서 일반인은 자유롭게 여행하지 못했던 시대였음에도 헤럴드는 상당히 자유롭게 이곳저곳을 다닐 수 있었다. 이 신분상의 이점을 살려 헤럴드는 문장 조사 업무 분야에서 활약했다. 그림 1 은 네덜란드 화가로 영국 찰스 2세(1660~85년 재위)의 왕실에서 봉직한 피터 렐리(Peter Lely, 1618~80년)가 그린 헤럴드 스케치다. 그림처럼 고용 관계 혹은 모시는 왕, 영주 등의 문장을 큼직하게 장식한 독특한 복장을 보고, 한눈에 '헤럴드'임을 알 수 있다.

잉글랜드에서 헤럴드는 나중에는 군사적 역할을 상실하고 오로지 문장 조사를 담당했기에 '문장 관리'만을 뜻하게 되었으나, 리처드 3세 시대(1483~85년 재위)에는 문장원(College of Arms)이 창설되어 모든 문장 관련 사무, 즉 문장 조사, 인가, 등록, 소송 등을 담당하게 되었다. 이 기관의 최고 책임자인 문장원 총재(Earl Marsha)는 대대로 노퍽 공(The Duke of Norfolk) 가문의 세습 직위로 오늘날까지 이어지고 있다. 참고로 문장원 총재는 단순한 최고 문장원 책임자가 아니다. 영국 왕의 대관식을 책임지는 등 오늘날의 법무부 장

관을 겸한 직위였다. 또 같은 문장이 두 개 이상 존재해서는 안 된다는 엄격한 규정은 같은 나라 안 혹은 같은 주권 영내에 적용되는 사안으로, 잉글랜드에 있는 문장이 프랑스에 있거나 독일의 아무 개 백작령에 있는 정도로는 아무런 지장이 없고, 실제로 그런 사례가 적지 않았다.

또 하나의 요건, 즉 문장이 세습적이어야 한다는 규정은 계승의 실적이 필요했다. 1대 한정으로 사라진 문장이라거나 2, 3대가 빠지고 재사용되었다가 그 후 다시 사용되지 않은 문장은 온전한 문장으로서의 자격이 없었다. 문장 전기(10~11세기)에는 이처럼 자격이 불충분한 문장이 제법 존재했다. 가령 방패에 상징이 곁들여진 문장도 엠블럼(Emblem)이라는 이름으로 따로 구별했다. 그런데 이 계승 실적 유무 판정 혹은 계승 실적 기준을 어디에 둘지는, 문장학자가 각자의 학설을 고집하며 한 치도 물러서지 않아 문장의 기원을 몇 년으로 둘지에 대해서도 견해가 엇갈린다. 나중에 다시 설명하겠지만, 문장의 출발은 11세기 중엽부터 12세기 중엽까지라고 다소 두루뭉술하게 표현되는데, 초기 문장에는 어떤 학설에서는 '문장'으로 인정되나 다른 학설에서는 '엠블럼'으로 보는 사례가 다수 존재한다.

문장이란 무언가를 확실히 드러내기 위한 것으로, 일본의 문장과 어떤 차이가 있고 어떤 유사점이 있는지 비교해보자. 앞에서 설명했듯 일본의 문장은 가문의 문장(家紋)이다. 동일 세대는 같은 문장을 사용하고 같은 가계, 쉽게 말해 한 집안에서는 같은 문장을 사용하는 예가 압도적으로 많다. 자식이 부모에게 물려받은 문장을 바꾼 사례는 '배령문(拜領紋, 나중에 다시 설명)' 등의 예외밖에 없다. 같은 문장이 두 개 이상 있어서는 안 되는 서양의 문장과 크게 다른 부분인데, 대대로 계승한다는 점에서는 유사하다. 일본에서는 문장을 방패에 그리지 않았다는 점, 같은 문장이 여러 가계에서 사용되었다는 점을 들어 많은 서양 문장학자는 일본의 문장을 '서양의 문장과 별개의 개념'으로 규정하는데, 계승되었다는 유사성에서 '서양의 문장에 가까운 유일한 제도'로 취급하는 학자도 학계에서 다수를 차지하고 있다. 계승성이 있는 문장이 천 년 전

1 헤럴드(문장 관리)
네덜란드의 화가 피터 렐리의 작품. 헤럴드의 독특한 의상에 그려진 문장은 1603년부터 1688년까지, 즉 제임스 1세부터 제임스 2세까지 4대 영국 왕이 사용한 문장이다. 또 피터 렐리는 찰스 2세를 섬긴 궁정 화가. (Victoria & Albert Museum 소장)

부터 유럽과 일본 양쪽에만 존재했다는 사실*은 양자 간에 상이점이 많음에도 단언컨대 '문장 비교론'으로 중요한 주제라고 보아도 합당하다.

---

* 현재 미국, 캐나다, 호주를 비롯해 남미, 아프리카 등 세계 각지에서 문장을 볼 수 있는데, 이들은 이주한 유럽인이 가져온 문장으로, 극단적으로 표현하면 원조를 흉내 낸 문장이다.

그러나 서양의 문장 계승에는 일본의 문장에서는 전혀 볼 수 없는 독특한 시스템이 있다. 혼인으로 발생한 문장에서 이 차이가 가장 현저하게 드러난다. 서양에서 장남은 부친 사후 그 문장을 그대로 계승하는데, 만약 여자 상속인(Heiress)과 결혼했을 때는 아내 친정의 문장을 자신의 문장에 덧붙이게 되며, 두 가계의 문장을 하나의 방패에 담은 문장을 사용할 뿐 아니라, 이후 이 문장이 대대로 계승되었다. 여자 상속인은 남자 형제가 없는 딸을 말하는데, 아버지의 재산과 작위를 물려받을 뿐만 아니라 문장을 계승하고, 결혼하면 남편의 문장에 자신의 문장을 추가할 권리를 가지고 있었다*. 따라서 어느 가계 장남의 직계가 만약 대대로 여자 상속인인 딸과 결혼하면 문장은 그때마다 늘어나게 되고, 방패를 6분할 혹은 8분할, 16분할 하는 식으로 나눈 복잡한 문장은 다른 이유에서 비롯되기도 하나, 이 결혼으로 생겨난 문장일 공산이 크다. 결혼해서 데릴사위가 되면 아내의 친정 문장으로 갈아타는 일본의 제도와 가장 큰 차이점이다.

이러한 상이점은 유럽의 문장 전체에 해당한다고 단언할 수는 없다. 개별 사례에 따라 다소의 차이도 있다. 중요한 부분은 다른 장에서 다시 다룰 예정인데, 서양의 문장은 시대와 더불어 다양하게 변화한다는 사실을 예비지식으로 머릿속에 넣어두자. 즉 초반에는 방패만 있던 문장에 헬멧과 관 혹은 사자 등이 방패를 떠받치는 문

---

* Heiress 중에는 문장만을 상속할 권리를 지닌 전령 상속녀도 있었다. 이러한 여자 상속인은 특별히 'Heraldic heiress'라 불렸다.

양과 각종 액세서리를 더해 화려한 문장으로 변화했을 뿐 아니라, 본래 개인의 소유였던 문장이 국가, 도시, 대학, 교회 나아가 기업의 문장까지 적용 범위가 넓어지게 되었다. 이러한 변화는 왕의 문장이 국가의 문장으로, 모 백작의 문장이 백작령의 문장으로 그대로 사용되거나, 대학이 그 창설자의 문장을 접목하는 방식에서 비롯되었다. 그러나 후대에는 이러한 개인의 문장과는 무관하게, 가령 도시가 다른 전설에서 유래한 동물을 그린 문장을 사용한다거나, 도시 이름에서 따온 동물을 상징으로 삼는다거나(베를린은 새끼 곰 문장, 그림 **79**, Berlin[=Bärlein], 독일어로 곰을 뜻하는 단어인 Bar와 베를린의 발음이 겹치는데, 여기에 '예쁘다'는 'Lein'를 붙여 'Barlein[작은곰]'이 되었다고 한다), 각종 문장이 등장해 문장이 없는 도시가 없을 정도로 문장이 대중화되었다. 문장학자의 정의로 보면 법인과 기관의 문장은 "문장이 아니다"라고 주장하는 깐깐한 학자도 있으나, 대다수는 이들도 '문장'으로 취급한다.

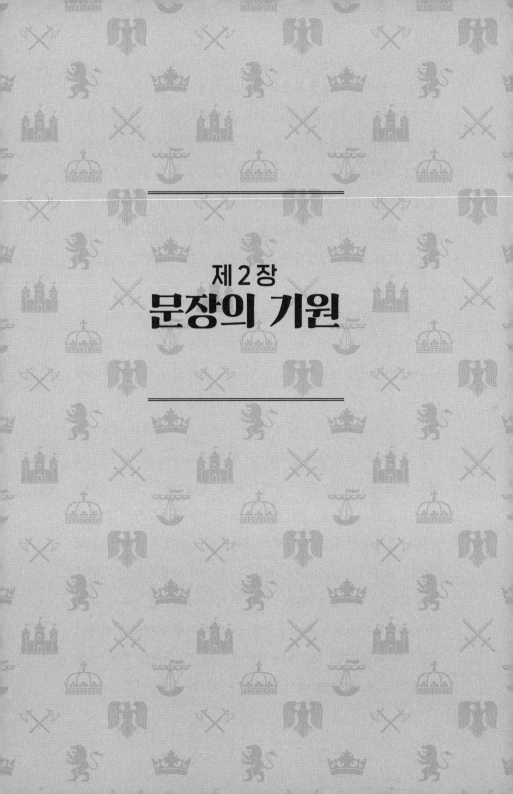

제 2 장
문장의 기원

어떤 분야에서나 세계 최초와 최고(最古)가 무엇인지를 다투는 학설 대립이 학계 내부에서 존재한다. 문장도 마찬가지다. 문장처럼 특정 지역에서 존재했던 관습이 다른 지역에서 아울러 실시되어 이윽고 그 관습이 제도화되면 기원을 두고 여러 학설이 생겨나는 게 당연하다. 또 문장을 어떻게 정의할지에 따라 그 기원이 앞뒤로 크게 오락가락한다. 앞 장에서 살펴본 가장 보편적인 정의에 따르더라도 11세기부터 12세기에 걸쳐 150년 정도 사이라고 추정할 수 있다.

이 부분을 손대기 시작하면 몇백 쪽에 달하는 기원 논쟁에 발을 들이게 되어 섣불리 건드릴 수 없다. 전 유럽을 아울러 가장 오래된 문장은 1010년의 기록이 있는 독일 귀족의 무덤에 새겨진 문장이라는 설을 소개하는 정도에서 멈추기로 하자. 이 문장을 가장 오래된 문장으로 볼지는 차치하고, 서양의 문장은 독일에서 시작되었다는 부분에서는 학설이 일치한다. 이를 증명하는 유력한 단서로 '블라종(Blazon)'이라는 문장 용어가 있다. 독일어에서 '호른을 불다'라는 뜻인 '블라전(blasen)'이 프랑스로 들어와 '문장학 또는 문장'을 뜻하는 '블라종'이 되었고, 다시 잉글랜드로 들어가 '문장 해설'을 의미하는 '블레이전(blazon)'이 되었다는 사실이 문장의 독일 기원설을 뒷받침한다. 호른을 불다는 뜻을 가진 단어 블라전(blasen)이 어쩌다 문장학이나 문장 해설을 뜻하는 전혀 다른 단어로 둔갑해서 사용되게 되었을까? 여기에는 사연이 있다. 이 단어는 중세 '마상 창 시합(Joust, 그림 **6 7**)'에서 유래했다. 당시 독일의 마상 창 시합에서는 참가한 각 기사가 문장을 아름답게 그린 방패를 수습 기사에게 들려 입장했다. 심사위원을 맡은 헤럴드가 호른을 부는 게 신호였다. 호른을 불고 나서 각 기사의 이름과 계급과 그 문장을 관객에게 소개하는 관례가 있었기에 '호른을 불다'는 다시 말해 '문장 설명'으로 해석되었다. 이 대목에서는 이 단어의 의미 변화와 흐름을 눈여겨보아야 한다. 프랑스에도 잉글랜드에도 없었던 이러한 특수 용어가 독일에서 시작되어 잉글랜드에까지 흘러들어갔다는 사실은 문장의 사용이 독일에서 시작되어 프랑스로 전해졌고, 그 후 잉글랜드에 도입되었음을 보여주는 확실한 증거라고 할 수 있다. 마상 창 시합은 중세에 가장 인기를 끌었던 행사 중 하나였고, 고화(古畫)에서도 많이 볼 수 있는데, 문장과는 떼려야 뗄 수 없는 관계라 할 수 있을 정도로 밀접한 관계가 있었다. 헤럴드가 시합 전체의 사회를 맡았고, 기사의 문장을 든 수습 기사의 입장과 행진, 문장 소개로 시합이 이뤄졌다. 요컨대 문장을 제외한 시합은 전혀 생각할 수 없었다. 이는 기사가 전신을 갑옷으로 감싸고 얼굴은 투구로 숨기고 있어서, 방패 문장 혹은 서코트(Surcoat)와 말의 커패리선(Caparison) 문장 문양만이 '어디에서 온 아무개'라고 가늠할 수 있는 유일한 실마리였기 때문이다.

　그림 **5**는 헨리 8세 시대인 1520년대에 치러진 영국·프랑스 대항 시합 당시 점수 현황판(Jousting cheque)인데, 이러한 프로그램에까지 문장 도형이 그려졌다. 프랑스 측은 프랑수아 1세, 잉글랜드 측은 헨리 8세의 문장을 내걸었고, 그 아래에 참가 기사의 문장이 그

려져 있다. 이 시합은 당시에도 규모가 큰 국제적 '대형 시합'이었던 지, 서퍽 공(Duke of Suffolk, 중간 단에서 두 번째), 도싯 후작(Marquess of Dorset, 중간 단 오른쪽 끝), 몽모랑시 공(Anne de Montmorency, 하단 왼쪽 끝) 등 당시 영국과 프랑스의 쟁쟁한 인물의 문장을 볼 수 있다.

중세 창 시합의 전통은 현재도 다양한 분야에 살아 있다. 예를 들어 미국 백악관에 국빈이 도착하면 의장대가 깃발이 달린 트럼펫을 부는데, 이 의장대 병사를 '헤럴드 트럼펫(Herald Trumpet)'이라 부른다.

문장의 시작 시기가 11세기 혹은 12세기라지만, 그 시대의 어느 날 갑자기 문장이 '짠' 하고 나타나 문장 제도가 출범했을 리는 없다. 특정 시기는 나중에 문장학자가 구실을 붙여 주장한 가설이다. 가령 문장학자가 1150년 무렵이라고 단정하고 그 당시는 문장의 효시라고 할 수 있는 표장이 혼재했던 시대가 반 세기가량 이어졌다고 추정할 수 있다. 문장 이전 표장의 시대는 그리스, 로마 혹은 그 이전으로 거슬러 올라가는데, 이 부분은 잠시 접어두고 11~12세기를 기점으로 표장에서 문장 시대로 넘어가는 과도기를 잉글랜드에 초점을 맞춰 고찰해보자.

그림 2 A에서 볼 수 있는 창은 색슨 왕조의 에드워드 참회왕(Edward the Confessor, 1042~66년 재위)의 표장으로 알려져 있는데, 헨리 3세(1216~72년 재위) 시대에 돌에 새겨져 웨스트민스터 사원에 남아 있다. 훗날 리처드 2세(Richard II, 1377~99년 재위)가 그 문장과

2 A) 웨스트민스터 사원에 있는 에드워드
   참회왕의 것으로 추정되는 표장
   B) 리처드 2세의 문장

3 에드워드 참회왕 시대에 발행된 주화

엮여 널리 알려졌다(그림 2B). 에드워드 참회왕이 이 표장을 사용했음을 보여주는 사료는 하나도 남아 있지 않다. 그러나 아마 이 왕이 사용했으리라고 추측할 수 있는 증거가 될 수 있는 유물이 참회왕 시대에 발행된 은화다. 그림 3을 보면, 은화에는 십자가(Cross)와 비둘기로 추정되는 새 네 마리를 볼 수 있다. 앞의 방패는 새가 다섯 마리인데, 이는 원형이 아닌 길쭉한 방패에 균형을 고려해 배치하기 위해 한 마리를 늘린 것으로 추정된다.

　그러나 추측은 어디까지나 추측일 뿐, 다음 해럴드 2세(Harold II, 1066년 1~10월 재위) 그리고 그를 축출하고 잉글랜드 왕이 된 정복왕 윌리엄(he Conqueror William I, 1066~87년 재위)이 문장 비슷한 표장을 사용했다는 흔적은 아무것도 남아 있지 않다. 오히려 사용하지 않았음을 보여주는 증거가 있다. 프랑스 바이외(Bayeux)에 남아 있어 바이외 태피스트리(Bayeux Tapestry, 그림 4 및 89)라 부르는 유물이 그 증거다.

4 바이외 태피스트리 사진

　　노르망디 공 기욤은 1066년 헤이스팅스 전투(The Battle of Hast-ings)에서 해럴드 2세의 군대를 격파하고, 잉글랜드 왕 윌리엄 1세로 등극했다. 바이외 태피스트리는 헤이스팅스 전투를 중심으로 58개 장면에 윌리엄 1세의 활약을 담은 그림 이야기 스타일의 자수를 놓아 완성한 작품으로, 마틸다 왕비(Queen Matilda)가 제작을 제안했다는 주장도 있다. 이 58개 장면에는 참회왕과 해럴드 왕이 모두 등장하는데, 어느 장면을 보아도 양 군대의 방패에는 문장 혹은 문장의 효시로 볼 수 있는 표장을 하나도 찾아볼 수 없다. 헤이스팅스 전투가 벌어졌던 1066년에 기욤은 잉글랜드 왕 윌리엄 1세로 즉위했고, 그 표장은 두 마리의 사자라고 전해지는데, 이 태피스트리에서는 아무리 눈을 씻고 보아도 사자 비슷한 흔적조차 찾아볼 수

5 A) 조프루아 5세 당주 백작 무덤의 에나멜
세공상(Enamel effigy of Geoffrey Planta-
genet from his tomb at Le Mans, **14** 참조)

B) A 방패의 확대도

C) 조프루아 5세 당주 백작의 손자인 윌리엄
롱제스페의 무덤상(**15** 참조)

없다. 그 후 3대 노르만 왕조의 각 왕도, 또 그 이후의 플랜태저넷
가문의 헨리 2세(1154~89년 재위) 시대에도 역시 문장은 사용되지 않
았다.

잉글랜드에서 최초로 문장을 사용한 사람은 헨리 2세의 서자인
윌리엄 롱제스페(William Longespée, 1226년 사망)로 여겨진다. 그
는 조부인 조프루아 5세 당주 백작(Geoffrey V, Geoffroy d'Anjou, 조
프루아 플랜태저넷, 1113~51년)에게서 계승한 여섯 마리 사자 방패(그림
5C)를 문장으로 사용했다. 롱제스페의 조부, 즉 헨리 2세의 아버지
였던 조프루아는 헨리 1세의 딸 마틸다와 결혼했고, 장인 헨리 2세

6 A) 윌리엄 롱제스페의 아내 아델라(Adela, Countess of Salisbury)의 실(Seal)
B) 롱제스페의 딸 아델라(Adela, Countess of Warwick)의 실(Seal)

에게서 '초원에 여섯 마리 금 사자'를 그린 방패를 선물로 받았다고
전해진다. 리모주(Limoges)의 에나멜 세공(칠보 세공과 비슷한 공예 기
법)으로 미술사에서 유명한 조프루아 5세 당주 백작 무덤의 에나멜
세공상(Enamel effigy of Geoffrey Plantagenet, Count of d'Anjou on
his tomb, 그림 **5**의 A 및 **14**), 조부로부터 계승한 롱제스페의 방패는
그가 세상을 떠난 후에 아내인 아델라(Adela, Countess of Salis-
bury), 딸인 아델라(Adela, Countess of Warwick)에게 계승되어 실
(Seal)에 새겨져 남았다(그림 **6**). 조부에게서 손자로 1대를 건너뛰었
으나 3대에 걸친 계승의 흔적이 남아 있어 롱제스페의 방패는 잉글
랜드 최초의 문장이라는 영예를 누리고 있다.

그런데 아버지 조프루아 5세 당주 백작에게서 방패를 받지 못했
던 헨리 2세는 그의 아들 롱제스페가 서자라고는 하나 문장을 보유
했음에도 불구하고 문장을 사용했다는 기록이 없다. 잉글랜드 왕
으로 최초로 문장을 사용한 사람은 후대 리처드 1세(Richard I,

7 리처드 1세의 실

A) 최초의 실
B) 1194~95년경에 개정된 두 번째 실
C) A 방패의 확대도. 방패의 정면과 보이지 않는 반대편에도 사자
　 가 있고, 이 방패의 사자가 머리 두 개 달린 사자라는 상상도
D) B 방패의 확대도

1189~99년 재위)로, 이 문장이 현재 영국 왕의 문장으로 계승된 세 마리 사자의 시초다. 리처드 1세가 1194년경에 새로 개정한 두 번째 실(그림 ⑦ B·D)에서 비롯되었는데, 최초의 실에서는 사자가 한 마리였다(같은 그림 A·C).

사자를 상징으로 삼은 문장은 스페인의 옛 왕국 레온(그림 ⑳, 현재 스페인 레온[León] 지방의 문장이 되었다), 덴마크(그림 ㊺), 네덜란드(그림 ㊽), 스코틀랜드(그림 ㊴), 노르웨이(그림 134), 핀란드(그림 132), 보헤미아(훗날 체코슬로바키아, 그림 ㉛) 등 유럽 각국 왕의 문장 상징으로 군림하며 잉글랜드 왕의 문장처럼 각각 오랜 역사를 지니고 있는데, 이에 관해서는 다른 장에서 다루기로 하자. 사자와 어깨를 나란히 하는 동물 상징으로는 수컷 독수리가 있는데 그 기원을 잠시 살펴보고, 문장의 기원이 언제쯤인지 추적해보자.

신성로마제국의 문장으로 모르는 사람이 없는 이 유명한 독수리를 누가 최초로 문장으로 삼았는지는 명확하지 않다. 제식 군기로는 프리드리히 1세(Friedrich I, 1152~90년 재위)가 독수리를 상징으로 삼은 깃발을 최초로 사용했고, 고문서와 돌에 새겨진 문장 중에 남은 것은 프리드리히 2세(Friedrich II. 1220~50년 재위)의 것으로 추정된다(그림 ⑧). 그러나 그 이전에도 독수리가 신성로마제국의 문장 혹은 상징으로 사용되었다고 추정할 수 있는 증거로 실과 주화에 독수리가 남아 있다. 프리드리히 1세 이전 황제 중 누구를 최초

A

B

8 A) 프리드리히 2세(신성로마 황제 1220~50년 재위)의 진군을 그린 고화
B) 돌에 새겨진 프리드리히 2세의 것으로 추정되는 문장을 그린 그림

의 문장 사용자로 규정할지 단정하기에는 현재 확증은 하나도 얻을 수 없다. 문장 이전의 표장으로는 교황 레오 3세가 카롤루스 마그누스(Carolus Magnus, Charlemagne, 800~814년 서로마 황제로 재위, 그림 9)에게 황제의 관을 씌어준 800년에 아헨의 궁정에 독수리를 달았다고 전해진다. 아헨(Aachen, 현재 독일령)시의 문장에 독수리가 들어 있다는 사실은 황제와 인연이 있는 고장으로 황제의 독수리를 접목해 만들어졌다는 것을 말해준다(그림 10). 또 신성로마 황제의 독수리는 황제 지기스문트(Sigismund, 1411~37년 재위) 시대부터 쌍두 독수리로 바뀌었는데, 이 독수리는 비잔틴의 독수리를 도입했다는 설이 유력하다(나중에 다시 설명).

문장의 3대 상징 중 하나인 프랑스 왕의 상징 '플뢰르 드 리스

9 카롤루스 마그누스
(=샤를마뉴 대제)

10 아헨시에서 1571년에 발행된 주화
방패에 있는 머리 하나 달린 독수리가 아헨의 상징. 쌍두 독수리는 신성로마제국 도시임을 보여주는 증거다.

(Fleur de lis)'는 백합 또는 붓꽃으로 번역되는데, 문장에 사용된 식물을 대표한다. 그러나 그 기원이나 정체는 현재에 이르기까지 해명되지 않았다. 이 플뢰르 드 리스가 어디서 비롯되었는지를 다룬 논쟁을 정리하자면 몇백 쪽에 달하는 책 한 권을 써낼 수 있을 정도다.

일단 플뢰르 드 리스가 백합이 아니라고 주장하는 측의 주요 논점을 살펴보자. 방패 끝을 데포르메(de-former)했다는 설, 왕권을 상징하는 홀(Scepter)을 변형했다는 설, 건물 첨탑 장식을 접목했다는 설, 신성한 문자를 조합해 상징으로 만들었다는 설, 나아가 개구리나 꿀벌을 데포르메했다는 설 등이 있다. 그림 11 에서 볼 수 있듯 플뢰르 드 리스의 형상을 보면 이들 주장이 완전히 억지 주장으로는 느껴지지 않는다. 여러 주장 중에서 '꿀벌'이라는 설은 나폴레옹 1세의 문장 개혁에 크게 영향을

주었다. 나폴레옹 1세는 그
때까지 프랑스 도시와 기타
문장에 있던 플뢰르 드 리스
를 꿀벌로 대체한다는 폭거
에 가까운 개혁을 단행할 정
도로 꿀벌 설에 힘을 실어주
었다(그림 12).

11 각종 플뢰르 드 리스
변종이 100가지를 넘을 정도로 다양하다.

따라서 플뢰르 드 리스의
기원부터 그 발달에 이르는
과정을 추적하는 과정은 프
랑스 문장사의 한 흐름을 파
악할 수 있게 해주지만, 플
뢰르 드 리스가 프랑스 왕의
문장이 된 경위는 역시 명확
하지 않다. 문장 이전 시대
에는 5세기 무렵부터 나타
난, 서로마제국의 갈라 플라
키디아(Empress Galla Pla-
cidia, 45년 사망. 테오도시우
스 1세의 딸)를 그린 옛 그림
에 플뢰르 드 리스를 장식
한 관을 볼 수 있다. 이 그림

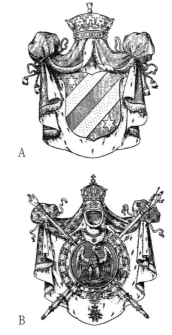

A

B

12 A) 나폴레옹 가문(나폴레옹의 생가)의 문
    장
    B) 황제 나폴레옹의 문장(빗줄 문양이 개
    구리가 되었다)

13 A) 루이 8세가 황태자 시절의 실 　　　 B) 루이 9세 시대, 1270년 발행된 금화
　　　(1216년)

을 비롯해 10세기경까지 프랑스 왕의 상에는 같은 종류의 관이 잇따라 등장했다. 12세기에 접어들면 루이 6세(Louis VI=Louis le Gros, 1108~37년 재위)와 루이 7세 등은 'Fleur de lis'가 'Fleur de Lou-is(루이의 꽃)'으로 통용되며, 기꺼이 이를 상징으로 활용했다고 한다.

플뢰르 드 리스가 방패에 그려지고, 그 계승의 흔적을 남긴 시대는 필리프 2세(Philippe II, 1180~1223년 재위) 이후였다. 이는 필리프 2세의 카운터실(CounterSeal)*에 있는데, 이 상징이 다음 루이 8세(1233~26년 재위)에게 계승되어(그림 **13**의 A) 프랑스 왕의 상징으로 자리매김하게 되었다.

프랑스 왕의 문장은 그림 **13**의 주화에서 볼 수 있듯 작은 플뢰르 드 리스를 새긴 도형이었는데, 1376년경에 샤를 5세(Charles V, 1364~80년 재위)가 세 개로 줄이고, 이후 프랑스 왕의 문장이 되었다

---

* 카운터실(CounterSeal)은 포고, 중요 문서 등의 신빙성을 확인하기 위해 문서 혹은 문서에 단 리본 등에 밀랍의 일종을 흘리고, 그 위에 금속성 도장을 눌러 찍어 '무슨 문서'인지, '어떤 왕의 포고'인지를 보여주는 실(Seal)이다. 실은 하나일 때도 있고, 두 개일 때도 있고, 앞뒤 양면일 때도 있다. 앞뒤 양면일 때는 앞을 실(Seal), 위를 카운터실(CounterSeal, 실의 뒷면)이라 부른다. 그림 **15**에서 볼 수 있듯 실은 모두 실과 카운터실이 앞뒤로 대칭을 이루고 있다. 오래된 문장은 종이 등에 그려진 경우는 거의 없고, 실로 남아 귀중한 문장 사료가 되고 있다.

A   B

14 독특한 플뢰르 드 리스로 유명한 피렌체의 문장(A)과 그 문장을 새긴 1252년 플로린 금화(B)

(그림 40). 흔히 전자는 '프랑스 에인션트(France ancient)', 후자는 '프랑스 모던(France modern)'이라 일컬어진다.*

　문장의 3대 상징을 예로 들어 그 기원을 거슬러 올라가보았다. 고대 이집트 그리고 그리스, 로마와 왕권 혹은 주권을 상징하는 표장의 시대를 장기간 거쳐 '문장 시대'에 진입하고 나서는, 문장은 고삐가 풀린 듯한 기세로 전 유럽으로 폭발적으로 퍼져나갔다. 더욱이 자연 발생적이라고 할 수 있는 시스템을 탄생시키고 각국의 제도를 확립해나갔다. 각각의 역사를 소개할 여유는 없으나, 왜 문장이 단기간에 폭발적으로 유럽 전역에 보급되었는지는 살펴볼 가치가 있어 잠시 짚고 넘어가기로 하자.

　이런저런 다양한 이유를 들 수 있으나, 십자군 원정과 앞에서 소

＊　플뢰르 드 리스 중에는 그림 14의 A에서 볼 수 있듯 독특한 형태로 알려진 피렌체의 문장이 있다. 이 플뢰르 드 리스를 자세히 살펴보면 플뢰르 드 리스 사이로 꽃 두 송이가 뻗어 있는 모습을 볼 수 있다. 만약 플뢰르 드 리스를 백합이라 본다면, 이 문장에서 볼 수 있는 꽃은 '꽃 속에서 싹을 틔운 꽃'이 되어 아귀가 맞지 않게 된다. 이러한 사료는 플뢰르 드 리스가 백합이 아니라고 반론하는 측에서 증거로 제시되고 있다. 또 중세 화폐 단위였던 '플로린(Florin)'은 당시 피렌체가 화폐 주조로 널리 알려지면서 피렌체에서 주조된 플로린 화폐의 단위가 오늘날 기축통화인 미국 달러처럼 유럽 각지로 통용되게 된 것이다(그림 14의 B).

A) 서리 백작 존 드 워런
John de Warenne, Earl of Surrey(1347년 사망)

B) 헤리퍼드 백작인 험프리 드 보훈
Humphrey de Bohun, Earl of Hereford(1274년 사망)

15 실과 카운터실

개한 마상 창 시합, 이 두 가지는 특별히 눈도장을 찍고 넘어가야
할 문장 보급의 최대 원동력으로 작용한 요소다. 제1차부터 제7차
까지, 즉 1099년부터 1270년에 이르는 십자군 원정의 평가를 두고
는 이견이 난무한다. 다만 중세 기사 문화가 꽃을 피운 로망으로 입
에서 입을 타고 전해지며 당시 막 보급되기 시작한 문장과 십자군
원정이 밀접한 관련이 있다는 부분에서는 의견이 일치한다. 원정
에 참여한 여러 국가의 왕과 귀족, 기사들은 때로 군사 행동에 필
요했고, 때로 용감한 기사의 활약을 과시하는 증표로 당연히 무언

C) 헨리 퍼시 남작
Henry Percy, 7th Baron Percy(1272년 사망)

D) 베르됭 남작
Theobald de Verdun, Baron Verdun(1309년 사망)

가 상징적인 표장이 필요했다. 군사 행동에서 적군과 아군을 식별한다는 목적보다는 아군 진영에서 지휘관인 기사들의 움직임을 알리는 데 크게 이바지한 표장은 그 기사들의 용맹함을 과시하고 동시에 '개인'을 식별하는 효과적인 수단이 되어주었다. 전장에서 사용한 표장은 가문의 영광으로 대대로 물려줄 가치가 있었다. 전쟁에서 공을 세운 기념으로 가문에 긍지를 부여할 수 있는 문장은 대대로 물려줄 문장이 필요하다는 인식을 심어주게 되었다고 추정할 수 있다. 일부 기사들이 사용한 문장 비슷한 표장은 원정에서 귀국한 기사들을 통해 삽시간에 각자의 나라로 도입되었고, 앞에서도 설명했듯 폭발적으로 보급되었다.

　한편 전시가 아닌 평시에도 문장의 필요성이 대두되었다. 당시 성황리에 치러진 마상 창 시합 덕분에 문장의 필요성이 배가되었다. 원래 기사의 훈련, 기사도의 고양을 목적으로 열렸던 창 시합은 기사도 전설처럼 각 기사가 '친애하는(연애가 아니다)' 여성을 위해 싸운다는 다소 과장된 낭만적인 분위기를 띠었는데, 쉽게 말하면 오늘날 야구나 축구 경기장에서 볼 수 있는 열기나 인기와 비슷했다. 앞에서 설명했듯 전신을 갑옷으로 감싼 기사가 '누구'인지를 식별하게 해주는 장치가 문장이었다. 친애하는 여성이 준 스카프를 투구에 달고 시합에 임하는 기사들은 응원하는 각 여성에게 방패를 번쩍 치켜들어 보이며 응원에 화답했다고 전해진다. 서양의 문장이 세월과 더불어 화려함을 더한 한 요인을 이 마상 창 시합에서 찾을 수 있다고 주장하는 근거다. 그림 **4**에서 볼 수 있듯 중세 그림에 남은 '기사 출전' 장면에서 기마 인물은 14세기 기사 제프리 러트럴 경(Sir Geoffrey Luttrell)이다. 러트럴 경 가문의 문장은 헨리 3세(1216~72년 재위) 시대 문장감에도 남았는데, 이 가문의 문장 변화에 관해서는 다음 장에서 다루기로 하자. 이 그림에서는 두 귀족 부인에게 전송받는 모습에 주목해보자. 아마 시합에서 우승하기를 격려하는 장면이라고 상상할 수 있는데, 당시 마상 창 시합의 화려한 일면을 잘 보여주는 작품이다.

제 3 장
문장의 구성

초기에는 전투 혹은 마상 창 시합에 필수품으로 지참했던 방패를 문장 대용품처럼 사용했기에, 초기 문장은 오로지 방패로만 이루어졌다. 시대가 흐르며 문장은 차츰 문장 사용자의 지위나 신분을 드러내는 '과시적 성격' 또는 '장식적 성격'을 겸하게 되었고, 각종 액세서리를 차근차근 추가하게 되었으며, 그 구성도 점점 복잡해졌다. 그 과정에서 방패 위의 헬멧과 관 혹은 양쪽에서 방패를 떠받치는 동물 등의 액세서리는 단순한 장식이 아니라 그것의 유무, 형태와 색 등으로 왕이나 공작, 백작, 교황처럼 한눈에 누구인지를 판별할 수 있는 구조가 차츰 만들어지며 체계를 갖추게 되었다.

이처럼 각종 액세서리를 덧붙인 문장은 방패만 있던 문장과 구별해 영어로는 어치브먼트(Heraldic achievement), 프랑스어로는 아모리스(Armories), 독일어로는 그로스 와펜(Gross Wappen)이라 불렀다. 영어로는 '그레이트 암스(Great arms, 대[大]문장)'라고도 부르기도 하는데, 이는 문장 용어가 아닌 속어다. 그러나 편리한 용어라 이 책에서는 어치브먼트를 대문장으로 표현하기로 한다. 대문장과 방패만으로 이루어진 문장의 관계는 훈장에서 정장(正章, Badge)과 약장(略章, Ribbon)의 관계와 비슷하다고 이해하면 무방하다.

대문장의 구성은 나라에 따라 또 각자의 계급에 따라 각양각색이었는데, 대표적인 영국 왕의 대문장을 예로 들어 그 구성을 설명하려 한다. 그림 16 에서 볼 수 있듯 2022년 서거한 고 엘리자베스 2세 여왕의 대문장, 정확히는 '대영연합왕국'의 국왕으로서의 대문장(그림 53 참조)에서 여왕이 스코틀랜드에서 사용하는 대문장은 그림 **55**에서 볼 수 있듯 이와는 다르다.

대문장의 최상단에 배치된 액세서리는 크레스트(Crest)라 부르고, 때로 투구 장식이라 번역하기도 한다. 이는 단순한 장식이 아니라 일본에서 가문의 문장을 사용하는 방식과 비슷하다. 다만 여성의 대문장에는 사용되지 않는다.

크레스트 아래에는 관(Crown)이 있는데, 영국 여왕의 경우에는 당연히 왕관이다. 계급에 따라 관의 형태가 달라지고, 나중에 다시 설명하겠지만 귀족의 대문장에서는 왕과는 배치하는 위치도 다르다. 또 관을 사용할 수 없는 계급도 정해져 있다. 관 아래에는 헬멧(Helmet)이 있고, 관과 마찬가지로 계급에 따라 형태와 배치 방식이 달라진다. 또 시대와 국가에 따라서도 차이가 있다. 실제로 사용된 헬멧을 데포르메로 삼기에 'Heraldic helmets(문장 위의 헬멧)'이라고도 부른다. 헬멧 뒤에 나뭇잎처럼 망토(Mantling)가 펼쳐져 있고, 금속성 갑옷이 태양열로 달구어지는 상황을 방지하기 위해 사용하던 망토를 데포르메했다. 리본 또는 가느다란 끈처럼 보이는 부분은 기사가 전투에 나가 적의 검으로 갈기갈기 찢긴 상태를 표현했다.

방패를 떠받치는 동물은 서포터(Supporter)라 부르는데, 들짐승뿐 아니라 조류, 인간, 괴물 혹은 기둥 등의 무생물도 있다. 서포터는 반드시 양쪽에 위치하지 않고, 한쪽에만 있거나 방패 뒤에 있는 등 다양한 형태가 있다. 심지어 서포터가 없는 문장도 있다.

중앙의 방패는 실드(Shield) 또는 이스커천(Escutcheon)이라 부르는데, 나중에 설명하겠지만 실드와 이스커천은 의미가 다르다. 방패의 표면, 즉 문장 도형이 그려진 부분을 필드(Field)라 부르고, 필드에 그려진 도형을 차지(Charge)라 한다. 지금까지 사자와 독수리를 상징으로 표현했는데, 문장 용어에서는 차지라고 부르는 게 옳다. 바른 표현일 뿐 아니라 매우 편리한 용어라 이 책에서는 앞으로 차지를 사용할 예정이다.

방패 주위는 가터 훈장(The Garter)이 에워싸고 있다. 훈장 소유자는 자신이 소지한 훈장 중에 최고 등급의 훈장 혹은 경식 훈장(頸飾勳章, Collar decoration)을 방패 주위에 배치하는 게 통례다.

이상의 액세서리를 포함한 방패는 최하단 컴파트먼트(Compartment) 위에 놓이는데, 컴파트먼트의 모양도 천차만별이고, 컴파트먼트가 없는 문장도 있다.

컴파트먼트 앞에 있는 글자는 모토(Motto)라 부르고, 스크롤(Scroll, 두루마리) 위에 적어넣는데, 꼭 아래가 아니라 위에 있거나 없을 때도 있다.

모토는 가훈이나 신조 등의 내용인데, 모토 중에는 전장에서 아군의 사기를 북돋우기 위해 외치는 함성 등도 있다.

대문장의 대표적 구성과 각 액세서리의 명칭을 소개했는데, 유럽 대륙의 문장에는 '로브 오브 이스테이트(Robe of Estate)'라 부르는 위계를 나타내는 예복을 방패 뒤에 배치한 문장 또는 파빌리온(Pavilion)이라는 고위직의 숙영용 천막을 마찬가지로 배치한 문장 등이 있다. 이들을 포함해 각 액세서리를 지금부터 간략하게 살펴보자.

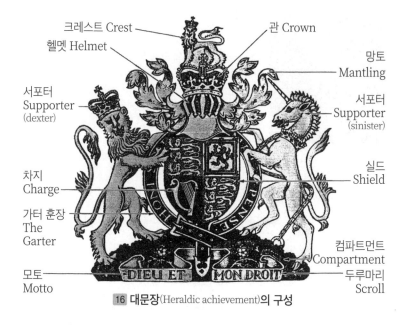

크레스트 Crest
헬멧 Helmet
관 Crown
망토 Mantling
서포터 Supporter (dexter)
서포터 Supporter (sinister)
차지 Charge
실드 Shield
가터 훈장 The Garter
컴파트먼트 Compartment
모토 Motto
두루마리 Scroll

DIEU ET MON DROIT

16 대문장(Heraldic achievement)의 구성

‖ 1. 크레스트 *Crest* ‖

앞에서 서양의 문장에 가문의 문장이라는 요소도 추가되었다고 언급했는데, 이를 구체적으로 보여주는 증거가 크레스트다. 원래 일본의 투구에도 있는 요소다. 일본 투구에서 '반달'이나 '뿔 모양' 등의 장식으로 나타나는 요소로, 쉽게 말해 보여주기식 투구 장식이다. 잉글랜드 왕 중에 최초로 크레스트를 사용한 사람은 리처드 1세라고 알려져 있는데, 크레스트를 사용했다는 확실한 물증은 에드워드 3세(Edward Ⅲ, 1327~1377년 재위)다. '흑태자'라는 별명으로 더 유명한 에드워드(Edward the Black Prince, 1330~1376년)도 부왕과 꼭 닮은 크레스트를 사용했다(그림 195 196 및 그림 11) 굳이 설명

17 **구 왕립 거래소**(The Royal Exchange)**에 걸린 그레섬**(Gresham) **가문의 크레스트**
"Bad money drives out good"라는 그레섬의 법칙으로 알려진 토머스 그레섬(Sir Thomas Gresham the Elder, 1519?~79년)이 설립한 왕립 거래소다. 이를 그레섬 가문의 크레스트로 삼았다. '황금 메뚜기'가 기념으로 걸려 있다.

할 필요도 없이 당시 크레스트는 실제로 사용하는 투구에 장식으로 달았다. 그러다 후대에 문장 도형에 액세서리로 덧붙여지게 되었다.

크레스트에 가문의 문장과 같은 요소가 있는데, 이는 크레스트는 다른 가문에서는 사용할 수 없으나 같은 일족, 상황에 따라서는 같은 가계가 같은 크레스트를 사용할 수 있었기 때문이다. 방패에 그려진 문장이 부모와 자식 사이에서도 같아서는 안 된다는 원칙이 완전히 다르게 적용되는 셈이다. 귀족이 손님을 초대할 때 사용하는 식기, 온갖 살림살이에 크레스트만 장식으로 덧붙였던 건 '무슨 무슨 집안'으로서 손님을 접대한다는 의미였다. 'ㅇㅇ 형제회사'가 크레스트를 상표로 사용한 사례도 형제가 공유한 가문의 문장에서 비롯되었다(그림 **17**).

크레스트는 부인과 성직자의 문장에는 사용되지 않았다. 이는 크레스트의 기원이 실전용 헬멧 장식에서 유래했기 때문이다. 전투에 참전하지 않는 여성과 성직자는 헬멧을 착용하지 않았기 때문이다.

‖ 2. 관 *Crown* ‖

대문장에 관(冠)을 덧붙일 수 있는 권한은 왕, 왕족 및 귀족의 문장으로 국한되는데, 그 기준은 국가에 따라 달랐다. 또 사용하는 관도 계급에 따라 또 나라에 따라 천차만별이다. 그림 **18**에서 볼 수 있듯 영국, 프랑스, 이탈리아만 놓고 봐도 관 종류가 매우 다양하다. 문장 도형의 관은 이 도형대로 그려지지 않고 일종의 유형을 보여준다. 상황에 따라서는 그림 **19**처럼 특정 왕, 특정 황제의 관을 사용하기도 했다.

귀족의 문장 이외에는 성직자의 관과 모자가 있다. 교황의 문장에는 교황 삼층관(Tiara papale, Triple crown, 그림 **20**의 A, 현 교황인 프란치스코 교황은 사용하지 않고 있다)을 쓰고, 대주교, 주교, 수도원장 등은 미트라(Mitra, 그림 **20**의 B~D)를 사용한다. 미트라는 그림과 같이 다양한 형태가 있는데, 대주교가 어떤 모양을 쓰고, 주교는 어떤 모양을 쓴다는 식으로 성직 품계에 따른 규정은 정해져 있지 않다. 반면 모자는 갈레로(Galero, cardinal's hat)라 부르며, 그림 **20**처럼 장식 끈(Cord)과 장식 술(Tassel)을 달고, 끈의 색과 매듭의 수에 따라 성직자의 계급을 가늠할 수 있게 되어 있다.

관은 개인 이외의 문장에도 사용되었다. 도시의 문장에 사용된 뮤럴 크라운(Mural crown, 그림 **21**의 A·B·D~F), 항구도시의 문장에 사용된 나발 크라운(Naval crown, 그림 **21**의 G)이 유명하다. 뮤럴 크라운은 고대 로마시대에 적의 성에 가장 먼저 올라간 용자에게 주어진 포상이 그 시초라, 성벽을 본뜬 형태로 만들어졌다. 뮤럴 크라

왕	왕 (나폴레옹) 황제	황제	왕
황태자	황태자	대공	황태자
프린스	프린스	프린스	프린스
공작	공작	선제후	공작
후작	후작	바이에른공	후작
백작	백작	백작	백작
자작	자작	백작	자작
남작	남작	남작	남작

18 각종 관의 종류. 왼쪽부터 각각 영국, 프랑스, 독일, 이탈리아형

19 유명한 관

A) 에드워드 2세(Edward II, 1307~27년 재위)

B) 헨리 7세(Henry VII, 1485~1509년 재위)

C) 카롤루스 마그누스(Carolus Magnus=Charlemagne, 800~814년 재위)

D) 신성로마 황제 프리드리히 3세(Friedrich III, 1493년 사망)의 황관

E) 오스트리아 황제

D) 트란실바니아 대공의 관. 1765년의 것

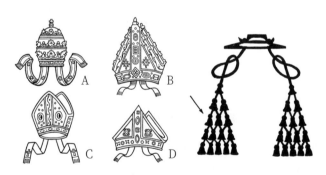

20 성직자의 관과 성직자의 모자

A) 교황 삼층관(삼중관, Tiara papale라고 부르기도 한다)

B~D) 미트라(Mitra, 주교관)

E) 갈레로(Galero, cardinal's hat). 장식끈에 달린 술을 태슬(Tassel)이라 한다.

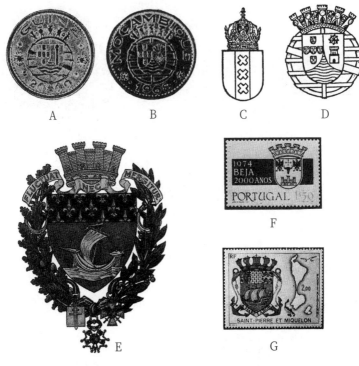

21 뮤럴 크라운(A, B, D~F)과 나발 크라운(G)

A) 포르투갈령 기니   B) 포르투갈령 모잠비크
C) 암스테르담시   D) 고아
E) 파리시의 문장   F) 포르투갈, 베자(Beja)시
G) 산피에트로섬

운은 성벽으로 둘러싸인 유럽의 여러 도시 문장과 절묘하게 어울
려 도시 문장으로 즐겨 사용되었다. 다만 도시의 문장에 꼭 뮤럴 크
라운을 단다는 법칙은 없고, 일반 관일 때도 있다(그림 21 의 C).

22 그레이트 헬름(Great helm, barrel helm)

‖ 3. 헬멧 *Helmet* ‖

전투용 헬멧의 역사는 기원전 600년대 모자처럼 생긴 투구인 스팡겐헬름(Spangenhelm)으로 거슬러 올라간다. 문장에 사용된 헬멧은 수많은 종류가 존재하는 실용적인 투구 중 일부를 문장용으로 디자인했다.

이 초기 형태는 12세기 무렵에 시작되었는데, 15~16세기경까지 사용된 '그레이트 헬름(Great helm, barrel helm)'이라는 통 모양의 투구를 본뜬 디자인이었다. 그림 22 에서 볼 수 있듯 머리에 푹 뒤집어쓰고 얼굴 부분은 열 수 없으며, 작은 구멍 혹은 가느다란 틈으로 밖을 내다보는 형태였다. 그림 28 A·B는 이를 채용한 14세기경의 문장 그림이다. 이 틈으로 엿보는 방식은 문장 발달사에 큰 영향을 주었다. 나중에 다시 상세하게 살펴보겠지만, 문장에 사용된 색을 엄격하게 제한했는데, 이처럼 시야가 나쁜 헬멧을 쓰고 보아도 단번에 누구의 문장인지를 판별할 수 있도록 색 제한이라는 규정을 덧붙였다.

17세기 전후부터는 국가에 따라 차별은 존재했으나, 문장에 사용

A) 왕   B) 귀족   C) 기사(Knight)   D) 기사

E) 에스콰이어, 젠틀맨   F) 프랑스 왕   G) 이탈리아 귀족

23 각종 헬멧

된 헬멧은 그레이트 헬름과 바이저 헬멧(Visor Helmet)이라는 두 종류가 중심이 되었다. 이 헬멧의 색상 차이와 바라보는 방향 차이로 문장 사용자의 위치를 보여주게 되었다. 그레이트 헬름은 투구 정면의 개구부에 격자, 즉 창살(Bar, ①)을 쳐서 이런 이름이 붙었다(그림 **23**의 A, B). 또 바이저 헬멧은 유튜브 등에서 기사 동영상을 검색하면 가장 많이 나오는 '기사 동영상' 등에서 볼 수 있듯 개구부를 올렸다 내릴 수 있는 바이저(그림 **23** ②)로 여닫을 수 있다.

잉글랜드 문장은 이 두 가지 헬멧을 사용해 왕 이하의 각 계급의 문장을 구별할 수 있게 되었다. 먼저 왕과 황태자는 바 헬멧을 사용하고, 격자에 이르기까지 모든 부분을 금색으로 했고, 방향은 정면을 바라보았다(그림 **23**의 A 및 **16**). 공작부터 남작까지 귀족은 마찬

24 1677년에 출간된 『Analogia honorum』에서 인용한 잉글랜드 계급별 대문장
A) 보퍼트 공 헨리 Henry, Duke of Beaufort
B) 헌팅던 백작 헤이스팅스 Hastings, Earl of Huntingdon
C) 포콘버그 자작 벨라시스 Belasyse, Viscount Fauconberg
D) 스터턴 남작 에드워드 Edward, Lord Stourton
E) 준남작 피셔 텐시 Fisher Tench, Baronet of Low Leyton
F) 향사 프랜시스 켁 Francis Keck

가지로 바 헬멧을 사용했으나 헬멧은 은색, 격자만 금색이었으며
방향은 왼쪽을 향했다(그림 **24** 의 A~D). 준남작(Baronet)과 기사
(Knight)는 동으로 만든 바이저 헬멧을 정면 방향으로 사용했고, 바
이저를 올려 개구부를 열었다(그림 **24** 의 E). 에스콰이어(Esquire)*와
젠틀맨(gentleman)은 마찬가지로 바이저 헬멧을 왼쪽을 바라보는

---

* 에스콰이어, 젠틀맨 모두 잉글랜드 특유의 계급으로 '신사'라고 통틀어 일컬어지기도 하는 계
급. 잉글랜드에서 문장은 귀족, 준귀족, 기사(Knight)만 사용할 수 있는데, 신사는 기사 다음 계급
으로 특별히 문장 사용이 용인되었다.

A) 윈스턴 처칠의 문장　　　　B) 오항동맹(Cinque Ports)의 문장

 처칠 탄생 100주년 기념우표에 오항동맹 문장이 있는 것은 이 항구의 장관직(현재는 명예직 지위)에 처칠이 취임한 데서 비롯되었다(57 참조).

방향으로 사용했고, 바이저는 내려서 개구부를 닫았다(그림 24 의 F). 여기까지가 헬멧에 따른 계급 구별인데, 헬멧만으로는 구별할 수 없는 공작, 백작, 자작, 남작 귀족 문장의 차이는 관과 조합으로 구별할 수 있었다.

　또 헬멧 한 개가 아니라 두 개를 사용한 문장도 존재했다(그림 25 의 A 및 57 , 처칠의 문장). 또 유럽 대륙의 문장 중에는 헬멧을 무려 7~8개나 사용한 사례도 있다(그림 26 의 B). 이는 혼인 등으로 아내 가문, 즉 처가의 문장을 합해 계승했을 때 처가의 문장 헬멧과 크레스트까지 덧붙이며 생겨난 디자인이다. 그러나 이런 경우 헬멧을 반드시 추가해야 할 의무는 없었고 온전히 사용자의 취향에 맡겨졌다. 그러나 헬멧을 추가할 때 그 순위 등에 관한 기준은 있었다(그림 27).

26 A) 헬멧 3개를 볼 수 있는 문장(1618년 발행 홀슈타인 주화)

B) 헬멧 7개를 볼 수 있는 문장(오스트리아, 케벤휠러-메치[Khevenhüller-Metsch] 가문
이 1761년에 발행한 탈러[haler] 주화로 문장은 그 가문의 것)

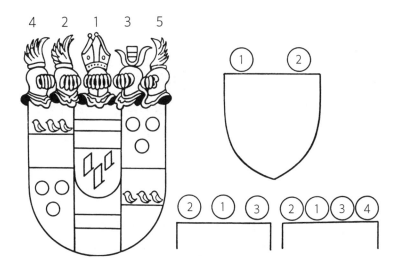

27 헬멧 여러 개를 추가한 경우의 서열. ①이 최우위 가계의 헬멧

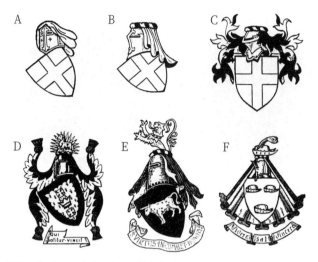

28 A와 B는 14세기, C는 15세기의 망토. D~F는 희귀한 형태의 망토

‖ 4. 망토 *Mantling* ‖

망토는 영어로는 'Mantle'인데, 문장 용어에서는 우리가 아는 망토가 아닌 다른 대상을 지칭한다. 대문장의 액세서리인 망토는 '맨틀링(Mantling)' 혹은 '람브레킨(Lambrequin)'이라 부른다. 망토는 금속성 갑주(갑옷과 투구)가 태양열로 달구어지는 상황을 방지한다는 게 첫 번째 목적이었다. 또 갑주와 닿아 그 부분이 녹스는 현상을 방지하는 효과가 있고, 덤으로 적이 휘두르는 검이 망토에 엉켜 직격을 막아주는 방어막으로도 기능했다고 전해진다. 본래는 우리가 흔히 아는 망토의 형태처럼 천 한 장으로 이루어졌는데, 격렬한 전투로 찢겨나가 너덜너덜해진 상태를 도안화했다고 알려져 있다.

그러나 오래된 문장에서는 찢어진 상태가 아니고 길이도 짧았다(그림 28의 A·B). 또 수는 적어도 누가 봐도 망토처럼 보이는 디자인도 있다(그림 28의 F). 또한 망토에는 반드시 안팎이 있는데, 원칙은 두 가지 색으로 채색되었고, 왕 등 고위직의 망토는 겉면이 '아민(Ermine) 문양'으로 이루어져 있다.

‖ 5. 리스 *Wreath* ‖

앞에서 살펴본 해설도에는 없는데, 크레스트를 직접 헬멧에 다는 귀족 이하의 문장에는 반드시 리스(Wreath)가 있다. 그림 28처럼 크레스트와 헬멧 사이에 있는 두 가지 색의 매듭에서 고리처럼 보이는 부분이 리스다. 리스는 투구에 망토를 연결하기 위한 부속품이며, 동시에 크레스트를 헬멧 위에 안정적으로 고정하는 역할도 했다.

왕, 황태자의 문장은 크레스트, 관, 헬멧 순서로 배치되어 리스가 없다. 또 여자와 성직자의 문장에도 리스가 없다. 도시의 대문장에는 망토와 헬멧이 없는 디자인도 있는데, 그때는 크레스트 아래에 리스만 배치하는 게 통례였다.

6. 로브 오브 이스테이트 및 파빌리온
Robe of Estate & Pavilion

잉글랜드, 스코틀랜드의 문장에는 예외적이라 할 수 있는 액세서리로 로브 오브 이스테이트(Robe of Estate) 및 파빌리온(Pavilion)이 있다. 로브 오브 이스테이트는 왕, 황제, 공작 등 그 지위를 보여주는 망토와 같은 예복으로, 각종 액세서리를 달아 문장을 배후에서 감싸듯 배치된다(그림 12 및 37 40 41 45). 이 역시 안팎의 채색 방식으로 문장 사용자의 지위를 판별할 수 있게 만들어졌다.

파빌리온은 왕과 귀족이 야전에서 사용한 천막을 앞에서 설명한 로프(Rope)처럼 문장 배후에 배치했는데(그림 29), 사용 사례는 로프보다 적고, 네덜란드 왕실의 문장 등 일부에서만 볼 수 있다. 로브 오브 이스테이트를 쏙 빼닮은 형태이나, 파빌리온에는 캐노피(Canopy)가 붙어 있어 둘을 구분할 수 있다.

7. 서포터 *Supporter*

방패를 떠받치는 서포터는 1400년대 문장에서 처음 나타났는데, 그 기원에 관해서는 두 가지 설이 있다. 첫째 실(Seal) 디자인에서 비롯되었다는 설이다. 원형 실에 방패를 배치한 구도를 채용하면 아무래도 방패 양옆이 횅하게 비게 된다. 그래서 균형을 맞추고 공간을 채울 요량으로 실 디자이너가 동물과 기타 요소를 추가했는

29 A) 1658년 프랑스에서 만들어진 트럼프에서 볼 수 있는 파빌리온을 배치한 프랑스 왕의 문장. 좌우 인물은 전령(Herald).
B) 파빌리온을 배후에 배치한 네덜란드 왕의 문장(48 참조)

데, 후대에 문장 도형에 응용되어 정착되었다는 설이다(그림 15 의 A·D). 또 다른 설은 마상 창 시합 전에 출전하는 기사가 수습 기사에게 방패를 들려 경기장 안을 행진하는 관습이 있었는데, 이를 문장 도형에 도입했다는 설이다.

서포터는 인물, 동물, 가공의 생물 외에도 기둥(스페인 문장에 많다) 같은 무생물 등 각종 요소가 있다(그림 30). 또 양쪽에 배치한 디자인(유럽 전역), 배후에 배치한 디자인(대륙의 문장으로 한정된다), 한쪽에만 있는 디자인(스위스) 등 다양한 디자인이 있는데, 양쪽에 서포터를 배치한 디자인이 가장 많다.

문장에 서포터를 추가하는 규정에 제한을 두지 않고 자유로운 국가도 있었는데, 어느 정도 제약이 있는 게 일반적이다. 그러나 잉글 랜드에서는 엄격한 규정이 있다. 개인의 경우 서포터는 귀족 이상 의 문장에서만 사용할 수 있고, 황금 사자는 왕과 왕족만 사용할 수 있었던 시대도 있었다.

서포터는 조상 대대로 같은 도안을 사용한 가문도 있지만, 취향 에 따라 수시로 바꾸는 가문도 있다. 영국 왕가는 기록에 남은 문장 으로는 헨리 6세(1422~71년 재위) 이후 서포터를 채용했는데, 헨리 6 세가 몸소 서포터를 세 번이나 바꾸었을 뿐 아니라 헨리 8세도 네 번이나 바꾸었다(12장 참조). 영국 왕의 현재 서포터는 왼쪽이 사자, 오른쪽이 유니콘(일각수)인데, 이는 스튜어트 왕가의 시조인 제임스 1세(1603~1615년 재위) 이후 디자인이다.

‖ 8. 모토 *Motto* ‖

대문장에 반드시 모토*가 필요하지는 않으나, 모토가 들어가 있 을 때가 많다. 모토는 리본 모양의 두루마리(Scroll)에 모토를 적은 도형 형태가 많은데, 드물게 금속판 위에 적은 도형 형태도 있다. 일반적으로 문장 하부에 배치하는데, 그림 31 의 A·B처럼 위아래 두 군데에 있는 문장도 볼 수 있다.

글자 그대로 모토는 주의, 주장, 좌우명, 금언을 말한다. 해당 가

---

* 모토 해독에는 『엘빈 모토 사전』(Elvin's Handbook of mottoes)이 편리하다.

노팅엄시
Nottingham City

왕립외과대학교
Royal College
of Surgeons

입스위치시
County Borough
of Ipswich

다운주 의회
Down County Council

킬마녹시
Burgh of Kilmarnock

30 각종 서포터와 컴파트먼트

계의 시조가 즐겨 쓰던 말이나 가문을 중흥한 조상이 정한 좌우명 등을 모토로 삼는 경우가 많다. 영국 왕의 대문장에 있는 'Dieu et mon droit(신과 나의 권리)'는 리처드 1세가 전장에서 사용한 구호를 헨리 6세가 최초로 채용했다고 알려졌는데, 이 주장에는 반론도 있다(후술).

언어적으로는 라틴어가 압도적으로 많고, 프랑스 고어도 많이 볼 수 있다.

A) 애스큐 로버트슨(Askew-Robertson) 가문의 문장
B) a-아바브렐턴(à-Ababrelton)의 문장

‖ 9. 컴파트먼트 *Compartment* ‖

컴파트먼트도 반드시 사용된 액세서리는 아니다. 사례에 따라 잉글랜드 문장에서 컴파트먼트 사용은 고위 계급에 한정되었으나, 관과 투구 혹은 서포터만큼 사용상의 제한은 없다.

컴파트먼트 사용은 15세기에 들어서고 나서, 유럽 대륙에서는 기욤 드 바비에르(Guillaume de Bavière, comte d'Ostrevant) 백작이 1412년에 사용한 실에, 그리고 영국에서는 스코틀랜드의 명문가 더글러스 백작(The Earl of Douglas) 가문이 사용한 1434년의 실에서 찾아볼 수 있다. 이들이 가장 오래된 컴파트먼트를 배치한 문장이다.

컴파트먼트는 현재 영국 왕실의 문장에서 볼 수 있듯 봉분 형식의 디자인이 가장 일반적인데, 그림 30 처럼 다양한 디자인이 있다. 그중에는 스코틀랜드의 애스큐 로버트슨(Askew Robertson) 가문의 문장에서 볼 수 있듯 하부의 '사슬로 연결된 야만인(그림 31)'처럼 문장학상 이를 서포터로 볼지 아니면 컴파트먼트로 볼지 문장학자 사이에 견해가 갈리는 사례도 있다.

제 4 장
방패

대문장을 구성하는 액세서리는 시대에 따라, 국가에 따라, 또 계급에 따라 각양각색이었다. 대문장 중심에 배치된 방패와 비교하면 액세서리의 중요성은 비교할 수 없을 정도로 낮다. 문장이 아무리 아름답고 화려하게 장식되었더라도 액세서리들은 문장 본래의 '개인을 식별하는 목적으로 보면 부수적 요소'로 지위, 신분 등을 판별할 수 있는 이점은 있어도 가장 중요한 어디의 누구인지를 명확히 보여주는 증거는 방패에 그려진 도형 이외에는 없다. 또 서양의 문장은 혼인이나 상속 등으로 두 개 이상의 문장이 조합되며, 해당 가계의 변천과 공훈이라는 비밀을 푸는 열쇠처럼 사용할 수 있다. 이를 가장 잘 보여주는 장치가 방패의 문장 도형이다. 따라서 문장론의 중심은 방패의 도형과 이를 둘러싼 논쟁이다. 예컨대 600쪽의 문장학 문헌에서 400쪽은 방패에 그려진 도형에 관한 해설과 이론이 차지한다. 그 중요도와 비례해 가장 많은 분량을 차지하는 것이다. 이는 서양의 문장이 애초에 방패 그 자체에서 시작되었기에 당연한 일이다.

　그러나 이 좁은 공간에 그려진 도형에 따라 몇만 혹은 몇십만이라는 헤아릴 수 없이 많은 문장을 만들어내려면, 통상적인 궁리로는 얼마 가지 못해 한계에 부닥치게 된다. 문장학이 문외한에게 너무나 복잡하고 난해한 까닭은, 정상의 범주를 아득히 벗어난 연구, 구조, 시대와 국가에 따라 다른 시스템과 규칙을 이론으로 정립하거나 해설하는 학문이기 때문이다. 더불어 이러한 이론 정립과 해설에 사용되는 용어 대부분이 문장학이라는 학문 영역에서만 통용되는 내부 언어, 즉 은어 비슷한 말들이어서 아무래도 일반인에게는 쉽사리 다가가기 어려운 분야라는 인상을 줄 수밖에 없다.

문장학이라는 학문의 문턱이 워낙 높다 보니 "중세의 문장학자와 문장관이 그 직을 박탈당하지 않기 위해 고의로 난해한 용어를 사용해 폐쇄적인 직역으로 만들었다"는 설도 제기되었으나, 이 주장에는 전적으로 동의할 수 없다. 처음에는 용어가 난해하게 여겨지더라도 전문용어와 독특한 표현문으로 설명하는 방식을 자주 접하다 보면 문장 도형을 정확하게 또 간단히 이해할 수 있기 때문이다. 수학과 화학에서 사용하는 기호와 매한가지로 이는 순서를 차근차근 밟아나가면 해결될 문제로, 이어지는 기본적인 문장 용어 소개를 읽어나가며 방패에 관해 알아보자.

‖ 1. 방패의 모양 ‖

이 책 곳곳에 삽입된 문장 도형으로도 가늠할 수 있듯 방패는 모양이 다양하다. 각양각색의 방패는 디자이너가 기분 내키는 대로 만들어냈다기보다 어느 정도 합당한 이유에 따라 제작되었다. 그중에서도 가장 많은 형태는 전기다리미를 뒤에서 본 듯한 모양의 방패(이를 'Heater iron type'이라고 부른다)인데, 이처럼 방패는 실전용 방패를 그대로 도형화하지 않고 문장 작도의 관점에서 가장 합리적인 디자인으로 문장 디자이너가 고안했다. 그래서 실전용 방패

를 '실드(Shild)'라고 부르고, 문장 도형에 들어가는 방패를 '이스커천(Escucheon 또는 Escutcheon)'이라 불러 구별하는 게 원칙이다. 이스커천에 관해서는 나중에 다시 설명하고, 초기의 문장이었던 방패 즉 실드는 어떠한 형태였는지, 무엇으로 만들어졌는지에 관해 먼저 살펴보자.

앞에서 소개한 바이외 태피스트리(그림 4)에서 볼 수 있듯 옛 방패는 매우 길쭉했다. 그보다 후대인 1100년대 방패, 가령 조프루아와 롱제스페의 방패(그림 5)도 아직 길쭉한 방패였다. 그러다 1200년대 중엽부터 1300년대 초반에 걸쳐 길이가 약간 짧아지고 너비가 넓어졌다(그림 32).

32 롱제스페 백작 윌리엄 드 발랑스(William de Valence, 1st Earl of Pembroke, 1296년 사망)의 무덤상

방패 그 자체의 재질에 관해서는 일반적으로 오해의 소지가 있는데, 금속이 아닌 목재였다. 한자로는 일반적으로 '방패 순(盾)' 자를 쓰는데, 재미있게도 방패 순에 나무 목을 더한 난간 순(楯)이라는 한자도 있다. 이 난간 순에도 '방패'라는 뜻이 있다. 어쨌든 방패는 나무로 모양을 만들고 표면을 가죽 혹은 캔버스로 보강하고 그 위에 문장을 그렸다. 방패 뒷면은 그다지 알려지지 않았는데, 그림 33 에서 볼 수 있듯 헬멧을 달 수

있도록 만들어 휴대성을 더했다. 그림에서도 알 수 있듯 현재와 크게 다르지 않은 버클이 이 시대에 존재했다는 사실은 뜻밖이다.

문장은 방패 그 자체의 시대부터 도형으로서 문장의 시대에 진입해 이스커천이 다시 짧아지고, 14세기에 접어들어 폭이 넓어졌다. 여기에 문장 도형을 그려 넣으려면 너비가 넓어야 어떠한 도형이라도 담을 수 있기 때문이었다. 또 마셜링(Marshalling)이라고 해서 두 개 이상의 문장을 조합한 예도 많아지면서 이를 담을 수 있는 공간이 필요해짐에 따라 방패의 너비가 넓어졌다. 또 소박한 형태의 방패 도형이 화려하고 복잡한 디자인으로 각국에서 다양하게 디자

33 로버트 드 슐란드 경
Sir Robert de Shirland of kent의 무덤상. 1308년 방패 뒷면을 보여주는 무덤상은 매우 희귀하다.

인되었다. 그림 **34**에서 볼 수 있듯 E~K는 각국 방패의 특징을 보여주는데, 이를 통해 그 형태가 어떤 국가에서 탄생했는지를 알 수 있다. 하지만 잉글랜드 타입이라고 해도 잉글랜드에서만 볼 수 있는 디자인은 아니다. 독일형이 이탈리아의 문장에서 보이기도 하고, 이탈리아형이 프랑스 문장에도 등장한다. 요즘으로 치면 패션과 같다. 어느 나라에서 고안된 타입이 다른 나라에서 이국적인 디

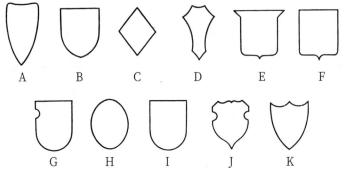

34 방패의 형태

A) 13세기경의 방패   B) 아이언(Iron)형 방패(이스커천)   C) 여성의 문장용 방패
D) 성직자의 문장용 방패   E) 영국형   F) 프랑스형
G) 독일형   H) 이탈리아형   I) 스페인형
J) 폴란드형   K) 스위스형

자인으로 받아들여져 유행하는 패션처럼 국경을 넘나드는 게 예사였다. 참고로 그림 **35** 의 각종 방패는 잉글랜드의 문장 편람에 있는 3만 개에 달하는 문장에서 선별한 형태로, 유럽의 온갖 방패 형태를 볼 수 있다.

도형 방패, 즉 이스커천은 특수한 디자인으로 부인용 마름모꼴 방패(Lozenge shaped Escutcheon, 그림 **34** 의 C)와 성직자용 말머리형 방패(Horse head Escutcheon, 그림 **34** 의 D와 **36**)가 있다. 이 두 디자인은 모두 전투와 무관한 인물의 문장용으로 고안되었다. 그러나 부인이라도 공직에 취임해 직위를 보여주는 문장을 사용할 때는 일반적인 형태의 방패를 사용하게 되었다(후술). 또 잔 다르크는 기사 복장으로 전투에 참전했기에 남성과 같은 방패 문장을 사용

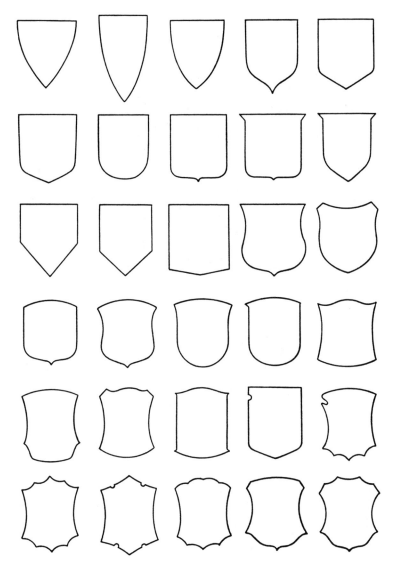

35 잉글랜드의 문장 편람에서 고른 각종 방패의 형태

각국 타입의 방패를 볼 수 있다. 잉글랜드 문장이라고 해서 반드시 잉글랜드 타입의 방패를 사용하지 않았음을 알 수 있다.

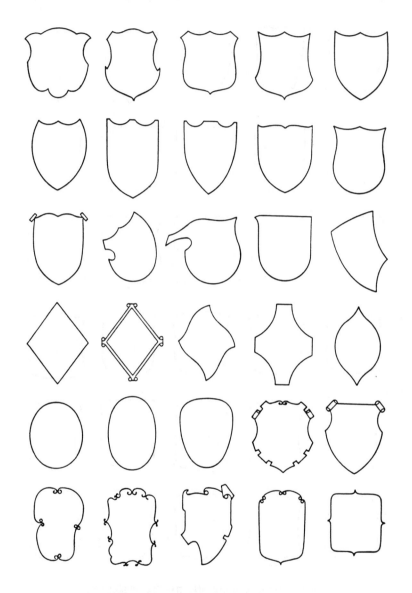

35 잉글랜드의 문장 편람에서 고른 각종 방패의 형태

36 추기경 바실리오스 베사리온의 문장

갈레로(Galero)와 말머리형 방패에 주목

37 잔 다르크의 문장(A)과 그녀가 사용했다고 알려진 스탠더드(B)

모두 현존하지 않고 상상도다. 잔 다르크가 문장과 스탠더드를 사용했는지를 두고 학설이 대립한다.

38 헤리퍼드 주교직(Bishopric of Hereford)의 문장

성직자의 문장이라도 이 사례처럼 방패가 말머리형이 아닌 디자인도 있다.

했다고 전해진다(그림 **37**). 이 밖에 스페인의 도시인 바르셀로나(Barcelona)와 발렌시아(Valencia)의 문장은 마름모꼴 방패라는 예외적 존재로 알려져 있다(그림 **70**). 한편 성직자의 문장도 반드시 말머리형을 사용하지는 않았는데(그림 **38**), 성직자가 아닌 사람이 말머리형 문장을 사용한 사례는 거의 없다.

또 문장 도형의 방패는 윗변이 수평이 되도록 배치하는 게 통례인데, 비스듬하게 배치한 디자인도 있다(그림 **28** 의 A·B·D·E). 이 경

우 오른쪽 어깨가 올라가고, 왼쪽 어깨가 내려가도록 배치하는 디자인이 일반적이다. 이와 반대인 사례는 매우 적다. 이는 기사가 방패를 휴대하는 도형에 준거한 디자인으로, 그림 15 의 실과 그림 16 의 기사상 등으로도 알 수 있듯 대부분이 오른쪽 어깨 위에 방패가 그려져 있다.

‖ 2. 이스커천 표면의 구조 ‖

공간이 좁은 이스커천에 여러 가지 문장 도형을 작도하기 위해서는 어지간한 연구로는 바로 한계에 부닥치게 된다고 설명했다. 그래서 이스커천의 표면, 즉 필드(Field)를 둘로 나누거나, 넷으로 나누거나, 구상 도형을 추가하거나, 다양한 색을 사용하기도 했다. 또 둘로 나누더라도 직선으로 나누거나, 나선으로 나누는 등 가능한 방법을 모조리 동원했다. 그러나 둘로 나누든 넷으로 나누든 각자 멋대로 나누면 모처럼 머리를 써서 짜낸 디자인에 혼란을 초래할 수 있어 모종의 기준이 필요해졌다. 그래서 필드의 구조가 만들어졌고, 그 기준은 포인트(Points)와 분할선(Partition line)으로 대표된다.

◎ 포인트 *Points*

포인트는 이스커천의 위치라는 의미로, 잉글랜드 방식, 프랑스 방식 등 약간의 차이가 있다. 그림 39 에서 볼 수 있듯 잉글랜드 방

39 필드의 포인트
왼쪽은 잉글랜드 방식, 오른쪽은 프랑스 방식.

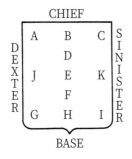

A. Dexter chief
B. Middle chief
C. Sinister chief
D. Honor chief
E. Fess point
F. Nombril point
G. Dexter base
H. Middle base
I. Sinister base
J. Dexter flank
K. Sinister flank

1. Canton du chef dextre
2. Pointe de chef
3. Canton du chef sénestre
4. Flance dextre
5. Centre coeur, or abîme
6. France sénestre
7. Canton du la pointe dextre,
   or Canton dextre de la pointe
8. Pointe, or Pointe de l'Ecu
9. Canton du pointe sénestre,
   or Canton sénestre de la pointe

식에서는 A부터 K까지 11가지 포인트로 나눌 수 있다. 또 이스커 천의 상하좌우를 치프(Chief), 베이스(Base), 덱스터(Dexter), 시니 스터(Sinister)라 부르는데, 이 명칭은 문장을 설명하는 용어 중에서 도 가장 기본적이고 중요한 용어들이라 이번 기회에 알아두고 넘 어가자. 특히 좌우를 나타내는 덱스터와 시니스터를 눈여겨보자. 지금까지 '오른쪽을 향해서'나 '왼쪽을 향해서' 등의 표현을 사용했 는데, 덱스터는 '방패의 옆 혹은 방패의 뒤에서 보아도 오른쪽', 시 니스터는 마찬가지로 '방패 뒤에서 보아 왼쪽'을 뜻한다. 그렇다면

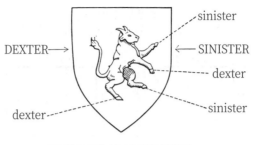

40 덱스터와 시니스터의 관계도

덱스터는 '왼쪽을 향하고' 있지 않냐는 반론이 나올 법도 한데, '뒤에서 봤을 때'를 기준으로 하는 이유는 그림 40 에서 설명하기로 하고, 잠시 설명을 보류한다.

이 문장에는 소가 일어선 모습이 그려져 있는데, 소의 네 발을 설명할 때 우리는 '소를 향해 왼쪽 뒷다리' 등이라고 말하지 않고 '소의 오른쪽 뒷다리'와 같이 표현한다. 방패 좌우 표현은 이 원칙에 따른다. 또 방패에 그려진 구상 도형 중 인간과 동물 등이 있으면 방패 좌우도, 그 구상 도형 좌우에 대해서도 마찬가지 기준으로 '호칭'하지 않으면 혼란스럽기 때문이다. 이 책에서도 앞으로 '오른쪽을 향해서 혹은 왼쪽을 향해서'라는 표현은 사용하지 않고 덱스터, 시니스터로 통일한다.

또 필드는 공간적으로 보아도 우위와 열위가 있다. 치프는 베이스를 기준으로 우위이고, 덱스터는 시니스터를 기준으로 우위다. 이 우위, 열위의 구별은 나중에 다시 자세히 설명하겠지만, 가령 두 개 이상의 가계 문장을 조합할 때 우위 가계의 문장부터 순차 배열하기 위한 기준이 된다. 영국 왕실의 문장은 필드를 네 개로 나누어 잉글랜드, 스코틀랜드, 아일랜드 그리고 마지막에 다시 잉글랜드를 배열해 영국이라는 나라의 역사적 배경을 기안으로 잡은 서열로 볼 수 있다.

◎ 분할선 *Partition lines*

필드 분할은, 가령 빨강 단일색인 문장을 위아래로 2분할함으로써 치프가 은색, 베이스가 빨강 혹은 그 반대라는 식으로 다른 문장을 만들게 된다. 또 마찬가지로 2분할해도 직선이 아닌 물결선 혹은 톱니 모양으로 들쭉날쭉한 선 등 각종 선으로 분할해 다시 다른 문장이 만들어진다. 필드 분할은 나중에 다시 자세히 설명하겠지만, 가로, 세로, 대각선, 십자 분할, 3분할, 4분할, 6분할 등 다양한데, 그 분할을 각종 선으로 변화시키고, 다시 색채를 알록달록하게 조합해 상상 이상으로 다양성이 풍부한, 종류가 다른 문장을 만들어

41 문장에 사용된 선(Lines)
1. Straight
2. Engrailed
3. Invected
4. Embattled
5. Indented
6. Dancetly
7, 8 Wavy, or Undy
9. Nebuly(deep)
10. Nebuly(shallow)
11. Reguly
12. Potent
13. Dovetailed
14. Flory (Counter-flory)
15 Rayonné
16. Urdy
17. Fitchy

낼 수 있다.

그림 41 은 분할선(Partition lines)의 대표적인 예시다. 그중에는 우리 눈에 유별나게 보이는 선도 있으나, 문장도에 보면 특이하게 별난 선은 아니다. 일부 선에 관해 약간의 설명을 덧붙이자면, 임배틀드 라인(Embattled line)은 성벽 상부 등에 있는 총안용 요철 부분에서 따와 이런 이름이 붙었다. 네뷸리 라인(Nebuly line)은 구름 모양의 선이라는 뜻에서 '구름'을 추상 도형적으로 표현할 때 사용된다. 도브테일드 라인(Dovetailed line)은 비둘기 꼬리깃과 닮은 선이고, 플로리 카운터-플로리 라인(Flory Counter-flory line)은 플뢰르드 리스를 교대로 방향을 바꾸어 늘어놓은 선이다. 또 로요네 라인(Rayonnéline)은 태양 광선, 쉽게 말해 햇살을 나타낸 선이다.

‖ 3. 색채 ‖

서양의 문장과 일본 문장의 차이를 알기 위해 특히 눈여겨봐야 할 부분 중 하나는, 일본의 문장이 단조로운 색채라면 서양은 '색이 다채롭다'는 점이다. 문장이 다채롭다고 해서 문장에 무슨 색을 사용해도 좋다는 말은 아니다. 사용하는 색과 채색 방법에는 엄격한 제한이 있다.

문장에 사용하는 색(Tinctures)은 금속색(Metals), 원색(Colours), 모피 문양(Furs), 이렇게 세 가지 그룹으로 나눌 수 있다. 금속색

42 모피(Furs) 문양

1. 아민 Ermine
2. 아민스 Ermines
3. 베어 에인션트 Vair ancient
4. 베어 Vair
5. 카운터 베어 Counter vair
6. 베어 언디 Vair undy
7. 포텐트 Potent
8. 카운터 포텐트 Counter potent

은 금(Or)과 은(Argent) 두 종류* 그리고 원색은 빨강(Gules), 파랑
(Azure), 검정(Sable), 초록(Vert), 보라(Purpure), 진홍(Sanguine), 아
주 드물게 주황색(Tenny) 등으로 한정되어 있다. 이들 색의 중간색
과 파스텔 색조는 전혀 용인되지 않았다. 모피 문양에는 북방족제
비 가죽을 디자인한 아민(Ermine)을 비롯해 그림 42 에서 볼 수 있
는 각종 문양이 있다. 아민 이외의 문양은 그다지 널리 사용되지 않
았다.

　문장에 사용하는 색이 이처럼 한정된 색상, 특히 원색 중심인 데

---

* 　금색과 은색은 각각 황금색과 흰색으로 대용할 수 있게 되었다. 그러나 그 명칭은 가령 노랑도
'Yellow'라 표현하지 않고 'Or'라고 말하고, 흰색도 'White'나 'Blanc'이 아니라 'Argent'라고 부른다.

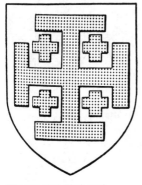

43 예루살렘 왕의 문장
채색 규칙에 위반되나, 규칙이 생기기 이전부터 존재해 공인되고 있다.

는 문장의 식별성을 높이기 위한 이유 이외에 다른 이유는 없다. 앞에서 설명했듯 헬멧의 가느다란 틈 사이로 내다봐야 했고 저 멀리에서도 한눈에 '어디의 누구'라고 판별할 수 있어야 했기에 생겨난 제한이다. 더욱이 단순히 색의 가짓수를 제한할 뿐 아니라, 채색 방법에도 규칙을 마련해두었다.

'금속색 위에 금속색을 겹치는 방식', 즉 금색 위에 은색이나 그 반대로 은색 위에 금색을 덧칠하는 방식의 채색, 혹은 '원색 위에 원색을 겹치는 방식', 즉 빨강 위에 파랑, 검정 위에 녹색 등을 칠하는 채색은 절대 해서는 안 되는 금지 사항이 되었다.

"Metal on metal, or colour on colour, is false arms(금속 색상 위에 금속 색상, 원색 위에 원색을 칠한 문장은 가짜 혹은 위반 문장)."

이처럼 아예 격언 비슷한 말이 생겨날 정도다.

문장 규칙은 이루 헤아릴 수 없이 많고, 예외 없는 사례가 없다고 해도 과언이 아닐 정도로 반드시 예외가 존재해 문장학을 복잡하게 만들지만, 이 색채 규칙만큼은 엄중하게 지켜져 예외는 가물에 콩 나는 수준으로 드물다. 그 한 예로 예루살렘 왕(King of Jerusalem)의 문장이 있다. '은색 필드에 금색 예루살렘 십자가(그림 43)'로

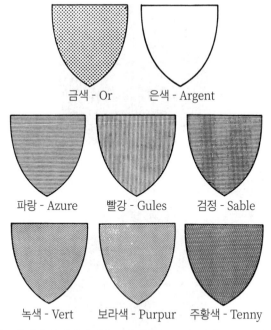

금색 - Or   은색 - Argent

파랑 - Azure   빨강 - Gules   검정 - Sable

녹색 - Vert   보라색 - Purpur   주황색 - Tenny

44 페트라 산타의 방식에 따른 금속색(Metals) **및 원색**(Colour) **색채 표현**

이루어진 이 문장이 좋은 예다. 이 문장은 채색 규칙이 확립되기 이전부터 존재했다는 이유로 공인되었다. 또 금색 필드에 빨강 사자가 은색 관을 쓴 듯한 부분이 일부 겹치는 경우는 이 규칙에는 위반되지 않는다.

현재는 인쇄 기술이 향상되며 컬러 인쇄도 어려운 문제는 아니지만, 컬러 인쇄는 고사하고 흑백 도형 인쇄조차 쉽지 않았던 시대의 문장 문헌에 나오는 도형은 손으로 그려서 채색한 경우가 일반적

A) 스위스 주화

B) 리히텐슈타인 주화

45 페트라 산타의 방식에 따른 색채 표현을 채용한 주화

이었다. 시대가 더 지난 후에도 목판인쇄 채색 방법을 채택했다. 그러나 이러한 출판에는 한계가 있다. 또 중세 주화가 열에 아홉은 발행자인 왕후의 문장을 새겼다는 사실로 보아, 그 문장을 색을 사용하지 않고 채색 표현하는 방법이 고안되었다. 즉 흑백으로도 채색을 표현하는 방법이 고안되었다. 흑백으로 채색 느낌을 살리기 위해 각종 방법이 동원되었는데, 모두 17세기 초에 만들어졌다. 1638

년에 페트라 산타가 고안한 방법(System of Petra Sancta)만이 가장 합리적인 방법으로 여겨져 현재까지 살아남았다.

　그림 44 가 페트라 산타의 컬러 표현 방식이다. 금색은 점, 은색은 민무늬, 원색은 선의 방향으로 나타내고 있다. 이를 실제로 응용한 두 가지 주화의 예를 그림 45 에 예시로 들었다. 오래된 주화라 다소 마모된 부분이 있어도 훌륭하게 채색을 판별할 수 있다. 또 인쇄물에서도 문장 전부를 컬러로 실으면 제작 단가가 올라가, 지금도 흑백 삽화를 이 방법으로 인쇄하는 책이 많다.

제 5 장
필드의 분할
- 분할 도형

이스커천의 표면, 즉 필드 분할은 새로운 문장을 만드는 방법 중 한 가지로, 분할된 필드 각각을 다른 색상으로 칠해 비로소 문장이 완성된다.

문장 도형(Heraldic charges)은 필드에 구상 도형(Common charges, 사자·새·꽃 등)을 배치한 디자인, 필드를 분할해 채색한 디자인 그리고 기타 방법으로 탄생한 추상 도형(Ordinaries, 가로줄과 세로줄 등. 나중에 다시 설명)으로 구성되었다. 아무리 복잡한 문장 도형이라도 이 요소들의 조합에 지나지 않는다. 그러나 분할로만 이루어진 도형과 추상 도형은 그 형태가 비슷할 뿐 아니라, 명칭까지 유사해 문장학 입문자를 당혹스럽게 만드는 걸림돌로 작용한다. 그래서 일부 추상 도형에 관해서는 중복되더라도, 분할 도형과의 차이를 확실히 밝힌다는 의미에서 이번 장에서 다루고 설명을 추가한다.

‖ 1. 퍼 페일(세로 이분할) *Per Pale* ‖

필드가 세로로 2분할된 디자인을 '파티드 퍼 페일(parted per pale)'이라 부른다. 이 분할로 만들어진 문장을 '퍼 페일(per pale)'이라 한다(그림 46 의 A). 이분된 필드는 덱스터가 금색, 시니스터가 빨강처럼 색이 칠해져야 비로소 문장이 되는데, 이때 덱스터가 금색, 시니스터가 은색이어도 위반 문장은 아니다. 퍼 페일 문장은 금색

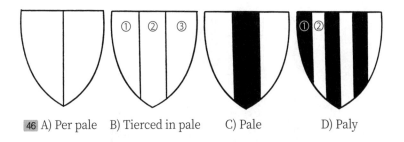

46 A) Per pale   B) Tierced in pale   C) Pale   D) Paly

위에 은색을 더한 채색뿐 아니라, 그림 47 의 A처럼 이분된 필드를 각각 다른 색으로 채색해 합친 디자인이 될 수 있기 때문이다. 퍼 페일 문장의 실제 사례로는 스위스 루체른(Luzern)주의 문장이 있다. 이 문장은 덱스터가 파랑, 시니스터가 은색이다(그림 48).

　같은 세로 분할이라도 3분할일 때는 '티어스드 인 페일(Tierced in pale)'이라 부른다(그림 46 의 B). 이 경우에는 덱스터를 순서대로 빨강, 금색, 파랑으로 채색해도 무방하고, 파랑, 빨강, 금색으로 칠해도 좋으나, 반드시 삼색이어야 한다. 그런데 그림 46 의 B와 C를 비교해보면, 둘 다 3분할되어 같은 유형으로 보여도 아니다. 앞에서 설명한 헷갈리기 쉬운 분할 도형과 추상 도형의 한 예다. 그림 46 의 C는 3분할 형태로 보여도, 은색 필드에 검정 세로줄을 배치한 디자인이다(그림 47 의 C′). 따라서 중앙의 세로줄 양 끝은 같은 색이고, 양 끝이 금속색이라면 세로줄은 반드시 원색이어야 한다. 또 중앙의 세로줄은 '페일(Pale)'이라 부르는데, 퍼 페일과 전혀 다른 개념이니 주의해야 한다.

　세로 분할이 4분할, 6분할, 8분할 등의 짝수로 분할되면 '페일리

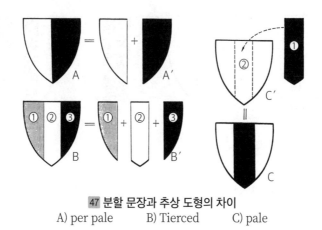

47 분할 문장과 추상 도형의 차이
A) per pale　　　B) Tierced　　　C) pale

(Paly)'라 부른다(그림 46 의 D). 금색과 빨강, 은색과 파랑처럼 두 가지 색으로 교대로 채색된다. 페일리와 비슷한데 홀수 분할도 있다. 이는 종류가 다른 문장이라 추상 도형 장에서 차후에 다루기로 한다.

‖ 2. 퍼 페스(가로 이분할) *Per Fess* ‖

필드가 중앙에서 수평으로 2분할된 디자인을 '파티드 퍼 페스 (parted per fess)'라고 하며, 이 분할로 만들어진 문장을 퍼 페스 문장이라 부른다(그림 49 의 A). 위쪽 절반과 아래쪽 절반의 채색은 퍼 페일과 똑같은 규칙이 적용되며, 위가 금색, 아래가 은색이라도 위반 문장이 아니다. 그러나 분할된 부분(사실은 분할이 아니다)이 필드 상부 약 3분의 1이라면 퍼 페스(per fess) 문장이 아닌, 종류가 다른

| Aargau | Appenzell | Basel-Land | Basel-Stadt | Berrn | Fribourg |

| Geneva | Glarus | Graubünden (Grisons) | Luzern | Neuchâtel | St. Gallen |

| Schaffhausen | Schwyz | Solothurn | Thurgau | Ticino | Nidwalden |

| Obwalden | Uri | Vaud | Valais | Zug | Zürich |

48 스위스 각주의 문장

문장이다. 그림 50의 A에서 볼 수 있듯 퍼 페스가 '2분할되어 합친 디자인'으로 해석되는 반면에 상부 3분의 1에서 분할된 형태로 보이는 디자인은 그림 B와 같이 상부 3분의 1을 필드에 올렸다고 해석하며, 그 3분의 1, 즉 ①은 추상 도형의 하나인 '치프(Chief)'라고 부른다. 그러므로 필드 2가 은색(금속색)이라면 치프 1은 검정(원색)이어야 한다(치프라는 용어는 앞에서 포인트 항목에서 방패 상부를 가리키는 의미로 사용했는데, 여기서는 방패 상부에 올려진 한 구역으로서의 추상 도형 명칭으로도 사용된다는 사실에 주의해야 한다).

또 퍼 페스 문장에는 스위스 그리종(Grisons=Graubünden)과 프

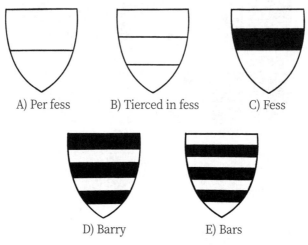

A) Per fess   B) Tierced in fess   C) Fess

D) Barry   E) Bars

49 가로 분할 문장의 유형

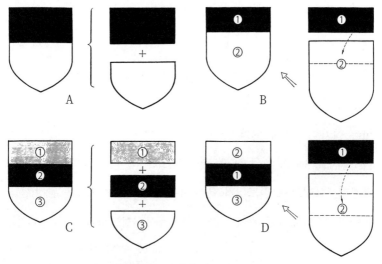

50 분할 문장과 추상 도형의 차이

A) 퍼 페스 Per fess   B) 치프 Chief
C) 티어스드 인 페스 Tierced in fess   D) 페스 Fess

리부르(Fribourg)주의 문장이 있다(그림 48).

필드가 수평으로 3분할된 문장은 '티어스드 인 페스(Tierced in fess)'라고 부르며, 그림 50 의 C와 같이 3색으로 채색된다. 또 티어스드 인 페일과 비슷한 페일을 소개하자면, 티어스드 인 페스와 비슷한데 완전히 종류가 다른 '페스(Fess)'가 있다. 페스도 추상 도형의 하나로 그림 50 의 C와 D를 보면 그 차이를 설명하지 않아도 이해할 수 있다.

수평으로 4, 6, 8 짝수 분할된 디자인을 '배리(Barry)'라 하고, 앞의 페일리(Paly)와 마찬가지로 2색으로 교대로 칠해진다(그림 49 의 D). 홀수 분할 형태도 있는데, 이는 분할 문장이 아니라, 다른 장에서 다루는 바(Bar)라는 추상 도형의 하나다(그림 49 의 E).

3. 퍼 벤드 & 퍼 벤드 시니스터
Per bend & Per bend sinister

방패의 덱스터 치프부터, 다시 말해 방패 쪽에서 봐서 오른쪽 어깨부터 시니스터 페스, 즉 방패 쪽에서 보면 왼쪽 아래로 향한 빗금으로 필드가 둘로 나누어진 디자인을 '파티드 퍼 벤드(parted per bend)'라고 한다. 이 분할로 만들어진 디자인을 '퍼 벤드(per bend)' 문장이라고 부른다(그림 51 의 A). 반대로 시니스터 치프부터 빗금으로 둘로 나눈 디자인을 퍼 벤드 시니스터(per bend sinister) 문장이

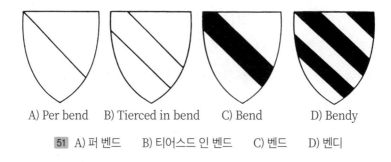

A) Per bend   B) Tierced in bend   C) Bend   D) Bendy

51 A) 퍼 벤드   B) 티어스드 인 벤드   C) 벤드   D) 벤디

라 한다. 퍼 페일과 퍼 페스와 마찬가지로, 덱스터 치프부터 빗금으
로 필드를 셋으로 나눌 때는 티어스드 인 벤드(Tierced in bend, 그림
51 의 B), 그 반대를 티어스드 인 벤드 시니스터(Tierced in bend sin-
ister)라고 부른다. 퍼 페일과 페일이 다르듯, 퍼 벤드와 벤드(Bend,
빗금 선)는 다르다.

필드를 덱스터 치프부터 비스듬하게 4, 6, 8 짝수로 분할한 디자
인을 벤디(Bendy, 그림 51 의 D), 그 반대를 벤디 시니스터(Bendy sin-
ister)라고 하며, 페일리(Paly)와 배리(Barry)와 마찬가지로 두 가지
색으로 교대로 채색된다.

퍼 벤드 문장으로 널리 알려진 문장 중 하나로 스위스 취리히 문
장이 있다. 치프(위로 가는 쪽)가 은색, 베이스(아래로 가는 쪽)가 파란
색이다. 반면 퍼 벤드 시니스터 문장에는 바바리아(Bavaria)의 로
웰(Löwell) 문장이 있다. 치프가 금색, 베이스가 은색으로 구성되어
있다. 2분할 문장이 금속색으로만 칠하거나, 원색으로만 채색되어
도 위반되지 않는다고 앞에서 설명했는데, 실제 사례는 매우 소수

A) Per pale indented   B) Per fess nebuly   C) Per bend embattled

52 직선 이외의 선에 의한 분할
A) 퍼 페일 인덴티드   B) 퍼 페스 네뷸리   C) 퍼 페스 임배틀드

로, 이 로웰 가문의 문장은 아주 희귀한 실제 사례 중 하나다.

또 지금까지 살펴본 분할 문장은 모두 직선으로 분할되었는데, 그림 52 처럼 각종 선으로 분할된 문장도 있다. A는 인덴티드 라인(Indented line)으로 분할된 퍼 페일로, '퍼 페일 인덴티드(Per pale indented)'라 부른다. B는 '퍼 페스 네뷸리(Per fess nebuly)', C는 '퍼 벤드 임배틀드(Per bend embattled)'라고 한다.

‖ 4. 퍼 셰브런 *Per Chevron* ‖

필드가 산 모양의 분할선으로 이분된 문장, 정확하게는 덱스터 베이스 및 시니스터 베이스에서 필드의 거의 중앙 페스 포인트로 그어진 선에서 산 모양으로 분할된 문장을 '파티드 퍼 셰브런(Parted per chevron)'이라 부른다. 이 분할로 만들어진 문장이 '퍼 셰브런(Per Chevron)'이다(그림 53 의 A). 분할이 아닌, 산 모양의 띠로 된

A) Per Chevron   B) Chevron   C) Chevronny

 53 A) 퍼 셰브런   B) 셰브런(이 경우는 two chevrons)   C) 셰브러니

부분은 추상 도형 중 하나로 '셰브런(Chevron)'이라 부르는데, 퍼 셰브런과는 다르다. 그림 B는 두 줄의 셰브런을 보여주는 문장이다.

퍼 셰브런은 2분할인데, 4분할, 6분할, 8분할 등 짝수로 분할한 문장을 '셰브러니(Chevronny')라고 한다(그림 53 의 C). 그림에서도 알 수 있듯 필드를 등분하기 위해 일부는 산 모양을 이루고, 산이 필드에서 삐어져 나와 잘린 부분이 있다. 이 부분 역시 셰브런과 다른 점이다.

퍼 셰브런 문장은 수가 많은데, 셰브러니 문장의 실제 사례는 매우 적다. 특히 잉글랜드에서는 고작 한 개 사례밖에 없다고 알려져 있다.

‖ 5. 쿼털리 *Quarterly* ‖

쿼털리가 페스 포인트(방패의 거의 중앙)에서 교차하는 페일 라인(수직선)과 페스 라인(수평선)에서 4분할된 문장을 쿼털리 문장이라 부른다(그림 54 의 A). 단순한 쿼털리 문장은 그림처럼 ①과 ④가 같은 색, ②와 ③이 같은 색과 같은 조합으로 교대로 채색된다. 그림 A는 페일 라인과 함께 직선인데, 그림 B는 페스 라인만 인덴티드 라인으로 분할된 문장이다. 그 밖에도 가로, 세로 모두 직선이 아닌 선으로 분할된 쿼털리 문장도 있다.

그런데 쿼털리는 일반적으로는 4등분이나 1년에 4회라는 뜻으로 쓰는 게 상식인데, 문장 용어에서는 'quarterly six'나 'quarterly ten'처럼 4분할 이외의 디자인도 사용된다. 예를 들어 그림 116 의 E는 'quarterly nine' 문장인데, 그림 96 의 표장에서는 'quarterly ten' 문장을 볼 수 있다. 이처럼 쿼털리가 4분할 이상에 사용될 수 있는 건 쿼터(quarter)가 4분의 1 이외에 '잘게 나누다'라는 뜻도 있기 때문이다. '9개로 나눈다'거나 '10개로 나누었다'를 표현하는 용어로 정착되었다.

또 그림 54 의 A에서 볼 수 있는 두 가지 색상의 단순한 쿼털리 문장은 오리지널, 즉 그 가계에서 최초로 도형을 정한 문장이다. ①과 ④에는 갑 가계, ②와 ③에는 을 가계가 있는 문장과 ①과 ④가 갑이고, ②가 을, ③이 병처럼 조합된 문장, 또 ①이 갑, ②가 을, ④가 정처럼 각 가계의 문장을 조합한 디자인도 있다. 쿼털리는 복수의 가계 문장을 조합할 때 가장 많이 이용되는 분할 방식이다. 복수

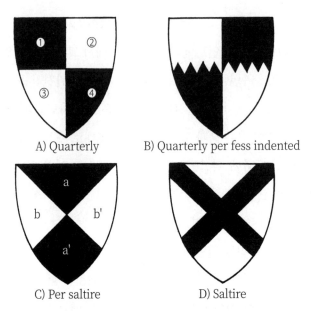

A) Quarterly   B) Quarterly per fess indented

C) Per saltire   D) Saltire

54 A) 쿼털리   B) 쿼털리 퍼 페스 인덴티드   C) 퍼 솔타이어   D) 솔타이어

의 문장을 조합하는 방식을 마셜링(Marshalling)이라 하며, 다양한 방법이 있다. 쿼털리 분할을 이용해 마셜링하는 방식을 특히 '쿼터링(Quartering)'이라 부른다(나중에 다시 설명)

쿼터링이 아닌, 오리지널 쿼터 문장으로 유명한 사례로 구 독일 제국의 문장이 있다. '은색과 금색 쿼털리' 문장은 제국에 군림한 호엔촐레른 가문(Haus Hohenzollern)의 문장이다(그림 47).

‖ 6. 퍼 솔타이어 *Per Saltire* ‖

페스 포인트에서 교차된 벤드 라인과 벤드 시니스터 라인에서 필드가 4분할된 문장을 '파티드 퍼 솔타이어(parted per saltire)'라고 한다. 흔히 X자형 필드가 분할된 디자인이라 표현한다. 그리고 그림 54 의 C처럼 두 가지 색을 교대로 사용해 채색한다. 또 복잡한 디자인에서는 a, a′가 같은 도형, b, b′가 다른 도형과 같은 식의 작도(作圖) 문장이 있는데, 스페인의 국장(그림 38 70)과 오스트리아의 마리아 테레지아(Maria Theresia, 1717~80, 후술)의 대문장에 덧붙여진 시칠리아(Sicilia) 문장이 전형적 예다(그림 42).

퍼 솔타이어(per saltire)와 유사한 이름이라 헷갈리기 쉬운 추상 도형으로 솔타이어(Saltire, 대각선 십자가, 54 의 D)가 있다. 나중에 다시 설명하겠지만, 이 디자인은 벤드와 벤드 시니스터가 교차해 완성된 도형으로 크로스(십자가)의 일종이다.

‖ 7. 자이라니 *Gyronny* ‖

필드가 페일 라인, 페스 라인, 벤드 라인, 벤드 시니스터 라인처럼 네 줄로 분할된 문장을 자이라니(gyronny)라 부른다(그림 55 의 A). 따라서 단순히 자이라니라고 하면 8분할인데, 이와 유사한 6분할이나 12분할도 있다(그림 55 의 B). 8분할 이외의 자이라니는 'Gyronny of twelve'와 같이 분할 수를 명시해서 부르게 되어 있다.

A) Gyronny(8)　　　B) Gyronny(12)

 A) 8분할 자이라니　　B) 12분할 자이라니

자이라니는 그림과 같이 두 가지 색상을 교대로 채색하는데, 6분할과 12분할 디자인은 세 가지 색상을 교대로 사용해 채색했으나, 실제 사례는 매우 드물다. 자이라니 문장으로 유명한 문장은 스코틀랜드의 명문가 캠벨 가문(Campbell, Duke of Argyll)의 문장이 있다(그림 36).

‖ 8. 체키 *Checquy* ‖

일반적으로 체크 무늬라 부르는 디자인과 같은데, 문장에서는 필드가 페일 라인과 페스 라인으로 20개 이상의 정사각형으로 분할된 디자인을 '체키(Checquy)'라고 부른다. 금속색과 원색 두 가지 색으로 교대로 채색된다(그림 56 의 A).

체키 문장의 실제 예로는 서리 백작 워런(John de Warenne, Earl of Surrey and Sussex, 1286~1347년)이 사용했던 문장이 있다(그림

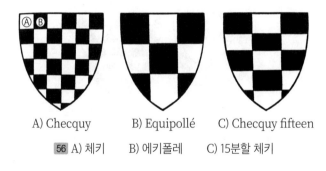

A) Checquy   B) Equipollé   C) Checquy fifteen

56 A) 체키   B) 에키폴레   C) 15분할 체키

16). 이 문장은 문장원 총재를 대대로 세습한 노퍽 공작 가문의 문장으로 계승되며 유명해졌다(같은 그림에서 흑백으로 추가된 그림).

또 같은 그림의 창과 말 외피에 자잘한 문양이 보이는데, 이는 '다이퍼(Diaper)'라 부르는 땅 모양으로, 채색과는 전혀 관계가 없는, 문장 디자이너가 고안한 일종의 장식이다.

체키에는 드물게 20개 이하 분할 디자인이 있다. 9개인 디자인은 '에키폴레(Equipollé, 그림 **56**의 B)', 15분할은 '15 체키(Checquy fifteen)'라고 부른다(그림 **56**의 C). 15분할 디자인의 실제 사례로는 희망봉을 돌아 인도에 이르는 항로를 개척해 유명해진 포르투갈의 항해가 바스쿠 다가마(Vasco da Gama, 1469?~1524년)의 문장이 있다(그림 **187**).

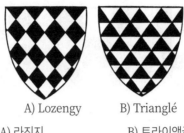

A) Lozengy   B) Triangle
57 A) 라진지   B) 트라이앵글

A)Fusilly   B)Fusilly in bend C) Barry bendy   D) Paly bendy

58 A) 퓨절리   B) 퓨절리 인 벤드
   C) 배리 벤디   D) 페일리 벤디

9. 라진지, 퓨절리 등
Lozengy, Fusilly, etc.

체키가 자잘한 정사각형으로 나뉜 디자인이라면, 마름모꼴, 삼각형 등으로 잘게 나눈 디자인도 상당수 존재한다. 간단히 설명하면 간격이 같은 벤드 라인과 벤드 시니스터 라인으로 분할된 디자인이 라진지(Lozengy, 그림 57의 A), 라진지를 다시 같은 간격의 페스 라인으로 분할한 디자인을 트라이앵글(Triangle, 같은 그림 B)이라 부른다.

59 모나코 공국의 문장을 새긴 주화
에서 볼 수 있는 모나코 우표

60 독일의 주요 도시와 주의 문장을 디자인한 접시. 가장 아래쪽 끝이 바이에른

라진지 분할로 만들어진 마름모꼴이 세로로 길쭉해진 형태를 '푸
절리(그림 58 의 A)', 푸절리가 비스듬하게 기울어진 디자인을 '푸절리
인 벤드'라고 부른다.(같은 그림 B).

타래 송곳 모양으로 생긴 파스타인 퓨절(fusil)과 닮은꼴로, 길쭉
한 마름모의 두 변이 수평이 된 디자인을 배리 벤디(Barry bendy, 그

림 58의 C), 마찬가지로 마름모꼴의 두 변이 수직인 디자인을 페일리 벤디(Paly bendy, 같은 그림 D)라 부른다.

퓨절리 문장으로 알려진 문장으로는 모나코 왕의 '흰색과 빨간색의 퓨절리'가 있다(그림 59). 퓨절리 인 벤드로 유명한 문장으로는 독일 바이에른(Bayern)주의 '은색과 파란색 퓨절리 인 벤드' 문장이 있다(그림 60 24).

10. 티어스드 인 펠리 등
Tierced in pairle, etc

이번 장에서 소개하는 분할은 대부분 홀수 분할을 만들기 위한 디자인으로, 잉글랜드에서는 아주 드물게 보이는 분할 방법이다. 나중에 다시 상세히 설명하겠지만, 복수의 가계 문장을 하나의 방패에 조합할 때 잉글랜드에서는 방패를 짝수로 분할했는데, 이때 집어넣는 문장이 홀수라면 서열이 높은 가계의 문장을 중복시켜 짝수로 만들고 '짝수로 분할된 필드에 맞추는 방법'을 채택했다. 예를 들어 영국 왕의 문장은 4분할인데, 조합된 문장은 잉글랜드, 스코틀랜드, 아일랜드 세 개 문장이다. 그래서 남은 네 번째에 서열이 가장 높은 잉글랜드를 중복으로 집어넣어 균형을 맞추었다. 이와 달리 대륙의 문장에서는 예외도 있는데, 중복되지 않는 디자인을 원칙으로 삼았다. 그래서 홀수 분할을 만들어내기 위해 이런저

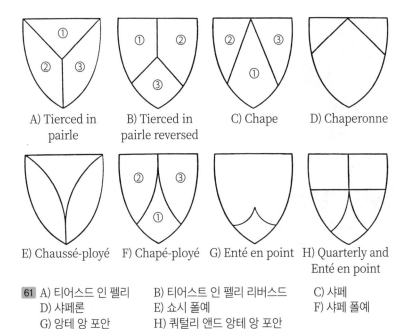

A) Tierced in pairle
B) Tierced in pairle reversed
C) Chape
D) Chaperonne

E) Chaussé-ployé
F) Chapé-ployé
G) Enté en point
H) Quarterly and Enté en point

61 A) 티어스드 인 펠리   B) 티어스트 인 펠리 리버스드   C) 샤페
D) 샤페론   E) 쇼시 폴예   F) 샤페 폴예
G) 앙테 앙 포안   H) 쿼털리 앤드 앙테 앙 포안

런 방법이 고안되었다.

그림 61 에서 볼 수 있듯 G를 제외해도 홀수 분할이다. 더욱이 각각 귀에 익지 않은 명칭이 붙어 낯선 문장들뿐인데, 실제로는 A, B. C. D, E, F, H는 각각 아주 흔하게 볼 수 있는 유형이다. 가령 유명한 콜럼버스(Cristóbal Colón, 스페인 발음으로는 크리스토발 콜론, 1451~ 1506년)의 문장은 최초의 문장이 샤페-폴예(Chapé-ployé, 그림 61 의 F) 분할로 만들어진 문장(그림 186 의 A)인데, 두 번째 문장은 쿼터리 앤드 앙테 앙 포안(Quarterly and Enté en point, 그림 61 의 H) 분할로 만들어진 디자인이다(그림 186 의 B).

A) Per pale,
fess counterchanged

B) Per pale,
bend counterchanged

C) Bendy, per pale
counterchanged

62 카운터체인지드 도형
A) 퍼 페일, 페스 카운터체
　 인지드
B) 퍼 페일, 벤드 카운터체
　 인지드
C) 벤디, 퍼 페일 카운터체
　 인지드

‖ 11. 기타 ‖

분할 방식은 그 밖에도 많은데, 대부
분은 특정 국가 혹은 지역에 국한된 디
자인이라 생략하고, 분할과 채색에 관
련된 특별한 용어 및 그 도형에 관해
살펴보자.

문장학에 ‘카운터체인지드(Counter-
changed)’라는 용어가 있다. 이 용어가
사용된 도형은 여러 디자인으로 변형
되었다. 예를 들어 그림 62 의 A는 필
드를 퍼 페일로 나누고 다시 티어스드
인 페스로 나눈 디자인인데, 그림과 같
이 나눈 각 부분을 교대로 채색해 특수
한 도형을 완성했다. 이렇게 만들어진
도형이 퍼 페일(Per pale), 페스 카운터
체인지드(fess counterchanged)라는
이름으로, 그림 B와 같이 벤드(대각선)
가 되면 퍼 페일(Per pale), 벤드 카운
터체인지드(bend counterchanged)라
고 불렀다. C는 벤디를 퍼 페일로 나
누고 교대로 채색한 디자인인데, 벤디
(Bendy), 퍼 페일 카운터체인지드(per

pale counterchanged)라는 이름으로 부른다. 잉글랜드의 작가이자 시인인 제프리 초서(Geoffrey Chaucer, 1340?~1400년)의 문장은 그림 B의 검은색 부분이 빨간색, 하얀색 부분이 은색이라는 전형적인 카운터체인지드 문장으로 유명하다.

또 카운터체인지드 도형은 그림으로 제시한 간단한 디자인뿐 아니라 복잡한 디자인도 많다. 케임브리지대학교의 거튼 컬리지 (Girton College)와 셀윈 컬리지(Selwyn College)의 문장 등이 실제 사례다(그림 106).

제 6 장
오디너리즈

이제 막 문장학에 재미를 붙이려는 찰나에 문장학 입문자의 발목을 잡는 요소가 바로 '오디너리즈(Ordinaries)'라는 용어다. 이 성가신 용어는 영어사전이나 백과사전에서는 '일반 문장' 등으로 번역하는 수밖에 없다. 'ordinary'라는 단어는 '보통의', '평범한'이라는 뜻이라 여기서 '일반 문장'이라는 번역이 탄생했다고 보이는데, 이미 앞 장에서 살짝 다루었듯 오디너리즈는 '추상 도형'이지 '문양(紋)'이나 '문장'이 아니다. 또 오디너리즈는 'Honorable* ordinaries'와 'Subordinate ordinaries'라는 두 개의 그룹으로 나눌 수 있다. 'Honorable ordinaries'는 직역해서 '명예문'이라고 잘못된 번역이 이루어지면서 '명예롭지 않은 문장도 있는가?'라는 의문을 제기하게 만든다.

그러나 이러한 오역이 탄생한 원인은 독특한 문장 전용 용어를 탓하는 수밖에 없다. 수백 년 내려온 관습으로 사용된 용어인지라 그 시시비비를 따지자면 끝이 없다. 말하자면 이 오디너리즈는 '가장 일반적으로 흔히 사용하는'이라는 해석이 타당하다. 그 도형이 기하학적, 추상적 도형을 가리킨다고 해서 앞 장에서는 편의상 이를 '추상 도형'이라 표현했다. 하지만 추상 도형이라는 한정된 번역은 적당하지 않은 면도 있어, 앞으로는 '오디너리즈'라는 표현으로 통일하기로 한다.

---

* honorable은 '명예'라는 의미 외에도 'distinguished(성공한, 걸출한, 비범한)'라는 의미가 있다. 이때 '다른 문장보다 특출나게 사용되는' 오디너리즈, 즉 주 오디너리즈라는 뜻이 된다. 명예문이라고도 해야 할 문장은 '어그멘테이션(Augmentation, 증강문)'이라는 이름이 붙은 문장이 별도로 존재하며, 다음 장에서 다룬다. '불명예를 보여주는 마크'를 뜻하는 어베이트먼트(abatement)라는 용어도 있는데, 이 용어를 뜻하는 마크가 사용된 사례는 전무하다.

방패에 그려진 도형은 '헤럴딕 피겨스(Heraldic figures)' 혹은 '헤럴딕 차지스(Heraldic charges)'라고 아울러 칭하고, 앞에서 설명한 분할에 따른 도형, 오디너리즈 그리고 구상 도형(Common charges), 이렇게 세 가지 그룹으로 나눌 수 있다. 학설에 따라 분할로 만들어진 도형을 다른 용어로 부르기도 하는데, 혼선을 피한다는 의미에서 오른쪽의 세 그룹으로 나눈 주장이 가장 타당해 보인다. 이를 표로 만들면 다음 페이지의 표와 같다. 이 가운데 Honorable ordinaries는 오디너리즈 중에서도 특히 많이 사용되는 문장을 가리켜 주(主) 오디너리즈, 또 Subordinate ordinaries는 주 오디너리즈만큼은 아니라도 일반적으로 널리 사용되어 서브 오디너리즈라고 표현했다. 또 차지라는 용어도 넓은 의미에서 Heraldic charges(모든 도형을 가리킴)와 좁은 의미에서 구상 도형만을 가리키는 Common charges(사자, 독수리, 꽃 등)라는 두 가지 의미가 있는데, 앞으로 이 책에서 차지는 구상 도형만을 가리키는 용어로 사용할 계획이다.

　주 오디너리즈와 서브 오디너리즈는 첨부한 표와 같이 각각 세부적으로 나눌 수 있다. 이 구분에 관한 학설은 반드시 일치하지 않는데, 가장 보편적으로 여겨지는 분류에 따랐다. 또 앞 장에서 오디너리즈는 분할 도형에서 탄생했다고 설명했는데, 일부는 분할과는 전혀 무관한 탄생 배경을 가진 도형이다. 그리고 분할로 탄생한 도형도 실제로는 방패를 보강하는 금속 벨트의 형태에서 실마리를 얻어 만들어졌다는 설도 있어 각 주장이 대립한다. 이러한 학설은

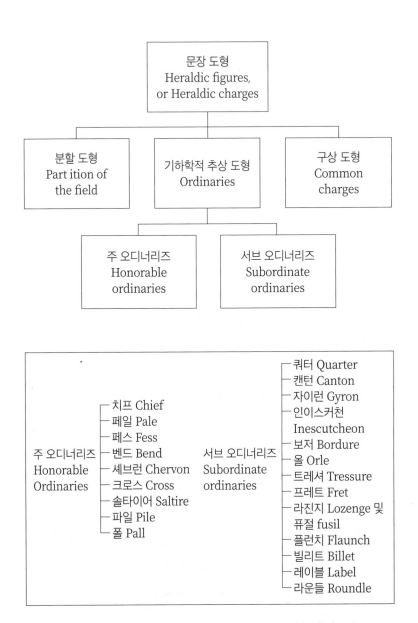

깊이 다루지 않겠지만, 필요한 부분에 관해서는 각각의 항목에서 다루기로 한다.

1. 주(主) 오디너리즈
Honorable ordinaries

A. 치프 *Chief*

앞 장에서 잠시 다루었는데, 필드 상부 3분의 1이 페스 라인으로 나누어진 부분을 치프(Chief)라고 부른다. 그림 **50**의 B에서 볼 수 있듯 이 3분의 1 부분은 '필드 위에 놓인 부분'이라 해석된다. 따라서 필드가 원색이라면 치프는 반드시 금속색이어야 한다. 필드뿐 아니라 오디너리즈는 모두 필드 위에 놓이는 부분의 명칭이라고 이해하는 편이 채색 규칙에 위반되지 않으면서도 무난하다.

작도 관점에서는 필드 상부 3분의 1을 페스 라인으로 나누는데, '분할'과 마찬가지로 보여도 치프의 기원에 관해서는 방패 상부가 적이 검을 찔러넣었을 때 갈라지지 않도록 요즘으로 치면 양철로 보강한 형태가 그 시초였다는 설이 있을 정도로 '필드에 놓였다'는 해석이 타당하다.

치프에는 그림 **63** A에서 볼 수 있는 예시 이외에도 각양각색의 사례가 있다. 그중에는 그림 C와 E처럼 필드의 3분의 1이 아닌 것

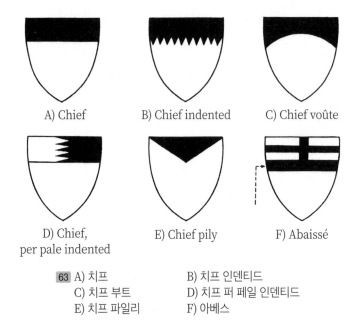

A) Chief   B) Chief indented   C) Chief voûte

D) Chief,
per pale indented   E) Chief pily   F) Abaissé

63 A) 치프   B) 치프 인덴티드
C) 치프 부트   D) 치프 퍼 페일 인덴티드
E) 치프 파일리   F) 아베스

도 있지만 이것도 치프의 일종이다. 또 검은색 치프(화살표) 위에 다시 '크로스를 그린 치프'를 겹친 이중 디자인도 있다.

치프는 그림 A처럼 검정이나 금색처럼 한 가지 색상만 쓰기도 하고, F처럼 크로스를 추가한다거나, 사자를 그린다거나, 혹은 D처럼 세로로 2분할뿐 아니라 3분할한 디자인 등 다양한 디자인이 있다. 가령 옥스퍼드대학교의 맨체스터 컬리지(Manchester College) 문장에서는 치프에 장미꽃과 펼쳐진 책이 그려져 있다(그림 105). 케임브리지대학교 킹스 컬리지(King's College) 문장은 세로로 2분할한 치프의 텍스터에는 플뢰르 드 리스(Fleur de lis)를, 시니스터에는 사자를 각각 그려 넣었다(그림 106). 또 파리시 문장의 치프는

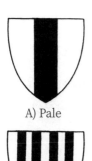

A) Pale   B) Pale endorsed   C) Pale counterchanged

D) Pallets   E) Pallets wavy   F) Pallets Coupé

64 페일 및 팰리츠

A) 페일   B) 페일 인도어스드
C) 페일 카운터체인지드   D) 팰리츠
E) 팰리츠 웨이비   F) 팰리츠 쿠페

프랑스 왕의 오래된 문장인 '프랑스 에인션트(france ancient)' 문양이 들어가 있는데, 오히려 단색 치프의 실제 예가 더 적다(그림 **21**의 E와 **58**).

B. 페일 *Pale*

퍼 페일 항목에서 다루었는데, '필드 중앙, 약 3분의 1을 세로로 차지하는 띠 모양 부분'을 '페일(Pale)'이라 부른다(그림 **64**의 A). 앞에서 설명한 치프와 마찬가지로 그 기원은 방패 보강을 위해 부착한 금속 벨트에서 비롯되었다는 설이 있다. 잉글랜드에서는 헨리 1

세 시대(1100~35년 재위)에 그랜드메스닐(Load Hugh de Grand-mesnil of Leicestershire)이 '빨간색 필드에 금 벨트' 디자인의 방패를 사용했다고 전해진다. 방패 보강설을 뒷받침하는 증거인데, 이 방패는 계승 실적이 없어 정식 문장으로는 여겨지지 않는다.

페일에도 다양한 형태가 있는데, 그림 64 의 B는 페일 양쪽 가장자리에 가느다란 띠를 평행으로 덧붙인 디자인으로, '페일 인도어스드(Pale endorsed)'라고 부른다. 이 가는 띠는 페일뿐 아니라 다음 항목에서 설명할 페스 혹은 셰브런, 벤드 등에도 사용되는데, 이는 문장에 다양성을 부여하기 위한 시도 중 하나였다.

페일을 잘게 쪼개 여러 개 사용한 디자인으로 '팰리츠(Pallets)'가 있다(그림 64 의 D). 앞 장에서 살펴본 퍼 페일 항목에서 페일을 다루었는데, '반드시 짝수로 분할되고, 홀수로 분할되면 다른 문장'이라고 설명했다. 그 다른 문장이 이 팰리츠다. 팰리츠는 분할이 아닌, 페일과 마찬가지로 필드에 놓인 상태를 말하며, 그림에서도 알 수 있듯 팰리츠가 네 줄이면 필드가 다섯 개로 나누어져, 합쳐서 홀수인 9분할로 보이는 부분이 페일리와의 차이점이다. 그러므로 페일리는 덱스터가 검은색이면 시니스터는 은색이 되는데(그림 46 의 D), 팰리츠는 덱스터도 시니스터도 은색과 같이 같은 색이 된다.

팰리츠로 알려진 문장으로는 스페인의 옛 왕국인 아라곤(Aragón)의 '금색 필드에 빨간색 네 줄 팰리츠'가 있다(그림 38 의 첫 번째 쿼터). 발렌시아의 문장도 같은 배색이다(그림 70, 다만 방패 모양이 마름모꼴로 아라곤 문장과 다르다). 또 팰리츠에도 그림 64 의 E에서 볼 수 있듯 '팰리츠 웨이비(Pallets wavy)'를 비롯한 다양한 디자인이 있는데, 같은 그림 F에서 볼 수 있듯 짧은 디자인을 '팰리츠 쿠페 (Pallets Coupé)'라고 부른다.

C. 페스 *Fess*

방패 중앙 3분의 1을 차지하는 띠를 '페스(fess)'라고 부른다(그림 65의 A). 페스도 치프와 매한가지로 방패 보강 판금에서 기원했다는 설도 있는데, 다른 설로는 '명예로운 띠'에서 시작되었다는 설도 있다. 영어의 'Fess'는 프랑스어 'Fasce'에 해당하는데, 페스의 원래 뜻이 '허리'라는 사실에서 '허리에 감은 명예로운 띠'에서 아이디어를 따온 게 기원으로, 줄여서 '페스(허리)'라는 이름으로 자리 잡게 되었다는 주장이다.

페스를 배치한 유명 문장에는 제국 시대에도 또 오늘날 공화국 시대에도 일관되게 사용되고 있는 오스트리아의 문장이 있다. '빨간색 필드에 은색 페스' 문장(그림 43 73)은 단순히 '오스트리아'라 부르기만 해도 통용될 정도로 유명한 문장인데, 본래는 오늘날 독일의 프랑켄 지역에 해당하는 프랑코니아(Franconia)공국 영토의 바벤베르크 가문(Babenberg of Franconia)의 문장으로, 오스트리아 성립의 원조라고 할 수 있다는 점에서 제국 소멸 후에도 계승되어 오스트리아 국장으로 사용되고 있다. 그 밖에 단순한 페스 문장에는 스위스의 추크(Zug, 그림 48) 문장이 있다.

A) Fess

B) Fess checquy

C) Fess wavy

D) Fess engrailed

E) Fess dancettéor
dancetty

F) Fess nebuly

G) Fess embattled

H) Fess Bretessé

I) Fess dancettéflory

J) Fess flory
counterflory

K) Fess arched,
per pale

L) Fess
wreathed

M) Fess coticed

N) Fess coticed wavy

O) Fess double
coticed

65 페스

페스와 다음 항목에서 살펴볼 벤드는 주 오디너리즈 중에서도 예부터 가장 많이 사용되었을 뿐 아니라 매우 풍부한 다양성을 자랑한다. 그림 65에서 볼 수 있듯 대표적인 사례로서, 앞에서 설명한 '분할선'이 페스의 다양성을 낳는 측면에 어떻게 이바지했는지를 단적으로 엿볼 수 있다.

실제 사례를 들자면 한도 끝도 없기에 유명한 예를 추려서 살펴보자. 그림 A는 잉글랜드의 명문가인 뷰챔프 가문의 윌리엄(William de Beauchamp of Elmley)의 '빨간색 필드에 금색 페스' 문장이다. B는 스코틀랜드 명문가인 스튜어트(Stewart 또는 Stuart) 가문의 '은색과 파란색 페스 체크 무늬'로 널리 알려진 것이다. E의 페스 댄세트(Fess dancetté) 문장은 드 라 와 백작 웨스트 가문(West, Earl De La Warr, 초대 백작 존 웨스트[John West]는 1755년에 사망)의 '은색 필드에 검은색 페스 댄세트', G의 페스 임배틀드는 리처드 2세 시대 애버버리(Richard Abberbury)의 '금색 필드에 검은색 페스 임배틀드', I는 플라우덴 가문(Plowden of shropshire, 16세기 법률가로 알려진 에드워드 플라우덴이 이 가문)의 '파란색 필드에 금색 페스 댄세트 플로리'로 각각 유명한 문장이다. 그 밖에 K의 아치형 페스는 이탈리아 문장에 많은 디자인으로, 베네치아의 발비 포르토(Balbi-Porto, 13세기로 거슬러 올라가는 유서 깊은 가문) 가문의 문장은 페스가 퍼 페일(per pale)로 나누어져 '빨간색 필드에 금색과 파란색으로 이분된 아치형 페스'가 완성되었다. 이 디자인에서 시니스터의 파란색은 빨간색 필드와 겹쳐져 있어 엄밀하게 따지면 위반 문장이지만, 덱스터

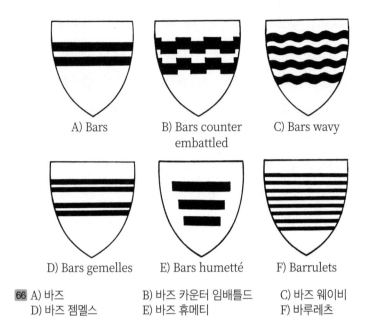

A) Bars   B) Bars counter   C) Bars wavy
           embattled

D) Bars gemelles   E) Bars humetté   F) Barrulets

66 A) 바즈   B) 바즈 카운터 임배틀드   C) 바즈 웨이비
   D) 바즈 젬멜스   E) 바즈 휴메티   F) 바루레츠

가 금색이라 관대한 기준을 적용해 허용되고 있다.

페일 중에 가는 디자인으로 팰리츠가 있듯이 페스 중에서도 바
(Bar, 그림 66)의 굵기가 가늘다. 두 줄부터 네 줄까지 사용되는 게
통상적인 사례인데, 여섯 줄 이상일 때는 바루레츠(Barrulets, 그림
66의 F)라 부른다. 바가 네 개일 때 그림 D와 같이 두 줄씩 짝을 지
어 배치한 디자인이 바 젬멜스(Bars gemelles)라 불러, 단순히 네 줄
인 바와 구별한다.

바에도 각종 변형이 있다. 그림 B, C가 대표적 변형이다. 그림
10의 중세 궁정시인 메츠(Walther von Metz)의 방패와 전장용 표시
깃발에서는 체크 무늬 바를 볼 수 있다(상단 왼쪽에서부터 세 번째 우표).

D. 벤드 *Bend*

덱스터 치프부터 시니스터 베이스에 걸쳐져 있는 띠를 벤드(bend)라고 부른다. 필드의 약 5분의 1 너비라고 정해져 있다(그림 **67** 의 A). 반대로 시니스터 치프부터 덱스터 베이스에 걸친 띠는 벤드 시니스터(Bend sinister)라고 한다(같은 그림 B). 영어사전에는 벤드 시니스터를 'bend와 반대되는 사대(斜帶)'라고 번역하고, '서자'의 표시 등이라는 주석을 달아 놓았다. 선이 아니라면 꼭 서자의 표시로 볼 수 없다. 또 벤드의 도형이 그림 C처럼 잘못 그려진 문장도 있다. 스위스 베른주 문장을 새긴 주화에 실제 사례가 있다(그림 **68**).

옛 문장감과 문장 문헌에는 벤드를 그림 **67** 의 D와 같이 활처럼 휘어진 모양으로 그린 문장이 있는데, 이는 굴곡이 있는 방패에 그려진 벤드가 관점에 따라 커브를 그린 것처럼 보이기에 그 곡선을 살려 문장 도형으로 만든 디자인으로, 문헌에 따라서는 '벤드 에인션트(Bend ancien)'라고 표현한다. 15세기 이후 문장에서는 이러한 디자인은 나중에 살펴볼 '라우텐 크란츠(Rauten Kranz)' 이외에는 거의 찾아볼 수 없다.

앞에 나온 페스와 마찬가지로 벤드 문장은 초기부터 수많은 실제 사례가 등장했다. 유명인과 지방자치단체 문장에서도 많이 볼 수 있다. 랭커스터 공작 곤트의 존(John of Gaunt, 1st Duke of Lancaster)의 법률 고문으로 알려진 리처드 스크루프(Richard le Scrope, 1303년에 사망)의 '파란색 필드에 금색 벤드' 문장은 선점권을 둘러싸고 몇 년에 걸쳐 계승 분쟁을 되풀이했다고 알려졌다. 셰익스피어

A) Bend   B) Bend sinister   C) 잘못된 도형 예시   D) Bend ancient
                               벤드 시니스터

E) Bend crenelle   F) Bend undy   G) Bend dancetty   H) Bend fusily

I) Bend coticed   J) Bend triple   K) Bend engrailed   L) Bend voided
                      coticed   and plain coticed

M) Bend double   N) Bend   O) Rauten Kranz
   dancetty   Engoulée

67 벤드

A) 벤드   B) 벤드 시니스터   C) 잘못된 벤드 시니스터
D) 벤드 에인션트   E) 벤드 크리넬   F) 벤드 안디 또는 네뷸리
G) 벤드 댄세티   H) 벤드 퓨절리   I) 벤드 코티스트
J) 벤드 트리플 코티스트   K) 벤드 인그레일드 앤드 플레인 코티스트
L) 벤드 보이디드   M) 벤드 더블 댄세티   N) 벤드 아굴레
O) 라우텐 크란츠

68 잘못된 벤드가 된 베른주의 문장을 새긴 1826년 발행 스위스 주화

69 프랑코 총통의 문장
1975년 10월, 현 스페인 국왕과 함께 발코니에서 민중의 환호에 응답하던 모습

(그림 34), 철학자 쇼펜하우어(그림 80의 A)의 문장 등도 벤드 디자인으로 유명하다.

그림 67의 E 이하는 벤드 변형의 대표적 사례다. H의 벤드 퓨절리(Bend fusilly)는 길쭉한 마름모꼴을 연결한 벤드라는 뜻이다. L의 벤드 보이디드(Bend voided)는 '가운데를 생략한, 속을 파낸, 구멍이 뚫린'이라는 뜻으로, 그림처럼 벤드 양쪽 끝만 필드와 다른 색으로 그려졌다. M의 벤드 더블 댄세티(Bend double dancetty)는 서로 다르게 접한 형태의 벤드를 말하는데, 독일 문장에 많다. N의 벤드 아굴레(Bend Engoulée)는 스페인 특유의 벤드로, 용이 벤드 양쪽 끝을 집어삼킨 형태라 아굴레(Engoulée, '먹어치우다'는 뜻)라는 이름이 붙었다. 스페인의 오래된 가문과 명문가의 문장으로 유명하다. 군인 출신 정치인으로 총통 자리까지 오른 프란시스코 프랑

70 에드워드 7세(1901~10년 재위)가
프린스 오브 웨일스 시절 사용한 문장

코(Francisco Franco)의 문장도 이를 변형한 디자인이었다(그림 69).

라우텐 크란츠(Rauten Kranz)라는 또 하나의 유명한 벤드 문장이 있다(그림 67의 O). 크랜츨렌(Kränzlein) 또는 크라운 오브 루(Crown of Rue)라 부르는데, 작센 공작령(Herzogtum Sachsen)의 문장으로도 널리 알려져 있다. 구부러진 벤드는 관을 표현하는데, 라우텐 크란츠는 '향기로운 화관', 크랜츨렌은 '작은 화관'이라는 뜻이다. 라우텐 크란츠는 작센 공작령의 문장으로만 사용되지 않았다. 작센 공작령의 문장은 '금색과 검은색 배리(Barry) 위에 녹색 라우텐 크찬츠'가 있다. 독일의 화가 루카스 크라나흐(Lucas Cranach the Elder, 1472~1553년)의 문장에 이 디자인이 더해졌는데, 크라나흐가 작센 선제후 프리드리히(Johann Friedrich, 1532~47년 재위)를 섬겨 작센

A) Bendlets   B) Bendlet sinister   C) Bendlet   D) Bendlets wavy

E) Bendlets,   F) Bendlets,   G) Bendlets   H) Baton sinister
inner sides   dexter inner sides   enhanced
alone wavy   alone indented

I) Cotice   J) Riband   K) Bendlets   L) Baston gobony
               (Baston)   compony

71 벤들렛 및 그 변형

A) 벤들레츠	B) 벤들렛 시니스터
C) 페일 위의 벤들렛	D) 벤들레츠 웨이비
E) 안쪽이 웨이비인 벤들레츠	F) 안쪽이 인덴티드인 벤들레츠
G) 벤들레츠 인핸스드	H) 바톤 시니스터
I) 코티스	J) 리밴드 또는 바스톤
K) 벤들레츠 컴포니	L) 바스톤 고보니

궁정 화가로 프리드리히의 총애를 얻었기 때문이다. 또 영국의 왕 에드워드 7세(1901~10년 재위)가 왕세자 시절에 사용한 문장 중앙에서도 이 작센 문장을 볼 수 있는데, 이는 아버지 앨버트(빅토리아 여왕 부군 앨버트, Albert, Prince Consort)가 색스코버그고타(Saxe-Coburg and Gotha) 공 에른스트 2세 폰 작센코부르크고타 공작(Ernst II. von Sachsen-Coburg und Gotha)의 차남이라는 혈연관계에서 비롯되었다(그림 70).

또 벤드는 도시와 지방의 문장에서는 프랑스에서 많이 볼 수 있다. 그중 옛 샹파뉴 지방의 문장에 있는 디자인을 '벤드 코티스드 포텐티(Bend coticed potentée)'라 부른다(그림 69).

벤드보다 너비가 좁고 빗금 띠로는 벤들렛(Bendlet), 그보다 너비가 좁은 코티스(Cotice), 또 너비가 좁은 바스톤(Baston) 등이 있다(그림 71). 또 벤들렛이 짧아진 것에 바톤(Baton)이 있다(그림 71의 H). 이들 가는 빗금 띠는 모두 이미 있는 문장 위에 덧붙여진 '분가(分家)'의 문장인데, '서자'라는 사실을 나타내는 표시로 사용된 사례도 많다. 그러나 그 사용법은 나라에 따라, 또 시대에 따라 각양각색으로, 규칙은 있어도 없는 것이나 다름없었다. 이들 가는 빗금 띠가 겹치도록 덧붙여진 문장은 '본가 핏줄'이 아니라는 사실만은 판정할 수 있다.

그림 72에서 볼 수 있듯 문장은 부르봉 왕가로 이어지는 가계, 즉 분가의 문장으로, 왜 벤들렛이니, 코티스니, 바톤이니 하는 다

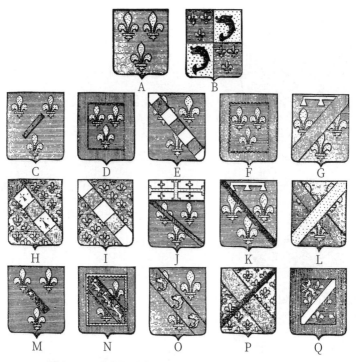

72 부르봉 왕가와 이어진 가계

A) 프랑스 왕

B) 왕세자 도팽 Dauphin de Franc, Dauphin de Viennois

C) 동브 왕자 Louis Auguste, Prince of Dombes

D) 앙주 공 Duc de Bourbon d'anjou

E) 당굴렘 공 Louis Antoine de Bourbon, duc d'Angoulême

F) 베리 공 Bourbon ducs de Berry

G) 롱빌 공 Bourbon Ducs de Longueville

H) 데탐프 공 Bourbon comtes d'etampes

I) 되부흐 공 Bourbon comtes d'Evreux

J) 부세 공 Bourbon comtes de Busset

K) 드누아 공 Bourbon Comte de Dunois

L) 바지앙 남작 Bourbon baron de Basian

M) 부르봉-아니즈 가문 Bourbon-Anisy

N) 부르봉-뒤상트 가문 Bourbon-Duisant

O) 부르봉-보쥬 가문 Bourbon-Beaujeu

P) 부르봉-클뤼 가문 Bourbon-Cluys

Q) 앙주 가문의 분가 메지에르 Anjou de Mézières

73 문스터 백작의 문장

74 시인 바이런의 문장

양한 디자인이 사용되었는지를 이해할 수 있다. 부르봉 왕가와 접점이 있는 가계는 그림에 나온 문장 이외에도 있는데, 다음 장에서 살펴볼 디퍼런싱, 즉 본가 문장에 모종의 도형을 덧붙여 차이를 드러내는 전형적 프랑스 방식의 아주 좋은 예다. 이러한 방법은 비단 프랑스뿐 아니라 잉글랜드 문장에서도 찾아볼 수 있는데, 프랑스만큼 조직적으로 이루어지지는 않았고, 다른 방식이 더 많다. 잉글랜드에서 유명한 문장으로는 그림 **73** 에서 볼 수 있는 윌리엄 4세(1830~37년 재위)의 서자 문스터 백작 조지 피츠클래런스(George Augustus Frederick Fitz-Clarence, 1st Earl of Munster)의 문장이 알려져 있다.

벤들렛의 각 변형에 관해서는 설명을 생략한다. 그림 **71** 의 G는 세 줄의 벤들렛이 치프 쪽으로 치우친 특수한 디자인으로 벤들렛 인핸스드(Bendlets enhanced)라고 부른다. 고명한 시인 바이런(George Gordon Byron, 1788~1824년)의 문장이 이 유형의 유일한 문장으로 일컬어지는데, '은색 필드에 빨간색 벤들렛 인핸스드'다(그림 **74**). 영국 랭커셔(Lancashire)의 맨체스터시(City and county borough of Manchester, Lancashire)의 문장에도 배색이 다른 이 벤들 렛 인핸스드를 볼 수 있다(그림 62). 바이런 가문 초대 남작이었던 존(John Byron, 1st Baron Byron, 1652년 사망)이 랭커셔 전역의 장관 을 지낸 인연으로 바이런 가문 문장의 채색을 바꾸어 시의 문장에 추가해서 만들어졌다. 그 밖에 나폴레옹의 생가(Bonaparte) 문장이 벤들렛 시니스터로 알려져 있다(그림 12 의 A).

E. 셰브런 *Chevron*

덱스터 및 시니스터의 양쪽 베이스부터 치프를 향해 비스듬하게 뻗은 띠가 오너 포인트와 교차해 완성된 산 모양을 셰브런(Chev-ron)이라 부른다(그림 75 의 A). 셰브런은 수녀가 머리에 쓰는 베일 형상에서 따왔다는 설도 있는데, 집을 지을 때 박공지붕(Gable roof)에 사용하는 대들보의 형태에서 유래했다는 주장이 더 유력한 설로 받아들여지고 있다. 일본에서는 집을 지을 때 상량식(대들보 위 에 대공을 세운 후에 최상부 부재인 마룻대[상량]를 올리고 거기에 공사와 관련 된 기록과 축원문이 적힌 상량문을 봉안하는 의식-역주)을 올리는데, 유럽에 서도 셰브런의 형태를 한 대들보를 올릴 때는 건축 과정에서 하나 의 중요한 분수령으로 보았기에 축복을 기원한다는 의미와 디자인 에서 균형을 잡는다는 의미에서 오디너리로 사용되었다고 추정할 수 있다. 여담인데 오늘날 세계 많은 나라의 군대가 부사관과 일반 사병의 계급장에 사용하는 산 모양 마크는 이 셰브런을 응용한 디

A) Chevron

B) Chevron
ancient

C) Chevron
engrailed

D) Chevron
embattled

E) Chevron ployé

F) Chevron fracted

G) Chevron rompée

H) Chevron
raguly fracted

I) Chevron coticed

J) Chevron voided

K) Chevron reversed

L) Chevron couped

M) Chevron
counterchanged

N) Fess between
chevrons

75 셰브런

A) 셰브런	B) 옛 셰브런
C) 셰브런 인그레일드	D) 셰브런 임배틀드
E) 셰브런 폴예	F) 셰브런 프랙티드
G) 셰브런 롬페	H) 셰브런 래귤리 프랙티드
I) 셰브런 코티스트	J) 셰브런 보이디드
K) 셰브런 리버스드	L) 셰브런 쿠페
M) 셰브런 카운터체인지드	N) 페스 비트윈 셰브런스

자인이다.

'금색 필드에 빨간색 셰브런'은 명문가인 스태포드 가문의 문장으로 알려졌다. 기록에 남은 가장 오래된 이 가문의 문장은 헨리 3세 시대의 로베르 드 스태포드(Robert de Stafford)가 사용했다. 당시 셰브런 디자인에서 산은 오너 포인트가 아니라 그림 75 의 B에서 볼 수 있듯 방패 상단에 접한 모양으로 그려졌다. 아마도 한 단 높게 올린 지붕을 과시하기 위한 디자인이라 추측할 수 있다. 그림 76 에서 볼 수 있는 다버논 경(Sir John D'Abernon, 1277년 사망)의 묘에 세워진 상이 초기 셰브런의 형태를 잘 보여준다.

76 다버논 경
(Sir John D'Abernon)
Sir John D'Abernon 의 묘에 있는 상(1277년 사망). 방패에서 예스러운 형태의 셰브런을 볼 수 있다.

셰브런에도 각종 변형이 있다. 그중 일부를 그림 75 에 정리했다. 셰브런 문장은 영국에서는 차고 넘칠 정도로 발견할 수 있는데, 스페인과 포르투갈에서는 매우 희귀해 지리적 편재성이 있는 문장이다. 또 독일계 문장에서는 표준적인 셰브런이 적고, 반대로 특수한 형태의 디자인이 많다는 특징도 찾아낼 수 있다.

셰브런을 차지로 사용한 유명인의 문장으로는 잉글랜드의 정치인

77 옥스퍼드시(Oxford City)**의 문장**
ox는 황소, ford는 '여울' 혹은 '여울을 건너다'는 뜻에서 '여울을 건너는 소'라는 두 종류의 차지를 넣은 캔팅 암스 문장이 만들어졌다.

78 케임브리지시(Cambridge City)**의 문장**
켐(Cam)강에 놓인 다리(bridge)를 그림으로 표현한 캔팅 암스 문장이다.

이자 저술가인 토머스 모어 경(Sir Thomas More, 1478~1535년)의 '은색 필드에 검은색 붉은 뇌조(Lagopus lagopus scoticus) 세 마리를 사이사이에 배치한 셰브런 인그레일드'가 있다(그림 **80**의 B). 이 문장은 영국제도에 서식하는 붉은 뇌조를 속어로 '모어 쿡(moor cook)'이라 부른다는 사실에서, 그의 성인 모어(More)의 발음이 비슷한 붉은 뇌조를 차지로 선택한 디자인이다. 이러한 문장을 '캔팅 암스(Canting arms, 문장 도형으로 그 문장 사용자의 성 등이 표현된 디자인)'라고 부른다. 캔팅 암스는 서양 문장의 하나의 특징으로, 문장 초기 시대부터 이미 존재했다. 어림잡아 전체 문장의 5분의 1은 캔팅 암스라는 추산도 있을 정도다(그림 **77 78 79**). 만약 이 글을 쓰는 내가 직접 서양식 문장을 디자인한다면, 모리(森)라는 내 성에서 따와 구체적으로 숲 그림을 그리면 캔팅 암스가 된다. 그러나 이를 나무 세 그루가 있는

| A) 베를린 Berlin | B) 쾰른 Köln | C) 뒤셀도르프 Düsseldorf | D) 프랑크푸르트 Frankfurt |

| E) 함부르크 Hamburg | F) 하노버 Hannover | G) 뮌헨 München | H) 슈투트가르트 Stuttgart |

79 옛 독일의 8대 도시 문장

베를린은 '작은 곰(Bärlein)'과 발음이 닮아서 작은 곰을 문장에 넣은 캔팅 암스,
뮌헨은 독일어로 수도사를 'Mönch'라 불러 뮌헨과 발음이 비슷한 차지로 선택된
캔팅 암스,
슈투트가르트 문장은 Stute가 '암말'이라 마찬가지로 '암말'을 차지로 삼아 만든 디
자인이다.

도형으로 만들면, 한자로 보면 나무 목 부수가 세 개인 수풀 삼(森)
을 유추하는 '얼루시브 암스(Allusive arms, 직접 드러내지 않고 비유적으
로 암시하는 문장)'도 만들 수 있다. 캔팅 암스와 얼루시브 암스에 관
해서는 이미 방대한 관련 서적과 문헌이 존재하기에 이야기하자면
한도 끝도 없어 이 책에서는 나중에 실제 사례 몇 가지만 소개할 예
정이다.

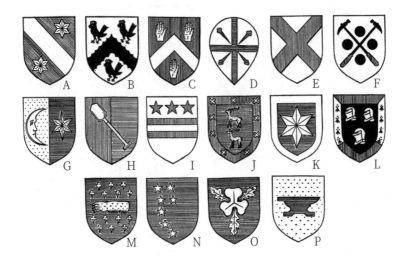

80 저명인사의 문장

A) 철학자 쇼펜하우어(Arthur Schopenhauer, 1788~1860년)

B) 정치인 토머스 모어(Sir Thomas More, 1478~1535년)

C) 작곡가 그리그(Edvard Hagerup Grieg, 1843~1907년)

D) 정치인 마키아벨리(NiccolòMachiavelli, 1469~1527년)

E) 화가 얀 판 에이크(Jan van Eyck, 1390?~1441년)

F) 스웨덴 출신 전 유엔 사무총장 다그 함마르셸드
　 (Dag Hjalmar Agne Carl Hammarskjöld, 1905~61년)

G) 작곡가 카를 마리아 폰 베버(Carl Maria Friedrich Ernest von Weber, 1786~1826년)

H) 오스트리아군 원사 요제프 라데츠키 폰 라데츠 백작
　 (Joseph Radetzky von Radetz, 1766~1858년)

I) 미국 초대 대통령 조지 워싱턴(George Washington, 1732~99년)

J) 소설 『돈키호테』 저자 세르반테스(Miguel de Cervantes Saavedra, 1547~1616년)

K) 철학자이자 작가인 괴테(Johann Wolfgang von Goethe, 1749~1832년)

L) 미국 35대 대통령 존 F. 케네디(John Fitzgerald Kennedy, 1917~63년)

M) 프랑스 철학자 몽테뉴(Michel Eyquem de Montaigne, 1533~92년)

N) 작곡가 리하르트 바그너(Wilhelm Richard Wagner, 1813~83년)

O) 프로이센 총리 비스마르크
　 (Otto Eduard Leopold Fürst von Bismarck-Schönhausen, 1815~98년)

P) 미국 34대 대통령 아이젠하워(Dwight David Eisenhower, 1890~1969년)

셰브런에서 벗어난 그림 75 의 M에서 볼 수 있듯 카운터 체인지 문장으로는 옥스퍼드대학교의 트리니티 컬리지(Trinity college) 문장이 실제 사례다(그림 105). 그림 75 N의 셰브런을 두 개의 셰브런 사이에 배치한 디자인은 피츠월터 경(Sir Robert Fitzwalter)의 문장이 유명하다. 1298년 잉글랜드군이 스코틀랜드군을 격파한 폴커크 전투(Battle of Falkirk)에서 피츠월터 경이 사용했다는 문장으로, '금색 필드에 빨간색 셰브런을 배치한 문장'이라 기록되어 있다. 그 밖에 노르웨이의 작곡가인 에드바르 그리그(Edvard Hagerup Grieg, 1843~1907년, 그림 80 의 C), 셰익스피어 탄생지인 스트랫퍼드어폰에이번(Stratford-upon-Avon, 그림 34 , 부도[附圖]) 문장에서도 셰브런을 볼 수 있다.

셰브런은 줄이 한 줄부터 두 줄일 때까지 쓰는 명칭이고, 세 줄 이상이 되면 '셰브러널스(Chevronels)'라고 불러야 한다. 그림 81 에서 볼 수 있듯 각종 변형을 찾아볼 수 있다. '금색 필드에 빨간색 셰브러널스 세 줄'인 디자인은 잉글랜드의 명문가 클레어(Clare) 가문의 문장으로, 문장학에서는 단순히 '클레어'라고 말하기만 해도 이 문장을 뜻할 정도로 유명하다. 그림 81 에서 볼 수 있는 교차한 셰브러널스(Chevronels interlaced)는 프랑스의 칼레 포위전에서 1347년에 전사한 로저 위빌(Roger Wyville)이 사용한 문장으로 알려졌다. 같은 그림 C의 셰브러널스 에시메(Chevronels écime, 에시메는 '식물의 순을 잘라준다'는 의미)는 프랑스의 명문가인 라 로슈푸코(La Rochefoucauld) 가문의 문장으로 유명하다. 그림 D의 셰브런 롬푸

A) Chevronels   B) Chevronels   C) Chevronels   D) Chevronels
interlaced   écime   rompu

81 셰브러널스

A) 셰브러널스   B) 셰브러널스 인터레이스트
C) 셰브러널스 에씨메   D) 셰브러널스 롬푸

(Chevronels rompu)는 '파괴된 셰브러널스'라는 뜻으로, 이 문장도 프랑스의 유서 깊은 가문인 보몽(Beaumont de Maine) 가문의 문장으로 알려졌다. 그 밖에 옥스퍼드대학교 머턴 컬리지(Merton College)에는 '금색 필드에 셰브러널스 세 줄' 문장이 있는데, 위와 아래의 셰브러널스는 덱스터가 파란색, 시니스터가 빨간색, 중앙의 셰브러널은 그 반대인 카운터 차지로 구성되어 있다(그림 105).

F. 크로스 *Cross*

서양 문장 도형에서 가장 눈에 띄는 특징은 크로스(십자가)다. 시험 삼아 크로스를 차지로 삼은 문장을 머릿속에서 생각나는 대로 떠올려보았다. 우선 크로스를 국가에 사용한 국가로는 그리스, 스위스, 구(舊) 이탈리아, 아이슬란드, 헝가리, 덴마크, 호주가 있다. 도시와 지방, 지구로는 런던시를 비롯해 본, 위트레흐트, 템펠호프,

코블렌츠, 바르셀로나, 제노바, 볼로냐, 칼레, 클레르몽페랑, 코르도바, 단치히, 이스탄불, 쾨니히스베르크, 마르세유, 메시나, 모데나, 파도바, 파르마, 파비아, 피사, 툴롱, 베로나, 요크 그리고 런던데리. 로마 교황 중에는 비오 2세, 비오 3세, 인노첸시오 8세 등 이루 헤아릴 수 없이 많은 예시를 들 수 있어 이쯤에서 생략하기로 하자. 여기까지만 주워섬겨도 크로스가 문장 도형으로 얼마나 폭넓게 활용되었는지를 짐작할 수 있다.

더욱이 문장 도형으로서 크로스는 다양성이 풍부해 오디너리즈 중에서도 독보적인 존재다. 문장학 분야에서 고전으로 꼽히는 윌리엄 베리의 『문장백과사전』(Encyclopaedia Heraldic, William Berry, 1780년 출간)는 385개에 달하는 풍부한 다양한 예시를 들고 있다. 그림 82 를 보면 에드먼드 도슨의 『문장학』(Edmund Dson's Heraldry, 1780년 출간)에서 인용한 크로스 일부인데, 이들 크로스를 다시 데포르메(deforme)한 형태도 이루 헤아릴 수 없이 많다. 도저히 300가지니 400가지니 하는 종류로 수렴할 수 없을 정도다.

각양각색의 크로스를 모두 살펴볼 수는 없는 노릇이라, 왜 크로스가 이렇게까지 다채로운 변형을 낳았는지, 그 발생 이유에 관해 알아보자. 자세한 부분은 생략하고 크로스의 기원에 얽힌 얼개를 살펴보자.

'십자가'라고 하면 그리스도를 떠올린다. 크로스는 일반적으로 기독교를 대표하는 상징으로 여겨지는데, 크로스의 유구한 역사를 보면 기독교의 십자가는 역사가 그리 길지 않다. 아마 인류 문명이

82 각종 크로스
Encyclopaedia Heraldic vol. II, 1780쪽에서 인용

시작된 이래로 줄곧 존재했다고 추정된다. 바빌로니아에서는 하늘의 신 아누(=안, Anu)의 상징으로, 크로스 쿠프트(Cross Couped, 그림 83의 7)라는 문장학의 크로스 도형에 가까운 크로스를 사용했다. 또 고대 이집트에서는 '영원의 상징'으로 같은 그림 28에서 볼 수 있는 크룩스 안세이타(Crux ansata)를 사용했다. 또 그리스 신화의 아폴론, 게르만 신화의 천둥의 신 토르(Thor)가 가지고 다니던 해머(망치, 철퇴)형 크로스, 또 힌두교 태양신 비슈누(Visnu)의 상징으로 여겨지는 만(卍) 자 등 인류 문명의 발상지에는 신앙의 대상으로 삼았던 크로스가 이미 존재했음을 여러 신화와 전설, 옛날이야기가 방증한다. 크로스는 이처럼 신앙의 대상이었을 뿐 아니라 문양으로서의 역사도 유구하다. 예를 들어 이란의 수사(Susa 또는 Shushan, 이란 옛 도시로 현재 슈시[Shush] 부근)에서는 기원전 3200년 전후로 추정되는 토기에 크로스 쿠프트(Cross Couped)의 원조 격인 디자인을 적용한 유물이 발굴되었다(그림 84).

이처럼 기독교 이전의 크로스가 신앙을 뒷받침하는 강력한 증표로 다양한 분야에서 상징으로서의 지위를 구축했고, 마침내 기독교의 전파와 함께 더욱 탄탄한 기반을 확립했다. '기독교 지배의 귀족사회' 제도로서의 문장이 만들어질 절호의 기회를 마련해준 셈이다. 또 크로스가 문장 도형으로 선호된 주요 원인으로는 방패라는 특수한 형태의 필드에 크로스가 안성맞춤인 도형이었기 때문이다. 가로가 짧고 세로로 긴 크로스는 길쭉한 방패에 적절하게 배치할 수 있을 뿐 아니라 십자가가 차지하는 필드 이외의 네 귀퉁이는 쿼

84 이란 수사에서 발견된 B.C 3200년
경 토기에서 볼 수 있는 크로스

85 몰타 기사단 기사단장의 문장

털리 문장과 마찬가지로 작도를 가능하게 하는 이점이 있다. 덴마
크 왕의 문장(그림 45) 등에서 가장 효과적으로 이용된 예시를 눈으
로 확인할 수 있다.

크로스의 기원이 무엇이든, 문장학에서 크로스는 '병행하는 두 줄
의 수평선과 수직선이 페스 포인트에서 교차함으로써 만들어지는
도형' 혹은 '페스와 페일로 만들어진 도형'이라 정의된다. 그러므로
오디너리즈로서 크로스는 그림 83의 예시 중 1과 36~41, 그 밖에는
구상 도형(Common Charge)이라는 해석이 타당하다. 그러나 실제
로는 엄밀하게 오디너리즈로서 크로스와 차지로서의 크로스를 구
별하기 어렵다. 크로스를 모조리 오디너리즈에 포함하는 방식이 일
반적인 분류법으로 받아들여지고 있다. 그림 83에서는 크로스 중
에서 중요한 문장을 추려 번호 순서대로 설명을 덧붙였다.

1) 플레인 크로스 *Plane cross*

단순히 '크로스(Cross)'라고 부를 때는 플레인 크로스를 가리킨다. 이 크로스를 변형한 디자인이 그림 **83** 중에서 36~41번 크로스다.

플레인 크로스로 유명한 문장은 '은색 필드에 빨간색 크로스' 디자인으로, 흔히 '성 조지 십자가'라 부르는 '성 조지의 크로스(St George's Cross)'다. 런던시는 성 조지를 수호성인으로 모시며 이 크로스를 문장에 접목했다(그림 **63**). 잉글랜드의 깃발이기도 하다(그림 **55**).

성 조지 크로스와 반대되는, 다시 말해 '빨간색 필드에 은색 크로스'는 일반적으로 '십자가의 요한'이라고 부르는 성 요한을 상징하는 '성 요한 크로스(St. John's Cross)'다. 몰타 기사단(Sovereign Military Order of Malta) 기사단장의 문장(그림 **85**)과 알프스에서 군림한 사부아(영어 Savoy, 훗날 이탈리아 왕조인 사보이아[Savoia]) 가문의 문장이 이에 해당한다.

플레인 크로스 문장은 사례가 매우 많아 일일이 예시를 들기 힘들 정도다. 프랑스의 옛 도시 마르세유와 사부아(Savoie, 그림 **69**), 또는 1918년 이후 아이슬란드 국장으로 지정된 크로스 핌브리에이티드(crosse fimbriated, 그림 **83**의 38)가 유명하다.

83 각종 크로스

1) 크로스 Cross
2) 패션 크로스 Cross of passion
3) 페이트리아컬 크로스 Patriarchal cross
4) 로렌 크로스 Cross of Lorraine
5) 페이팔 크로스 Papal cross
6) 캘버리 크로스 Calvary cross
7) 크로스 쿠프트 Cross couped

8) 크로스 패티 쿠프트 Cross patty couped
9) 크로스 패티 피치 앳 더 풋 Cross patty fitchy at the foot
10) 크로스 패티 피치 Cross patty fitchy
11) 몰타 크로스 Maltese cross
12) 크로스 포메 Cross pommée
13) 예루살렘 크로스 에인션트 Jerusalem cross ancient
14) 예루살렘 크로스 모던 Jerusalem cross modern
15) 크로스 크로스레츠 Cross crosslets
16) 크로스 포텐트 인그레일드 Cross potent engrailed
17) 포인티드 크로스 Pointed cross
18) 크로스 퍼톤스 Cross patonce
19) 아벨란 크로스 Avellan cross
20) 크로스 멀린 혹은 크로스 앙크레 Cross moline or Cross ancrée
21) 크로스 푸어셰 Cross fourché
22) 크로스 서설리 Cross cercelly
23) 크로스 플로리 Cross flory
24) 크로스 플로레티 Cross floretty
25) 크로스 패티 플로레티 Cross patty floretty
26) 크로스 보터니 Cross botany
27) 켈틱 크로스 Celtic cross
28) 크룩스 안세이타 Crux ansata
29) 크로스 쿠프트 콰드릿 Cross couped quadrate
30) 하켄크로이츠 필포트 Hakenkreuz Fylfot
31) 타우 크로스 Tau cross
32) 크로스 레투란셰 포메테 Cross retranchée pommettée
33) 크로스 오브 툴루즈 Cross of Toulouse
34) 크로스 그랭골레 Cross gringolée
35) 크로스 몰린 보이디드 Cross moline voided
36) 크로스 래귤리 Cross raguly
37) 크로스 웨이비 보이디드 Cross wavy voided
38) 크로스 핌브리에이티드 Cross fimbriated
39) 크로스 보이디드 Cross voided
40) 크로스 카운터체인지드 Cross counterchanged
41) 크로스 더블 파티드 앤드 프레티 Cross double parted and fretty

86 고문서에서 볼 수 있는 리투아니아(Lithuania)의 문장 방패에는 페이트리아컬 크로스가 들어가 있다.

2) 패션 크로스 *Cross of the Passion, or Cross of Passion*

그림과 같이 세로 방향 막대가 길다고 해서 롱 크로스(Long cross)라고도 부른다. 프랑스에서 많이 볼 수 있어 라틴 크로스(Latin cross)라는 별칭도 있는데, 정작 프랑스에서는 '크루아 오시(Croix haussée, 높이 들어 올린 십자가)'라 부른다. 'The passion'이 그리스도의 수난을 의미하듯, 성스러운 십자가(The Sacred cross)에 가장 충실한 형태라고 할 수 있다.

3) 페이트리아컬 크로스 *Patriarchal cross*

그리스 정교회(Greek Orthodox Church)의 상징으로, 예부터 발트 3국 가운데 하나인 리투아니아의 문장으로 알려졌다(그림 **86**).

리투아니아는 폴란드와의 합병과 독립에 이어 소비에트 러시아(소련) 산하에 편입되는 파란만장한 역사를 갖고 있는데, 이 과정에서 이 문장은 폴란드 국장에 추가되었다. 소비에트에서는 리투아니아 지방의 문장이 되는 등 우여곡절을 겪었는데, 소련이 해체되며 마침내 독립한 리투아니아의 국장(國章)으로 오늘날에 이르렀다.

176

4) 로렌 크로스 *Lorraine Cross*

앞에서 설명한 페이트리아컬 크로스에서 가로 두 줄이 위아래로 떨어진 디자인으로, 프랑스 로렌 공의 배지에서 비롯되어 이런 이름이 붙었다고 한다.

6) 캘버리 크로스 *Calvary cross*

패션 크로스 아래에 3층 단을 덧붙인 디자인으로, 패션 크로스와 마찬가지로 '성스러운 십자가'다. 캘버리(Calvary)의 어원은 그리스도가 처형당한 골고타(Golgotha) 언덕이 히브리어로 'Gulgōlet=해골'이라는 뜻이라, 이를 라틴어로 번역해 'Calvari'가 되었다고 한다.

7) 크로스 쿠프트 *Cross couped*

방패를 꽉 채운 크로스가 방패 가장자리에서 떨어져 있다고 해서 '크로스 허메티(Cross hummety)'라 부른다. '크로스 쿠프트(Cross couped)'는 '짧아진 십자가'라는 뜻이다. '파란색 필드에 은색 크로스 허메티'는 옛 그리스 국왕, 또 '빨간색 필드에 은색 크로스 필드'는 스위스 국장이다.

8) 크로스 패티 쿠프트 *Cross patty couped*

그림과 같이 크로스의 각 모서리가 넓어지는 형태의 크로스로, 방패가 꽉 차도록 이 문양을 채우면 크로스 패티 스루아웃(Cross

몰타 크로스를 볼 수 있는 프랑스(A)와 저지(B)의 우표
(C)는 툴루즈 크로스를 볼 수 있는 프랑스의 우표(69 참조)

patty throughout), 그림의 8은 '크로스 패티 쿠프트'라 부른다. 9·10
처럼 변형도 있다. 베를린 템펠호프(Tempelhof) 지구의 문장은 '은
색 필드에 빨간색 크로스 패티 쿠프트'로 알려졌다. 스웨덴 왕실의
문장과 덴마크 왕실의 문장(그림 41 45)에서 크로스 패티 스루아웃의
모습을 실제로 확인할 수 있다.

11) 몰타 크로스 *Maltese Cross*

크로스 끝이 V자 모양으로 되어 있고 가지가 여덟 개인 뾰족한
모서리가 있다고 해서 '크로스 오브 에이트 포인츠(Cross of eight
points)'라고도 부른다. 몰타 기사단 기사단장의 대문장(그림 85)에
들어가 있는 크로스라고 해서 이런 이름이 탄생했다. 그림에서도
알 수 있듯 방패 뒤쪽으로 몰타 크로스가 있고, 문장의 크로스는 앞
에서 살펴본 성 조지(요한) 크로스다. 몰타 기사단은 원래 성 요한

기사단(Sovereign Military Order of Saint John)이라 불렀는데, 오스만제국(튀르키예) 군대에 밀려 로도스섬(에게해 동남단)으로 추방당해 독일 황제 카를 5세(1519~56년 사이, 신성로마 황제)가 북아프리카 해적들을 소탕하게 할 목적으로 1530년에 몰타에 근거지를 마련해주며 몰타 기사단이라고 이름을 바꿨다. 그래서 방패에 성 요한 십자가를 배치했다. 또 몰타 기사단과 관계가 있었던 지역, 가령 저지(Jersey)의 세인트존(Saint John) 지구와 베를린의 노이쾰른(Neukölln) 지구 문장에는 몰타 크로스가 들어가 있다(그림 **87**).

14) 예루살렘 크로스 *Jerusalem cross*

그림과 같이 커다란 크로스 포텐트(potente)를 중심으로 네 개의 크로스 쿠프트를 배치했다. 십자군 원정 시대에 예루살렘 왕의 문장으로 사용되며 이런 이름이 붙었다. 이 크로스의 기원에 관해서는 성스러운 철자, 즉 예루살렘의 옛 철자인 'Hierusalem'의 H와 I를 십자가에 조합해 만들어진 디자인이라는 설이 있다. 예루살렘 왕의 최초 크로스는 그림의 13과 같이 중앙의 크로스가 크로스 포미(Cross pommy)로, 모서리가 둥글게 처리되어 있어 이 성스러운 단어설은 부정되었다. 또 이 크로스 중앙의 크로스 포텐트만 차지로 삼은 문장도 있다.

17) 포인티드 크로스 *Pointed Cross*

모서리가 글자 그대로 뾰족한 크로스다. 이와 비슷한 디자인으로

32의 크로스 레투란세 포메테(Cross retranchée pommettée)와 33의 크로스 오브 툴루즈(Cross of Toulouse)가 있다. 크로스 오브 툴루즈는 프랑스의 툴루즈 백작 가문의 문장이라 이런 이름이 붙었다. 프랑스의 유서 깊은 지방으로 유명 와인 생산지인 랑그도크(Languedoc)의 문장에도 이 크로스가 들어가 있다(그림 69).

18) 크로스 퍼톤스 Cross patonce

잉글랜드의 오래된 문장에서 대거 찾아볼 수 있는 크로스이나, '퍼톤스(patonce)'가 무엇을 의미하는지는 그 어원조차 불분명하다. 잉글랜드의 명문가인 라티머(Lattimer) 일족의 문장이 이 크로스로 알려졌다. 초대 라티머 남작인 윌리엄 라티머(William Lattimer, 1305년 사망)의 문장은 '빨간색 필드에 금색 크로스 퍼톤스'였다.

20) 크로스 앙크레 Cross Ancrée

닻 모양으로 생긴 크로스로, 다음 항목에서 살펴볼 솔타이어에도 이 문양이 들어가 있다. 농가에서 사용하는 맷돌 가운데에 설치하는 고정 장치의 형태와도 닮았다고 해서 '크로스 멀린(Cross moline)'이라고도 부른다.

23) 크로스 플로리 Cross flory

크로스 끄트머리에 '플뢰르 드 리스(Fleur de lis)'를 덧붙인 형태다. 24·25도 같은 종류다. 크로스 퍼톤스 다음으로 문장에서 자주 등장한다. 나폴레옹의 군대를 격파한 영국 넬슨 제독의 문장에서도 볼 수 있다(그림 185).

26) 크로스 보터니 *Cross botany*

크로스 끝부분이 클로버 잎 모양처럼 생겼다. '싹이 튼 크로스'에서 유래한 이름이라고 한다. 프랑스의 문장에서 많이 볼 수 있고, 코냑으로 유명한 브랜드인 카뮤(Camus)의 회사 문장도 이 크로스다.

30) 하켄크로이츠 *Hakenkreuz*

나치 독일의 상징으로 유명한데, 그리스 '만(卍) 자'라고도 부르는 필포트(filfot 또는 fylfot)가 원조로 그 역사는 매우 길다. 크로스 중에서도 그 기원이 현재까지 명확하게 밝혀지지 않았다. 태양 혹은 해를 상징한다는 가설을 비롯해 힌두교의 태양신 비슈누에서 기원을 찾아 동양의 '만(卍) 자'와 관련을 찾는 가설까지 동서양이 뒤섞인 학설 중 무엇을 믿어야 할지 가늠하기 어렵다. 다만 하켄크로이츠의 갈고리 방향과 힌두교, 불교에서 볼 수 있는 만(卍) 자의 갈고리 방향이 반대라는 부분은 속설로, 그림 88 에서 볼 수 있듯 독일 문헌의 문장도를 보아도 갈고리 방향이 두 가지 모두 존재한다. 또 동양에도 두 가지 방향이 모두 존재한다. 또 하켄크로이츠를 차지로 삼은 문장은 독일계와 관련이 있는 지역에서만 볼 수 있고, 다른 국가에서는 볼 수 없다는 사실도 이 크로스의 불가사의한 부분이다.

88 하켄크로이츠를 차지로 삼은 문장
『Handbuch der heroldskunst』 Bernhard Koerner, 1920년 출간

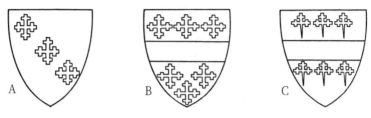

89 A) B) 크로스 크로스레츠   C) 크로스 크로스레츠 피치

31) 타우 크로스 *Tau cross*

타우(Tau)는 그리스어 'T'로, T자 모양 크로스를 뜻한다. 성 안토
니오의 십자가(Cross of St. Anthony)라고도 부른다. 그 기원은 순례
자가 지팡이를 잡는 모양에서 비롯되었다고 추정된다. 프로이센,
위트레흐트, 플랑드르 등을 중심으로 유럽에서 널리 발견할 수 있
는데, 영국에서는 서식스(Sussex)의 토크(Tawke) 가문 문장에서 볼
수 있다. 토크 가문의 문장은 토크라는 성을 타우(Tau)와 합쳐 타우
크로스를 차지로 삼은 캔팅 암스(Canting arms)다. 또 옥스퍼드대
학교의 세인트 앤서니 컬리지(St Antony's College) 문장에서도 타우
크로스를 볼 수 있다(그림 105).

15) 크로스 크로스레츠 *Cross crosslets*

순서가 살짝 뒤죽박죽인데, 크로스 중에서 사용법이 워낙 특수한
크로스라 가장 마지막에 배치했다. 그림 89 에서 볼 수 있듯 크로
스 각 모서리가 십자가 형상이다. 단독으로도 사용되지만 대부분
여러 개를 사용했다. 예를 들어 그림 A는 벤드 방향과 나란한데, B

90 스코틀랜드 맥도날드 가문 Load MacDonald

는 페스를 사이에 끼고 있는 형태다. 그 밖에도 서미(semé)*라고 해서 바탕 무늬에 가까운 형태로 작은 크로스 크로스레츠를 배치한 디자인이 많다. 특히 오래된 문장에서 볼 수 있다.

이 크로스와 마찬가지로 십자가에서 가로대 끝이 뾰족한 크로스 크로스레츠 피치(Cross crosslets fitchy, 그림 **89**의 C)도 있다. 크로스 크로스레츠와 매한가지로 사용되었는데, 스코틀랜드의 문장에서는 그림 **90**에서 볼 수 있듯 크로스를 손에 든 디자인을 많이 볼 수 있다.

G. 솔타이어 *Saltire*

'X자 십자가'로도 부르는 크로스의 일종이다. 문장학에서 특별한 존재여서 따로 항목을 마련했다. '벤드와 벤드 시니스터가 교차해

---

* semé(서미 혹은 수메)는 영어로는 '파우더드(powdered, 가루로 만든)'에 해당한다. 앞에서 설명한 '에인션트 프랑스(ancient France, 옛 프랑스)'도 그중 하나다. 'semé of fleurs de lis'가 올바른 명칭이다. 서미 모양에는 떡갈나무 열매, 성(城,) 심장(덴마크의 국경에서 볼 수 있다), 다음 장에 나오는 서브 오디너리즈에서 살펴볼 빌리트 등 특정한 종류에 한정해 사용된다.

만들어진 오디너리'를 솔타이어라고 정의한다(그림 92). 솔타이어의 유래는 명확하지 않다. 대나무 군락지가 있는 아시아에서는 사형장에 대나무 울타리를 세워 구경꾼과 사형수를 분리하기도 했는데, 서양에도 비슷한 울타리가 옛날부터 있었고 그 울타리를 세울 때 X자 모양으로 엮었다고 해서 이런 이름이 붙었다는 설이 있다. 물론 정설은 아니어도 전혀 근거 없는 주장으로 치부할 수 없다.

솔타이어에는 성 안드레아 십자가(Saint Andrew's Cross)라는 별명도 있다. '파란색 필드에 은색 솔타이어'는 스코틀랜드의 상징으로 알려졌는데, 영국 왕이 스코틀랜드에서 사용하는 대문장의 덱스터 깃발과 스코틀랜드를 상징한다고 알려져 있다. 영국 왕이 스코틀랜드에서 사용하는 대문장의 덱스터 깃발과 스코틀랜드 대문장의 시니스터 깃발에서 볼 수 있다(그림 54 55). 그렇다고 성 안드레아 십자가 스코틀랜드의 전유물이라는 말은 아니다. 프랑스 부르고뉴 지방과도 관련이 있다. 부르고뉴 지방에서 발행된 옛 주화에는 이 크로스가 새겨져 있어 '부르고뉴 크로스'라는 이름도 붙었다. 이는 두 지방 모두 성 안드레아를 수호성인으로 모시고 있기 때문이다.

성 안드레아는 열두 사도 중 한 사람으로, 성 베드로(St. Peter)의 동생이다. 그리스에서 순교했는데 당시 X자형 십자가에 매달려 처형되어 '성 안드레아 십자가'라는 명칭이 탄생했다. 골프를 취미로 즐기는 사람들에게 유명 코스로 알려진 '세인트 앤드루스 올드 코스(Old Course at St Andrews)' 문장 덱스터에는 X자형 십자가를 앞에 둔 성 안드레아를 찾아볼 수 있다(그림 91).

성 안드레아 십자가와 관련된 유명한 문장으로는 스코틀랜드 헤이그 가문의 문장이 있다(그림 106 의 A). 그림을 보면 알 수 있듯 성 안드레아 십자가에 별과 달을 배치한 스코틀랜드 문장인 디퍼런싱 (Differencing, 일족이 문장 중복을 피하려고 도형을 변형하는 방법)의 좋은 사례로 꼽힌다. 사족을 덧붙이면 위스키로 유명한 '헤이그(Haig)'와 '헤이그 핀치(Haig Pinch)'는 이 가문이 경영하는 브랜드 제품이다. 또 유럽 전체를 전쟁의 소용돌이 속으로 몰아넣은 제1차 세계대전 당시 런던 방위사령관이었던 더글러스 헤이그(Douglas Haig) 원사도 이 가문 출신이다. 원래는 프랑스 북부 셰르부르(Cherbourg)반도 끝의 캡 드 아그(Cap de la Hague) 출신인데, 노르만인의 잉글랜드 정복에 참전한 공을 인정받아 12세기 중반에 스코틀랜드와 잉글랜드 경계를 흐르는 트위드강(River Tweed) 주변에 영지를 하사받았다. 당시에는 가문의 이름이 헤이가(Haga)였다. 9대째 가문의 수장을 맡은 앤드루 헤이그 공(Sir Andrew Haig) 때부터 '헤이그'라는 성을 썼다. 15세기 중반부터 스코틀랜드 국경에 있는 비머사이드(Bemersyde)를 봉토로 하사받아 오늘날에 이른 가문이 헤이그 본가다.

솔타이어 중에서 유명한 또 하나의 예시는 성 파트리치오 십자가 (Saint Patrick's Cross, 영어로는 패트릭[Patrick])다. '은색 필드에 빨간색 솔타이어'는 아일랜드의 수호성인 성 파트리치오(389?~461?년)의 이름으로 짐작할 수 있듯 아일랜드를 상징하는 크로스다. 또 아일랜드의 명문가인 피츠제럴드(Fitz-Gerald) 가문의 문장도 13세기로 거슬러 올라가는 오래된 문장이다. 그 밖에 유럽 대륙에서는 플랑드르 화가 얀 판 에이크(Jan van Eyck, 1390?~1441년)의 문장도 성 파트리치오 십자가다(그림 80 의 E).

91 유명 골프 코스인 세인트 앤드루스 올드 코스용 백택 (Bag Tag)

그런데 1801년에 제정된 영국 연합국기 유니언 잭(Union Jack)은 지금까지 살펴본 '성 요한 십자가(Saint John of the Cross, 잉글랜드)', 성 안드레아 십자가(Saint Andrew's Cross, 스코틀랜드) 그리고 성 파트리치오 십자가(Saint Patrick's Cross, 아일랜드) 세 가지를 합쳐 완성된 디자인이다. 그러나 이 크로스는 성 파트리치오의 상징으로 예부터 존재하지는 않았고, 연합을 구성하며 유니언 플래그에 추가할 필요가 생겨 새로 고안된 크로스다. 또 다음 장에서 살펴볼 영국의 커먼웰스(The Commonwealth of England, 1649년 찰스 1세 사형부터 1660년 왕정복고까지)에 사용된 국장에는 성 요한과 성 안드레아의 크로스가 모두 사용되었다(그림 197 의 C). 하지만 아일랜드는 하프로 표시되어, 당시에는 성 파트리치오 십자가가 없었음을 방증한다.

솔타이어에도 각종 변형이 있다. 그림 92 가 대표적 예시 중 일부다. G의 솔타이어 쿠프트(Saltire couped)를 차지로 삼은 문장으로는 네덜란드의 암스테르담과 브레다(Breda)의 문장이 알려져 있다

A) 솔타이어
Saltire

B) 솔타이어
에인션트
Saltire ancient

C) 솔타이어 앙크레
ancrée

D) 솔타이어
카운터체인지드
Saltire counter-
changed

E) 퍼 솔타이어
카운터체인지드
Per Saltire coun-
terchanged

F) 솔토렐
Saltorell

G) 솔타이어 쿠프트
Saltire couped

H) 솔타이어
앤드 치프
Saltire and chief

92 솔타이어의 여러 모양

(그림 21 의 C). 또 H는 솔타이어의 변형이 아니라 솔타이어와 치프
를 조합한 문장으로, '금색 필드에 빨간색 솔타이어 앤드 치프'는 스
코틀랜드의 브루스 가문(Bruce of Annandal)의 문장으로도 특히 유
명하다. 브루스 가문의 로버트 8세(Robert de Bruce VII, 1247~1329
년)는 스코틀랜드 왕 로버트 1세(Robert I, 1306~29년 재위)로 알려졌
다. 그림 11 에서 볼 수 있듯 방패는 스코틀랜드 왕의 문장인데, 투
구 장식으로 달린 브루스 가문의 문장을 볼 수 있다.

또 서양 문장에서 검과 열쇠 등 길쭉한 물체를 X자 모양으로 조합해 차지로 삼는 예가 매우 많다. 예컨대 검을 X자 모양으로 조합하면 '소드 인 솔타이어(Swords in Saltire)'라 부른다. 과학자 뉴턴의 문장은 인골을 인 솔타이어로 조합한 디자인이고(그림 123 의 B), 유엔 사무총장으로 1916년에 아프리카에서 순직한 다그 함마르셸드(Dag Hjalmar Agne Carl Hammarskjöld, 분쟁 지역 휴전협상 길에 북로디지아 근처에서 비행기 추락으로 사망-역주)의 문장은 해머를 인 솔타이어에 조합한 디자인이다(그림 80 의 F). 이 문장도 그의 성인 '함마르셸드'와 해머(hammer)의 발음이 비슷하다는 데서 선택된 캔팅 암스다.

H. 파일 *Pile*

건축물 기초공사를 할 때 기초에 박아넣는 쐐기 말뚝에서 모티브를 따온 도형이다. '치프부터 베이스에 걸쳐 뻗은 길쭉한 역삼각형으로, 필드의 약 3분의 1을 차지하는 도형'을 '파일(pile)'이라 부른다. 파일은 한 줄 또는 세 줄로 다양하다. 또 선을 긋는 방식도 평행하거나, 한 점에 집중하거나, 옆에서부터 비어져 나오거나, 베이스부터 치프와 반대로 긋는 등 각양각색의 디자인이 있다(그림 93).

그림 A의 한 줄짜리 파일은 잉글랜드의 명문가 챈도스(Chandos) 가문의 문장으로, '은색 필드에 빨간색 파일'로 알려졌다. 존 챈도스 경(Sir John Chandos, Baron of Saviours)이 에드워드 3세에게 공인받은 문장이다(그림 32). 그림 93 의 F에서 옆에서부터 튀어나온 파

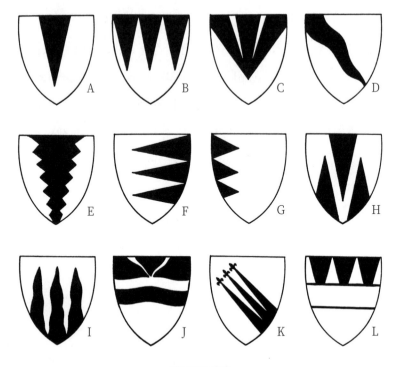

93 각종 파일

A) 파일
   Pile

B) 세 줄 파일
   (초기 유형)

C) 세 줄 파일
   (새로운 유형)

D) 비스듬한 파일 웨이비
   Pile wavy issuant from dexter corner

E) 파일 인덴티드
   Pile indented

F) 파일스 프롬 시니스터
   Piles from sinister

G) 에만시
   Emanche

H) 파일스 리버스드
   Piles riversed(아래 두 줄을 가리킨다)

I) 플람
   Flamme

J) 파일스 인 치프
   Piles in chief

K) 파일스 플로레티
   Piles floretéte

L) 파일스 쿠프트
   Piles couped

일을 보자. 스코틀랜드의 명문가인 헨더슨 가문(Henderson of For-
dell)의 문장이 추가되어 있다. 그림 J는 치프가 세 줄이 파일이라는
변형된 유형으로, 리처드 2세 시대의 로버트 드 아이샴(Robert de
Isham)의 문장으로 알려졌다. 마찬가지로 변형된 형태의 파일에
같은 그림 K에서 볼 수 있듯 파일 끝이 플뢰르 드 리스(Fleur de lis)
형태로 디자인되어 있다. 이는 에드워드 1세 시대의 로버트 드 노
턴(Robert de Norton)의 문장이다.

파일의 유래가 '말뚝'이라고 설명했는데, 그렇다고 해서 이 도형
이 반드시 '고형물(固形物, 형체가 고정된 물체)'을 추상적으로 표현하는
디자인이어야 한다는 법은 없다. 그림 D의 파일 웨이비(Pile wavy)
는 흐르는 물에서 모티브를 따왔다. 또 I의 플람(Flamme)은 독일어
로 불꽃을 추상적으로 표현할 때 사용된다. 예를 들어 영국의 우유
마케팅위원회(Milk Marketing Board)가 1945년에 인가받은 문장은
'녹색 필드에 치프에서 튀어나온 은색 파일 웨이비 세 줄'로 이 문장
에서 파일은 우유의 흐름을 표현한 도안이다.

I. 폴 *Pall*

Y자형 띠로 만들어진 도형인데, 정확히는 "필드의 치프는 '위쪽
절반 솔타이어'이고 베이스는 페일로 만들어진 도형"을 폴이라 부
른다(그림 94 의 A). 폴(Pall)의 어원은 대주교의 의식용 영대(領帶)를
뜻하는 라틴어 팔리움(pallium)인데, 프랑스의 문장 용어에서는 페

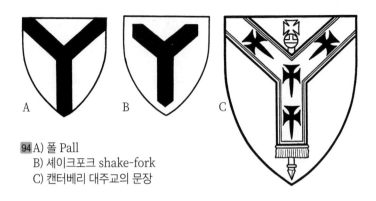

94 A) 폴 Pall
B) 셰이크포크 shake-fork
C) 캔터베리 대주교의 문장

헐러(Pairle)라고 부른다. 그 어원은 '두 갈래로 갈라진 지팡이'를 뜻하는 라틴어 페르굴라(pelugula)로 추정된다.

폴로 알려진 문장으로는 영국 성공회 최고위 성직자인 캔터베리 대주교(Archbishop of Canterbury)의 문장이 있다. 그림 94 의 C를 보면 주교가 들고 있는 지팡이(Baculus Pastoralis, 성공회에서는 거룩한 지팡이라는 뜻으로 성장[聖杖]이라 부름) 위에 폴을 겹친 문장인데, 폴에는 술을 달고, 크로스 파티 핀치를 장식으로 추가하는 등 오디너리 폴이라기보다 폴의 어원인 '팔리움'에 가깝다.

폴과 비슷한 형태로 그림 94 의 B에서 볼 수 있는 셰이크포크 (shake-fork)가 있다. 곡식이나 덤불, 이삭을 그러모을 때 쓰는 농기구인 갈퀴(shakefork)와 닮아서 이런 이름이 붙었다. 셰이크포크로 알려진 문장으로는 스코틀랜드의 명문가인 커닝엄 가문(Cunning-ham, Earl of Glencairn)의 '은색 필드에 검은색 셰이크포크' 문장이 있다.

2. 서브 오디너리즈
Subordinate Ordinaries

앞에서 설명한 주(主) 오디너리즈 다음으로 자주 사용되는 추상 도형을 서브 오디너리즈(Subordinate Ordinaries)라 한다. 실제로는 이 그룹으로 분류되면서 주 오디너리즈인 문장, 가령 파일과 폴 등 보다 아주 약간 많이 사용되는 문장도 있다. 오디너리즈 분류에 학설이 대립하는 원인이기도 하다. 단순히 사용되는 빈도뿐 아니라 그 사용 목적, 사용 방식에 종속적인 성격까지 가미되어 주(主)와 종(從, 서브), 두 그룹으로 나누어진다고 보는 편이 이해하기 쉽다. 쉽게 말해 주 오디너리즈가 오리지널 문장 도형 장식에 주로 이용되었다면, 서브 오디너리즈 대부분은 이미 있는 문장 도형에 추가한 곁들이, 집안으로 치면 본가가 아닌 분가임을 나타내는 수단 혹은 가증(加增) 문장(왕 또는 영주가 포상으로 가신에게 내리는 하사품[Augmentation]으로, 나중에 다시 설명)으로 덧붙여진 도형에 이용될 때가 많다는 차이점이 있다. 이어서 각 서브 오디너리즈에 관한 설명을 읽으면 서브 오디너리즈가 지닌 특이성을 좀 더 확실하게 이해할 수 있다.

A. 쿼터 및 캔턴 *Quarter & Canton*

쿼터(Quarter)라는 단어의 뜻 그대로 파일의 4분의 1을 '쿼터'라고 부른다. 서브 오디너리즈에서 쿼터는 그림 **95** A를 보면 방패의 덱

A   B   C   D

E   F

95 쿼터 및 캔턴
A) 쿼터 Quarter
B) 캔턴 Canton
C) 존 드 패튼(John de Patten)의 문장
D) 존 크리올(John Criol)의 문장
E) 주시 경(Sir William la Zouche)의 문장
F) 캔턴 앤드 페스 Canton and fess

스터 치프를 차지하는 4분의 1의 사각형을 가리킨다. 그리고 방패
의 덱스터 치프를 필드의 9분의 1의 사각형이 차지하는 도형이 '캔
턴(Canton)'이다(그림 95 의 B). 쿼터와 캔턴 둘 다 사용 목적은 같다.
초기 문장에서는 쿼터였던 문장이 시나브로 캔턴으로 바뀐 정도의
차이다.

　쿼터는 아주 일부 예외를 제외하고 본래 사용된 문장에 모종의
이유로 다른 문장이나 마크를 덧붙이기 위해 베이스로 고안된 디
자인이다. 분가를 나타내거나, 서자임을 표시하는 목적 외에도 가
증문(加增紋), 자격문(資格紋) 추가 등 제각기 다른 이유로 덧붙여졌
다. 앞에서 누차 설명했듯 서양의 문장은 본가의 문장조차 다양한
변형이 이루어진 예가 많다. 같은 문장이 두 가지 이상이어서는 안
된다는 대원칙은 문장 초기부터 철칙이었기에, 문장 제도 발족 후

얼마 지나지 않아 2대째인 장남 이외는 모두 장남이 계승한 문장에 모종의 변화를 추가해 사용해야 한다는 압박을 받게 되었다. 이 '변형 요소 추가'를 디퍼런싱(Differencing)이라 부른다. 쿼터는 이 디퍼런싱에 이용된 방법 중에서도 가장 오래된 방법 중 한 가지로 볼 수 있다.

그러나 방패 필드의 4분의 1을 차지하는 크기는 상황에 따라서는 원래 문장을 덮어 숨기게 되며, 어떤 도형이었는지 판별하기 어렵게 만드는 걸림돌로 작용하기도 했다. 그래서 쿼터를 축소한 캔턴이 고안되었다. 그런데 축소된 캔턴에도 문제가 발생했다. 나중에 설명할 쿼터와 캔턴이 주도한 디퍼런싱은 폐지되고 '자격', '가중' 등을 표시하는 마크를 배치하는 위치에 따라 다르게 사용하는 방법만 살아남게 되었다. 이러한 배경에서 쿼터를 볼 수 있는 문장은 초기에서 중기에 걸친 특정 시기에 편중되어 있고, 그 문장도 어느새 캔턴으로 변화했다. 예를 들어 잉글랜드 쿼터를 볼 수 있는 초기 문장으로 서튼 가문(Sutton of Lexington) 문장이 있다. 같은 일족으로 헨리 3세 시대 사람인 제임스 드 서튼(James de Sutton)이 사용한 문장은 '아민(ermine) 필드에 검은색 캔턴'으로 변형되었다. 그림 95 의 C는 에드워드 3세 시대의 1376년 기록이 있는 존 드 패튼(John de Patten)의 문장이다. 이 시대에 접어들면 쿼터 문장은 씨가 말라 거의 찾아볼 수 없게 되었다. 마찬가지로 D의 존 크리올(John Criol)의 문장은 패튼의 문장보다 30년가량 오래되었는데, 패튼 일족의 문장에는 이 시기를 전후로 아직 쿼터를 사용한 문장도 남아

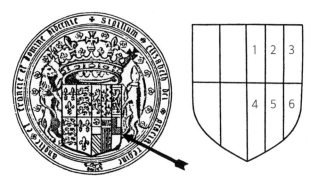

96 에드워드 4세의 왕비 엘리자베스의 실(Seal)
제6 쿼터에 있는 캔턴 앤드 페스 문장은 그녀의 친정인 우드빌 가문의 상징
1) Luxembourg 　　2) de Baux d'Andrée 　3) Lusigna of Cyprus
4) Ursins 　　　　　5) St. Pol 　　　　　　6) Woodville

있다. 예외도 있지만 14세기 중반부터 말에 걸친 시기를 쿼터 쇠퇴
기로 보는 게 합당할 듯하다.

그림 E에서 볼 수 있는 변형 캔턴은 앞에서 다룬 '자격문'에 해
당하는 문장이다. 문장은 1347년 칼레성 함락 당시 나이트 배너렛
(Knight banneret) 작위를 받은 주시 경(Sir William la Zouche)의 문
장이다. 나이트 배너렛은 깃발을 들고 전쟁에 참전할 자격이 있었
기에, 그 깃발을 캔턴으로 삼아 문장에 추가했다. 캔턴 하부는 깃발
가장자리를 표현하기 위해 인덴티드가 되었다.

앞에서 솔타이어를 설명하는 대목에서 솔타이어와 치프를 조합
한 스코틀랜드의 브루스 가문(Bruce of Annandal) 문장을 소개했는
데, 이 문장을 쏙 빼닮아 유명한 캔턴과 페스를 조합한 캔턴 앤드
페스(Canton and fess) 문장이 있다(그림 95 의 F). 주 오디너리즈의

페스와 서브 오디너리의 캔턴이 분할선 없이 조합되며 L자 모양이 되었다. 일리(Ely)의 주교 제프리 리델(Geoffrey Ridel, bishop of Ely, 1174~89년 서임)의 문장에 '금색 필드에 검은색 캔턴 앤드 페스'가 있다. 주교의 문장보다는 에드워드 4세의 왕비 엘리자베스의 문장인 '은색 필드에 빨간색 캔턴 앤드 페스' 덕분에 이 형태가 널리 알려졌다(그림 96 의 화살표). 엘리자베스는 엘리자베스 우드빌(Elizabeth Woodville, 1437~92년)을 가리킨다. 그녀의 아버지 리처드 우드빌(Richard Woodville, 1469년 사망)은 세습 귀족이 아닌 평민 기사 계급이었으나, 신성로마제국 황제 가문 출신의 자케타 룩셈부르크(Jacquetta of Luxembourg)라는 여성과 비밀리에 결혼했다. 리처드 우드빌은 훗날 리버스 남작(Earl Rivers) 작위를 받고 궁정에 출입할 자격을 얻게 되었다. 엘리자베스 우드빌의 문장에 있는 캔턴 앤드 페스는 그녀의 친정인 우드빌 가문을 나타내는 상징이다(같은 그림 해설 참조).

B. 자이런 *Gyron*

쿼터 또는 캔턴을 퍼 벤드로 나눈 아래쪽 절반을 자이런(Gyron)이라 한다(그림 97 의 A). 자이런은 스페인의 기론(Giron) 가문 문장에 있는 모양에서 시작되었다는 설, 옛 독일의 고지어(高地語)로 '삼각건'을 뜻하는 '게로(Gero)'에서 비롯되었다는 설 등이 있는데 모두 정설로 받아들여지지는 못했다.

자이런을 단독으로 사용한 문장에서는 프랑스 리무쟁(Limousin) 지방의 클르조(Cleuseau du Limousin) 가문의 '은색 필드에 빨간색 자이런'이 알려져 있다. 이 모양은 잉글랜드의 명문가인 모티머(Mortimer) 가문의 문장으로 사용되며 인지도가 상승했다(그림 **97**의 B·C). 문장학 분야에서는 그저 '모티머'라고만 해도 이 문장을 가리킬 정도로 압도적인 존재감을 자랑한다.

앵글로 노르만(Anglo-Normans) 계통인 모티머 가문은 프랑스 북서부의 쿠탕스(Coutances) 지방 주교 휴(Hugh Rodulf de Warenne, Bishop of Coutances, 990년 사망)의 아들이었던 로저 드 모티머(Roger de Mortimer, 1054~74년에 활약, 출생과 사망 연도는 불명)를 시조로 하는 가계로, 노르망디의 모티머 성채(Mortemer-en-Bray Castle)에서 가문의 이름을 따왔다고 여겨진다. 그리고 그 아들 랄프(Ralph, 1104? 사망)가 웨일스로 들어왔는데, 당시 토지대장인 둠스데이북(Domesday Book, 노르만의 잉글랜드 정복 이후 국왕이 된 윌리엄 1세가 조세를 징수할 기반이 되는 토지 현황을 조사하여 정리한 책, '웨스트민스터 북'이라고도 부른다-역주)에 최초로 모티머 가문의 이름이 등장한다.

혼인 및 기타 이유로 나타난 문장의 변화에 관해서는 '마셜링'장에서 상세히 설명한다. 이 모티머 가문의 문장은 에드워드 4세가 왕위에 오르기 전에 마치 백작(7th Earl of March)이던 시절에 그 문장에 편입되며 유명해졌다. 마셜링이 어떤 의미인지를 한눈에 이해할 수 있는 구체적인 사례로, 조금 더 이 가문의 흥망성쇠와 문장의 흐름을 따라가보자. 모티머 가문이라고 하면 마치 백작이자

얼스터 백작(Earl of Ulster)으로 알려졌는
데, 초대 마치 백작 로저(Roger Mortimer,
8th Baron of Wigmore, 4th Earl of March,
1287?~1330년 사형), 또 초대 얼스터 백작
은 로저의 증손에 해당하는 에드먼드(Ed-
mund Mortimer, 3rd Earl of March, 1st
Earl of March)다(가계도 1 참조).

   모티머 가문이 그림 97 의 문장을 몇년
무렵부터 사용했는지는 명확하지 않다.
하지만 1255년경에 편찬된 글로버 문장
감(Glover's Roll)에는 색상은 명기되어 있
지 않아도 이 도형의 문장이 등록되어 있
다. 후대에 이 가문의 문장은 그림의 검은
색 부분이 파란색, 중앙의 작은 방패가 은
색, 기타 부분은 금색으로 채색되었다. 그
런데 희한하게 이 가문의 문장에는 그림
B와 C, 두 가지가 있다. 둘 다 바른 문장인
지 불명인 채 두 문장이 혼용되고 있다. 서
양의 문장에는 이처럼 애매하고 다소 두루뭉술하게 넘어가는 측면
도 있다. 이 부분이 격식을 엄격하게 따지는 일본의 문장과는 큰 차
이점이다. 이 부분에 관해서는 별도의 장을 마련해 구체적인 사례
를 살펴볼 예정이다.

97 **자이런**
A) 자이런 Gyron
B, C) 모티머(Mortimer)
가문의 문장

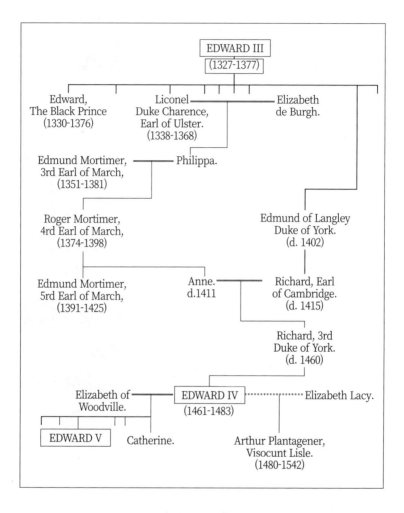

가계도 1. 마치 백작 모티머 가문의 문장 관계 계도(系圖)

주 1) □는 잉글랜드 왕. 연호는 재위를 표시

주 2) 기타 출생 연도와 사망 연도. d는 사망 연도만.

주 3) 에드워드 3세에게는 그 밖에도 제1대 랭커스터 공작 곤트의 존(John of Gaunt)
을 비롯해 역사적으로도, 문장학 분야에서도 중요한 인물인 자식이 있는데,
여기서는 관련이 없기에 빈칸으로 처리. 관련 장에서 별도 표시.

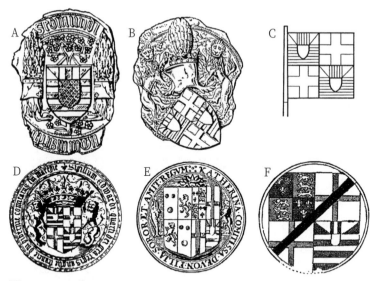

98 A, B) 3대 마치 백작 에드먼드 드 모티머(Edmund de Mortimer, 3rd Earl of March)의 실(Seal)

C) 4대 마치 백작 로저 모티머(Roger Mortimer, 4th Earl of March)의 깃발(Banner)

D) 에드워드 4세가 왕위에 오르기 전, 마치 백작 시절에 사용한 실

E) 에드워드 4세의 여섯 번째 딸 캐서린(Catherine of York, Countess of Devon)의 실

F) 에드워드 4세와 엘리자베스 레이시(Elizabeth Lacy) 사이에 태어난 서자 아서 플랜태저넷(Arthur Plantagenet, Viscount Lisle)의 실

그런데 모티머 가문 3대 마치 백작 에드먼드는 얼스터 백작 라이오넬(Lionel, Duke of Clarence, Earl of Ulster, 1338~86년. 에드워드 3세의 셋째 아들)의 딸인 필리파(Philippa)와 결혼했는데(가계도 1 참조), 라이오넬은 슬하에 필리파 이외에 자식이 없고, 필리파는 여자 상속인(Heiress)이었기에 이 혼인으로 모티머 가문의 문장에 큰 변화가 발생했다. 다시 말해 에드먼드는 3대 마치 백작이면서 동시에 아내

인 필리파가 계승한 얼스터 백작 작위를 겸하게 되며, 그림 98 의 B 와 같이 쿼털리에 마셜링한 문장, 즉 모티머와 마치와 얼스터를 조합한 문장이 새로 모티머 가문의 문장으로 계승되었다. 그런데 이 문장이 모티머 가문에서 사용된 시기는 5대 마치 백작인 에드먼드까지로, 에드먼드가 후사를 이을 아들을 얻지 못했기에 이 가문의 상속권은 딸인 앤에게 넘어갔고, 앤의 아들인 요크 공 리처드를 거쳐 앤의 손자에 해당하는 에드워드(훗날 에드워드 4세)에게 계승되었다(그림 98 의 D). 에드워드는 부친인 요크 공이 살아 계셨기에 마치 백작이 되었다. 당시 에드워드는 왕세자가 아니었고, 랭커스터 가문과의 분쟁에 패한 최후의 마치 백작이 되었을 수도 있지만 그림 98 의 E·F에서 볼 수 있듯 이 왕의 자녀 문장에 계승된다.

C. 인이스커천 *Inescucheon or Inescutcheon*

'방패 중의 방패'라는 뜻이다. 그림 99 의 A가 가장 표준적인 배치이나 꼭 그 위치가 정해져 있지는 않았다. 앞에서 모티머 가문의 문장에 있던 중앙의 은색 방패는 표준적인 인이스커천이다.

인이스커천을 사용하는 목적은 시대와 나라에 따라 다양하다. 어머니 쪽 집안, 즉 외가를 계승했음을 나타내기 위해서, 또는 상속권을 지닌 여성과 결혼했을 때 그 여성의 지위가 남편보다 높아서 아내 가계의 문장을 조합해 지위가 조금이라도 높게 보이려는 목적으로 인이스커천을 활용하기도 했다. 또는 명예, 가중의 징표, 국

99 인이스커천 Inescucheon

A) 표준적인 인이스커천　　　B) 보저와 혼동하기 쉬운 인이스커천
C) 복수의 인이스커천　　　　D) 유명 문장을 인이스커천으로 배치한 문장
E) 처칠 가문의 문장. 인이스커천이 이중으로 된 실제 사례

왕과 영주가 그 지배권을 보여주기 위해서 등의 이유를 꼽을 수 있다. 모티머 가문의 문장은 이러한 목적과 부합하지 않는다. 또 각지의 호족이 맹약을 맺었을 때 맹주의 영향을 받아 그 문장을 추가하는 예도 있었다. 그림 99 의 D는 클레어 가문을 맹주로 섬긴 세인트 오웬 경(Sir John de St, Owen of Herefordshire)의 문장으로, 1308년에 기록되어 있다.

영국의 총리였던 윈스턴 처칠의 문장은 다양한 의미에서 문장학 분야에서 유명한데, 인이스커천이 이중으로 되어 있는 진귀한 문장이다(그림 99 의 E와 57). 처칠 가문의 문장은 제1 및 제4 쿼터(사자가 있는 부분)가 처칠 가문, 제2, 제3 쿼터가 스펜서 가문(Spencer, 고 다이애너 왕세자비의 가문)을 표시한다. 제1, 제4 쿼터의 캔턴에 추가된 성 조지의 십자가(St George's Cross)는 윈스턴 처칠(제2차 세계대전 중 총리가 아님)이 처칠 1세(1625~49년 재임)에게 봉사한 공을 인정받아 처칠 2세 시대에 가중되었다. 그리고 치프 중앙의 이중(二重) 인이 스커천은 말버러 공작(John Churchill, Duke of Marlborough)이 1704년에 바이에른(영어로는 바바리아)의 블린트하임(Blindheim, 영어 로는 블레넘, Blenheim) 전투에서 프랑스군에 대승을 거둔 공을 인정 받아 하사받은 문장으로, 성 조지의 십자가 방패 위에 프랑스의 방 패를 배치했다.

D. 보저 *Bordure*

필드 주위에 일정한 너비로 테두리를 쳐서 경계를 형성한 디자인 을 '보저(Bordure)'라고 부른다(그림 100). 일반 용어인 'bordure'와 뜻이 같은 문장 용어다. 보저는 모든 오디너리를 통틀어 가장 광범 위하며 수적으로도 많이 사용되다 보니 보저를 서브 오디너리가 아닌 주 오디너리로 보아야 한다는 문장학자도 있을 정도다. 그러 나 보저는 물론 오리지널 문장 도형으로 사용된 예는 없고, 그 사용 은 이미 존재하는 문장의 디퍼런싱으로 사용되는 게 주목적이라고 할 수 있을 정도로 압도적으로 많다. 따라서 보저가 있는 개인의 문 장은 분가의 문장이라고 판단해도 크게 틀리지 않을 정도다. 특히

100 보저

A) 보저 Bordure
B) 보저 인덴티드 Bordure indented
C) 보저 인그레일드 Bordure engrailed
D) 보저 컴퍼니 Bordure company
E) 보저 카운터 컴퍼니 Bordure counter company
F) 보저 벤잔테 Bordure Bezantée
G) 콘월 백작 리처드(Richard, Earl of Cornwall, 1209~72, 존 왕의 차남)의 문장

스코틀랜드에서는 별도의 장에서 다루는데, 각종 보저를 교묘하게 사용해 차남 이하 가계의 문장을 조직적으로 디퍼런싱하는 방법을 고안했다(그림 158).

보저의 사용이 일족 문장의 디퍼런싱에 100% 사용되지는 않아도, 수없이 다양한 오디너리즈 중에서도 가장 많이 사용된 데는 합당한 이유가 있다. 보저를 사용하면 오리지널 문장을 전혀 훼손하지 않으면서 원하는 요소를 집어넣을 수 있기 때문이다. 이미 쿼터와 캔턴을 다루며 설명했지만 이런 요소들을 추가하는 과정에서 원래 도형의 일부를 덮어서 감추게 되는데, 보저는 그림 101 과 같

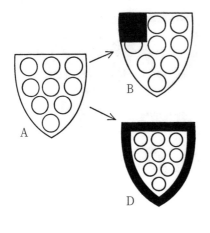

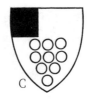

101 A) 오리지널 문장
B) 캔턴으로 만든 디퍼런스
C) 실제로 존재하지는 않았으나, 캔턴으로 오리지널 도형을 훼손하지 않기 위해서는 이렇게 무리한 변형이 필요했다.
D) 보저는 오리지널 도형을 전혀 훼손하지 않는다.

이 원래 도형을 보저 너비만큼 축소하기만 해도 원래 도형을 전혀 훼손하지 않았다는 사실로 이해할 수 있다.

보저가 최초로 등장한 연대는 분명하지 않다. 잉글랜드 왕실 관련 문장에서는 존 왕의 차남인 콘월 백작 리처드(Richard, Earl of Cornwall, 1209~1272)의 문장이 최초 사례다(그림 100 의 G). 잉글랜드 왕으로 최초의 문장 사용자가 존 왕의 형인 리처드 1세라는 사실을 고려하면, 보저는 문장 제도 발족 후 얼마 후에 채택되었다고 할 수 있다.

국왕의 문장으로 보저를 추가한 디자인으로는 포르투갈 왕의 문장이 있다. 포르투갈의 문장 기원은 매우 오래되어 그 유래에는 정설이 없을 정도인데, 작은 성을 일곱 채 배치한 보저는 '보저 오브 캐슬(Bordure of CASTLE)'이라 불렀다(그림 102). 1252년 카스티야 왕국과의 동맹으로 추가되었다. 또 역사적 문장으로 유명한 사례

B
A
C

102 **우표로 보는 포르투갈의 문장 변화**
A는 1147년 10월 포르투갈 왕 아폰수 1세 엔히크스
(Afonso I Henriques)에 투항한 무어인을 그린 우표. A,
B 모두 오래된 포르투갈의 문장
C는 코임브라대학교(Universidade de Coimbra)를 창
립(1290년)했다고 알려진 디니스(Dinis I de Portugal 또
는 Diniz) 왕의 실을 그린 우표. 문장은 새로운 포르투갈
문장

는 에드워드 3세의 남동생인 존 오브 엘덤
(John of Eltham, Earl of Cornwall, 1315~1336
년)의 문장이 있다(그림 103). '잉글랜드'를 보
저 오브 프랑스(Bordure of France, 프랑스 왕
의 문장을 보저 형태로 만든 문장)로 에워싼 디자
인인데, 이는 에드워드 2세의 왕비이자 그의
어머니인 이사벨(Isabella of France)이 프랑
스의 미남 왕 필리프 4세(Philippe IV)의 딸
이었기에 부왕의 문장을 외가인 프랑스 왕
의 문장으로 둘러쌌다. 이러한 문장을 '합성
문장(Compound arms)'이라 부른다.

보저는 워낙 많이 사용되어 문장 요소 중

103 존 오브 엘덤
(John of Eltham, 에드
워드 2세의 차남)의 묘에
세워진 상. 1336년

104 올
A) 표준적인 올 Orle
B) 인 올 In Orle
C) 올 온 쿼터 Orle on quarter
D, E) 명문가인 베일리얼(Balliol) 일족의 문장

에서도 특히 다양성이 풍부하다. 그림 **69**에 있는 프랑스의 옛 지방 문장과 그림 **72** 의 부르봉 가문 일족 문장 등에서 볼 수 있는 건 수 많은 사례 중 일부에 불과하다.

E. 올 Orle

보저가 필드의 가장자리에 배치되었다면, 올은 가장자리에서 떨어져 가장자리부터 등거리에 배치된 가느다란 띠를 말한다. 라틴어로 '경계'를 의미하는 '오라(Ora)'가 어원이다(그림 **104** 의 A).

올로 알려진 유명한 문장으로는 옥스퍼드대학교 베일리얼 컬리지(Balliol College)의 창설자로 알려진 존 베일리얼(John Balliol, 1269년 사망)의 문장이 있다(그림 **104** 의 D). '빨간색 필드에 은색 올'을 배치한 이 문장은 베일리얼 컬리지 문장에 편입되어 있다(그림

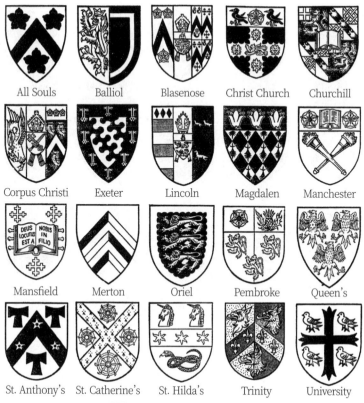

All Souls   Balliol   Blasenose   Christ Church   Churchill

Corpus Christi   Exeter   Lincoln   Magdalen   Manchester

Mansfield   Merton   Oriel   Pembroke   Queen's

St. Anthony's   St. Catherine's   St. Hilda's   Trinity   University

105 옥스퍼드대학교 컬리지 문장

105). 컬리지 문장에서는 반으로 잘린 시니스터에 추가되는 형태로, 이러한 조합 방식을 '디미디에이션(Dimidiation)'이라 부른다(나중에 다시 설명).

올은 띠 형태를 가리키는데, 그림 104 의 B에서 볼 수 있듯 별 모양이나 작은 원을 올처럼 배치하는 방식을 '인 올(in orle)'이라 하며, 문장 도형에서 흔히 볼 수 있는 구도 중 하나다.

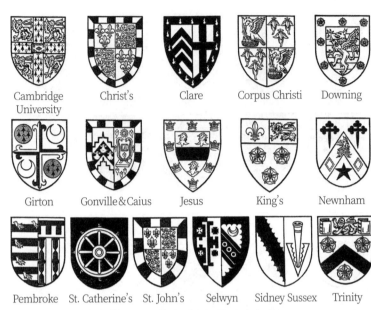

Cambridge University	Christ's	Clare	Corpus Christi	Downing
Girton	Gonville&Caius	Jesus	King's	Newnham
Pembroke	St. Catherine's	St. John's	Selwyn	Sidney Sussex

Trinity

106 케임브리지대학교 및 컬리지의 문장

F. 트레저 *Tressure*

올을 가늘게 만든 디자인을 '트레저(Tressure)'라 부른다. 한 겹짜
리는 거의 없다시피 하고 이중이나 삼중이 통례인데, 사중은 드물
게밖에 볼 수 없다(그림 107 의 A·B).

트레저로 유명한 문장은 스코틀랜드 왕의 문장(그림 107 의 C 및 54)
을 비롯해 주로 스코틀랜드에서 다양한 사례를 찾아볼 수 있다. 스
코틀랜드 귀족(그림 109)과 도시(그림 110) 문장에서 볼 수 있는 로열
트레저(Royal Tressure, 로열 트레저에 한해 이중이면서 tressure라고 단수
형으로 철자를 표기한다)가 있다. 이는 이중 트레저에 플뢰르 드 리스

107 **트레저** Tressure
A) 더블 트레저 Double Tressure
B) 트리플 트레저 Triple Tressure
C) 로열 트레저 Royal Tressure

(Fleur de lis) 방향을 엇갈리게 배치한 디자인이다. 올바른 명칭은 '더블 트레저 플로리 카운터-플로리 오브 플뢰르 드 리스(Double Tressure flory counter-flory of fleur de lis)'라는 긴 이름이다.

스코틀랜드 왕 문장의 기원에 관해서는 알렉산더 2세(Alexander II, 1214~49년 재위)의 방패에 사자가 있는 시점까지 거슬러 올라갈 수 있는데, 로열 트레저에 관해서는 알렉산더 3세(1249~86년 재위)의 방패에 알렉산더 3세 이후 사료가 전혀 없고, 어떤 연유에서인지 트레저가 추가된 이유에 관해서도 언급이 없어 왜 뜬금없이 트레저가 추가되었는지를 추리할 수 있는 단서가 전혀 없다.

로열 트레저에는 또 하나의 기이한 특징이 있다. 트레저에 배치된 플뢰르 드 리스의 수가 일정하지 않다는 것이다. 다른 문장이라면 그럴 수 있다손 치더라도 스코틀랜드 왕의 문장 또는 스코틀랜드 국장에서도 시대에 따라 그 수가 달라질 뿐 아니라 같은 시대의 문장에서조차 일정하지 않고 오락가락한다. 그 차이는 그림 108 과 그림 54 를 보면 한눈에 알 수 있다. 내가 조사한 바로는 최소 4개

A) 스코틀랜드에서 가장 오래된 문장에 있는 트레저

B) 제임스 5세 시대의 국장

C) 데이비드 2세(1324~71년)의 실

D) 스코틀랜드 왕의 깃발(王旗)

108 각종 로열 트레저

(1963년 발행한 영국 주화)에서 최대 16개까지다. 이렇게 오락가락하는 숫자에 관해서는 아무런 이유도 없다. 아마도 문장 디자이너의 취향에 온전히 맡겨졌다고 추정되는데, 이 대목에서도 형식에 집착하지 않는 서양 문장의 자유분방한 일면을 엿볼 수 있다.

개인의 문장에서 볼 수 있는 로열 트레저(그림 109)는 모두 어떠한

109 스코틀랜드 귀족의 문장에서 볼 수 있는 로열 트레저를 하사받은 문장

공을 세우고 포상으로 가증되었다. 몇몇 예외가 있으나 외국인에게 하사된 사례다. 또 스코틀랜드 도시의 문장에서도 볼 수 있는데, 스코틀랜드의 해안 도시 애버딘(Aberdeen, 그림 110) 문장은 시민이 잉글랜드군을 격퇴한 공로를 인정받아 1308년에 로버트 1세에게 승인받았다. 스코틀랜드 중부 도시 퍼스(Perth)의 문장은 1437년까지 스코틀랜드 도시였다는 사실에 대한 영광으로 추가되었다.

110 애버딘시의 문장(City of Aberdeen)의 문장

G. 프렛 *Fret*

그림 111 의 C에서 볼 수 있듯 다음 항목에서 살펴보게 될 '매스 컬(Mascle)'이라는 구멍이 뚫린 마름모꼴 벤들렛에 벤들렛 시니스 터를 조합해 완성된 도형을 '프렛(Fret)'이라 부른다. '프레티(Fretty, 그림 111 의 A)'라는 분할 문양을 간략화해 만들어진 디자인에서 기원 했다. 프렛은 'X자 모양'을 뜻하며 아주 오래전부터 존재한 분할 문 장 도형의 하나로, 그림 111 의 A 그대로 사용된 문장도 있는가 하 면 그림 112 처럼 카운트를 추가한 문장도 있다.

프렛이 프레티가 간략화하거나 진화한 디자인이라는 증거로, 그 림 111 의 B에서 볼 수 있듯 '프렛 에인션트(Fret ancient)'라는 도형 이 있다. 1300년대까지 문장에서 볼 수 있는 프렛 대다수가 이 형태 로, 그림 A부터 C까지 이어지는 변화의 중간 단계에 해당하는 도 형이라는 사실을 잘 보여준다.

프렛은 잉글랜드 특유의 서브 오디너리로, 앞에서 살펴본 처칠

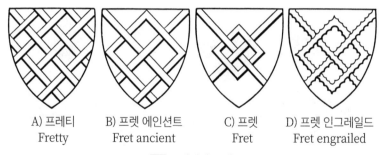

A) 프레티	B) 프렛 에인션트	C) 프렛	D) 프렛 인그레일드
Fretty	Fret ancient	Fret	Fret engrailed

111 프레티와 프렛

가문(스펜서 가문의 문장을 계승)의 문장에서 볼 수 있는데, 잉글랜드 이외의 문장에서 볼 수 있는 문장은 그 가계가 반드시 잉글랜드 출신이라는 단서 조항이 붙어 있다. 예를 들어 아일랜드의 블레이크 가문의 문장은 '은색 필드에 빨간색 프렛'인데, 이 가문은 아일랜

112 네빌(Neville of Bulmer)**의 문장**

드 토박이가 아니다. 1185년 리처드 블레이크(Richard Blake)가 훗날 조지 왕으로 즉위하는 '프린스 존'을 수행해 아일랜드로 원정을 왔다가 그대로 아일랜드에 정착해 뿌리를 내린 가문이다.

H. 라진지 *Lozenge*

마름모꼴의 표준적 형태를 '라진지(Lozenge, 그림 **113** 의 A)', 라진

113 라진지와 퓨절

A) 라진지 Lozenge
B) 라진지 스루아웃 Lozenge throughout
C) 매스컬 Mascle
D) 러스테 Rustre
E) 퓨절 퍼 페일 카운터 체인지드 Fusil per pale counterchanged
F) 퓨절 Fusil
G) 퓨절 에인션트 Fusil ancient
H) Y자 형으로 배치한 퓨절
I) 퓨절 컨조인드 바웨이즈 Fusil conjoined barways

지에서 구멍이 뚫린 디자인을 '매스컬(Mascle-그림 113 의 C)'이라 부른다. 매스컬은 '그물'을 뜻하는 라틴어 'maculam'이 변해 만들어진 프랑스 고어 'macle'가 어원이라고 하는데, 고기잡이 그물의 그물눈에서 영감을 얻은 도형으로 알려져 있다. 매스컬을 9개 배치한 도형의 문장은 그물을 추상적으로 표현한 디자인으로 추정된다(그림 180 의 위). 또 마찬가지로 구멍이 뚫린 마름모꼴 중에서도 중앙에 원형 구멍이 뚫린 디자인을 '러스테(Rustre, 그림 113 의 D)'라 부른다. 러스테가 어디서 유래했는지는 명확하게 밝혀지지 않았다.

마름모가 홀쭉하다 못해 극단적으로 가늘고 길게 만든 디자인을 '퓨절(Fusil, 그림 113 의 F)'이라 한다. 이 도형은 앞에서 분할을 다룬 부분에서 살펴본 '퓨절리(fusilly)'에서 탄생한 도형이 아니라, 베틀

114 A) 로마 교황 그레고리오 12세
(Gregorius PP. XII)

B) 로마 교황 클레멘스 9세
(Clemens PP. IX)

에 사용하는 베틀북(한자로 방추[紡錘]라고도 함)에서 이미지를 따왔다. 옛 문장에서는 그림 G에서 볼 수 있는 형태를 'Fusil(퓨절)'이라 부른다.

　라진지를 비롯해 마름모꼴을 사용한 문장은 초기부터 모습을 나타냈다. 잉글랜드에서는 명문 가문의 문장에서 볼 수 있다. 그림 113 의 I처럼 퓨절을 페스와 벤드 형태로 배치한 문장이 특히 많다. 그중에서도 퍼시(Percy) 가문의 '파란색 필드에 금색 퓨절 컨조인드 바웨이즈'를 비롯해 몬태규(Montague) 가문, 다우베니(Daubeney) 가문의 문장이 유명하다(그림 153 170). 또 로마 교황의 문장에도 실제 사례가 있다. 그림 114 의 A는 그레고리오 12세(Gregorius PP. XII, 1406~15년 재임) 교황의 문장으로, 라진지가 필드 가득 그려졌고, 퍼 페스로 나누어져 카운터체인지드가 된 희귀한 도형의 문장이다. 같은 그림 B는 클레멘스 9세(Clemens PP. IX, 1667~69년 재임) 교황의 문장인데, 금색과 파란색 쿼털리에 각각 라진지를 배치해 마찬가지로 카운터체인지드가 되었다.

　다시 설명하면 매스캘을 9개 배치한 문장도 많지만, 그림 180 의 위쪽에 보이는 것은 1777년 몰타에서 발행된 동전으로, 시니스터에 있는 '빨간색 필드에 금색 매스컬 9개'인 문장은 당시 몰타 기사단의 기사단장이던 로한(Emmanuel de Rohan 1775~97년 재위)의 것이다. 덱스터의 방패 문장은 앞에서 크로스를 다룬 부분에서 설명한 몰타 기사단 기사단장의 문장으로, 이 예에서처럼 방패를 두 개 나란히 놓고, 각각 덱스터에는 직위, 시니스터에는 개인의 무장을 배치하는 방법은 유럽 대륙에서 널리 이루어진 관행이다. 굳이 설명을 덧붙이자면 이는 직위에 있는 동안에만 사용한 기간 한정 문장으로, 퇴위 후에는 직위 문장 사용은 허가되지 않았으나 과거의 영광을 버리기 아쉬웠던지 퇴위 후에도 고집스럽게 사용한 실제 사례도 적지 않다(나중에 다시 설명).

I. 플런치스 *Flanches*

치프 코너부터 베이스에 걸쳐 곡선으로 구역을 나눈 활을 '플런치스(Flanches)'라고 한다. 반드시 대칭으로 사용해 원래 이름은 'Flanunches'로 항상 복수형으로 쓴다(그림 **115** 의 A).

플런치는 프랑스 고어로 '옆구리'를 의미하는 'Flanc'이 어원인데, 오래된 문장 제도에서는 플런치보다 곡선이 얕은 디자인을 '플라스크(Flsques, 그림 **115** 의 B)', 그보다 더 얕은 디자인을 '보이더(Voides, 그림 **115** 의 C)'라고 따로 구분해서 불렀다. 플런치와 합해 세 종류가 존재했다. 그리고 플라스크가 왕을 위해 세운 공, 특히 외교

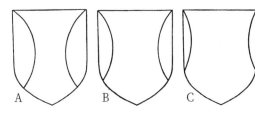

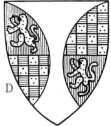

115 플런치
A) 플런치스 Flanches
B) 플라스크 Flsques
C) 보이더 Voides
D) 피츠앨런(Fitzalan)의 사생아 랠프 드 아룬델
　(Ralph de Arundel)의 문장
E) 백작 비콘스필드 부인
　(Countess Viney-Evans Beaconsfield)의 문장

상의 공헌과 전투에서 세운 혁혁한 공에 가증되었고, 플런치는 그
보다 한 단계 아래 공을 세웠을 때 주어졌다. 또 보이더는 선행을
베푼 부인에게 하사했다. 요컨대 수훈자와 수훈 정도로 구별할 수
있다. 그러나 이러한 구별은 사라지고 플런치만 남게 되었고, 사용
도 서자를 나타내는 문장 도형에 이용되는 등 성격이 불분명한 상
태로 존재하게 되었다. 그림 115 의 D는 1200년대 말 아룬델 백작
(Fitzalan, Earl of Arundel)의 서자였던 랠프(Ralph de Arundel)의 문
장으로 전해지는데, 플런치가 있는 위치에 피츠앨런(Fitzalan, 사자)
가문과 워런(Warren, 체키) 가문의 문장을 쿼털리에 조합한 요소를
살짝 가미하는 수준으로 부분적으로 집어넣은 특수한 사용법을 보
여주는 문장의 실제 사례다. 그러나 이러한 사례는 매우 예외적이

고, 플런치를 볼 수 있는 문장은 그림 A와 같은 형태가 통상적인 사례다. 유명한 문장으로는 영국 정치인 벤저민 디즈레일리(Benjamin Disraeli, 1804~81년)의 아내였던 메리 앤 디즈레일리(Mary Anne Disraeli, 비니 에번스 비콘스필드 백작 부인, 1792~1872년)의 문장이 있다(그림 115 의 E).

J. 빌리트 *Billet*

작은 팰럿(Palette)이 여러 개 필드에 배치된 디자인을 '빌리트(Billet)'라 부른다. 세 개 내지 열 개까지 전후까지를 빌리트, 그 이상이면 '빌리티(Billetty)'라고 구별해서 부르기도 한다(그림 116 의 A). 또 빌리트를 가로로 배치한 '빌리트 쿠셰(Billet couchés)'라고 부르는 디자인도 있는데(같은 그림 B), 빌리트만큼 많지는 않아도 유명한 문장에서 볼 수 있어 널리 알려져 있다.

빌리트를 배치한 유명한 문장으로는 네덜란드 왕의 문장이 있다(그림 48). 프랑스 중부의 옛 지방인 느베르(Nevers)와 동부의 프랑슈콩테(Franche-Comté) 지방의 문장도 마찬가지로 빌리트 위에 사자를 배치했다. 드물게는 이들 문장과 반대로, 빌리트가 사자 위에 배치된 문장도 있다. 그림 116 의 D에서 볼 수 있듯 에드워드 3세 시대의 발머(Ansketell, Bulmer of Yorkshire)의 문장이 실제 사례 중 하나다.

빌리트는 같은 그림 C에서 보듯 먼첸시 경(Sir Richard Munchen-

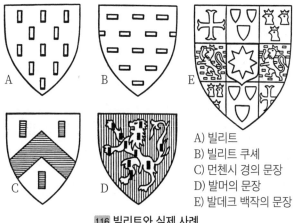

A) 빌리트
B) 빌리트 쿠셰
C) 먼첸시 경의 문장
D) 발머의 문장
E) 발데크 백작의 문장

116 빌리트와 실제 사례

si, 1300년대 초기 인물)의 문장과 같이 셰브런과 조합하기도 하고, 빌리트만 9개 혹은 10개를 배치한 문장도 있다. 한편 빌리트 쿠셰 문장은 17~19세기 독일의 발데크(Waldeck) 백작 가문의 문장에서 볼 수 있다(그림 **116** 의 E). 원래 빌리트 쿠셰 문장은 발데크 백작 가문의 문장이 아니라, 이 가문이 지배하던 게롤데세크(Geroldeseck)의 문장이었다.

K. 레이블 *Label*

레이블(Label)은 흔히 '레테르'나 '라벨'이라고 부르는 단어와 철자가 같으나 전혀 이질적인 개념으로, 문장 도형 중에서도 가장 정의하기 까다로운 개념 중 하나다. 그러나 그림 **117** 에서 보듯 가게 입구에 거는 발이나 크리스마스 리스(Christmas Wreath) 혹은 홀라 댄

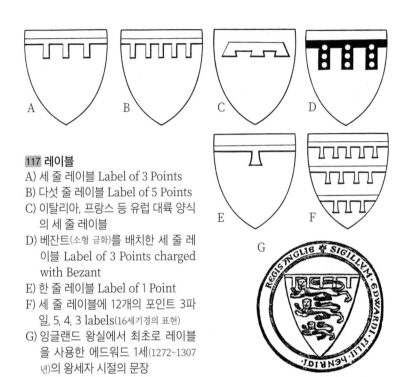

117 레이블

A) 세 줄 레이블 Label of 3 Points
B) 다섯 줄 레이블 Label of 5 Points
C) 이탈리아, 프랑스 등 유럽 대륙 양식
   의 세 줄 레이블
D) 베잔트(소형 금화)를 배치한 세 줄 레
   이블 Label of 3 Points charged
   with Bezant
E) 한 줄 레이블 Label of 1 Point
F) 세 줄 레이블에 12개의 포인트 3파
   일, 5, 4, 3 labels(16세기경의 표현)
G) 잉글랜드 왕실에서 최초로 레이블
   을 사용한 에드워드 1세(1272~1307
   년)의 왕세자 시절의 문장

서들이 허리에 두르는, 잎을 엮어서 만든 듯한 치마 모양처럼 생겼
는데 이 모양이 도대체 어디서 유래했는지는 문장학자들이 머리를
싸매고 연구했지만 여전히 해명되지 않았다. 외투를 풀어지지 않
게 고정하는 벨트와 버클을 데포르메했다는 주장과 허리와 국부를
보호하기 위해 허리에 두르는 짧은 앞치마처럼 생긴 띠에서 따왔
다는 등의 다양한 가설이 있는데 모두 정설로는 채택되지 못했다.

문장 초기에는 파일(File)이라 불렸다. 그림 **117** 의 E와 F와 같이
레이블만 차지로 삼은 문장도 있었는데, 레이블만 있는 문장은 예

외적인 문장이 되었고, 오로지 디퍼런싱 마크(Differencing mark)로만 사용하게 되었다. 말하자면 아버지와 아들의 문장을 구별한다거나 본가와 분가의 문장을 구별하기 위해 사용했다. 수많은 문장 도형 중 오직 차이를 두기 위해서만 사용되었다고 해도 좋은 개념은 레이블 이외에는 없다. 특히 잉글랜드 문장은 레이블의 조직적 사용법으로는 독특한 위상을 차지하고 있다. 그중에서도 왕족의 문장은 별도의 장을 마련해 설명할 예정이니 그때 자세히 살펴보자. 각종 레이블을 사용해 왕세자 이하의 문장을 왕의 문장과 구별하는 체계가 마련되어 있었다.

레이블은 그림 E와 F가 고전적인 형태이며, 잉글랜드에서는 A와 B가 표준적 형태였다. D는 레이블의 가짓수를 늘려 구색을 다양하게 갖추어야 할 필요가 있을 때 문양을 추가한 사례 중 하나다. 또 유럽 대륙, 특히 이탈리아와 프랑스의 레이블은 그림 C와 같은 모양이 일반적이다. 또 레이블에서 아래로 늘어진 부분은 포인트(Point)라고 부르는데, 그림 **117** 을 보면 초기에는 한 줄에서 열두 줄까지 존재하다가, 디퍼런싱 마크로는 세 줄과 다섯 줄로 국한되어 사용하게 되었다고 이해해도 좋다.

레이블의 디퍼런싱 마크로서의 사용법에 관해서는 별도의 장에서 다룰 예정이다. 잉글랜드 왕실에서 최초로 레이블을 사용한 사람은 에드워드 1세가 왕위에 오르기 전인 왕세자 시절에 사용한 문장이다. 그림 **117** 의 G를 보면 해당 문장을 새긴 왕세자의 실(Seal) 모사(模寫)인데, 당시에는 방패 치프 상단에 추가했다는 점이 재미있다.

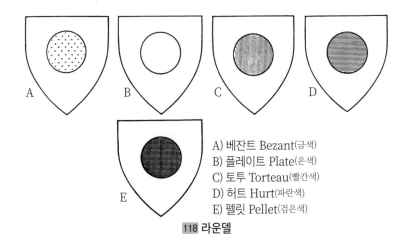

A) 베잔트 Bezant(금색)
B) 플레이트 Plate(은색)
C) 토투 Torteau(빨간색)
D) 허트 Hurt(파란색)
E) 펠릿 Pellet(검은색)

118 라운델

L. 라운델 및 애뉴리트 *Roundeles & Annulets*

문장 도형에서는 원형을 아울러 '라운델(Roundel)'이라 일컫는다. 그림 118 에서 볼 수 있듯 금색 원을 '베잔트(Bezant)', 빨간색 원을 '토투(Torteau)'라고 구분해서 부른다. 각각의 색에 따라 특별한 명칭을 붙이지는 않는다. 따라서 '빨간색 라운델'이라는 호칭은 사용하지 않는다. 원 도형에는 평면 원이 아닌 그림 119 의 C처럼 입체적으로 그려진 '볼(Ball)'도 있다. 또 그림 119 의 D에 있는 물결 무늬 원형은 '파운틴(Fountain, 샘)'이라 부르며, 남잉글랜드의 스터턴(Sturton 또는 Stourton) 가문의 문장으로 유명한 도형이다. 이 가문과 인연이 깊은 윌트셔 지방의 스투어강(The River of Stur in Wiltshire)의 수원인 여섯 개의 샘을 표현한 디자인인데, 1418년에 등록되었다(그림 24 의 D).

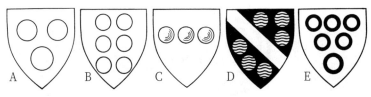

119 라운델을 배치한 문장

A) 코트니(Courtenay) 가문 B) 카스트로(Castro) 가문 C) 클루트(Cloot) 가문
D) 스터턴(Sturton) 가문(**24**-D 참조) E) 로더(Lowther) 가문

라운델에서 동그랗게 속을 파낸 부분, 다시 말해 고리는 '애뉴리트(Annulet)'라고 부른다(그림 **119** 의 E). 애뉴리트 중에 특수한 디자인으로는 '거지(Gurge)'가 있다. 그림 **120** 에서 볼 수 있듯 A의 소용돌이와 B의 동심원이 함께 거지라고 불리며, A의 소용돌이에는 다시 오른쪽 소용돌이, 왼쪽 소용돌이 둘 다 존재하는데, 둘을 구별하지 않고 모두 거지라고 불러 문장학 입문자를 고생시키는 유명한 도형 중 하나다. 여기서도 서양 문장의 자유분방한 일면을 새삼 엿볼 수 있다.

라운델 문장으로도 유명 가문의 문장이 많다(그림 **119**). 특히 유명한 문장으로 피렌체의 메디치(Medici) 가문 문장으로 '금색 필드에 6개의 토투'가 있는 문장이 있다(그림 **121** 의 A). 메디치 가문 문장의 유래를 두고 다양한 학설이 존재하는데, 금융업으로 큰 성공을 거두기 전에는 약종상을 운영해 그 간판이 '빨간 원(토투)', 즉 환약(丸藥)을 상징하는 간판이었기에 이런 문장이 만들어졌다는 설이 가장 유력하게 받아들여지고 있다. 메디치 가문의 문장은 최초에는 빨간 원(토투) 6개였는데, 후대에 가장 위에는 파란색 위에 세 개의 플

A   B   C   D

120 거지

A), B) 거지 Gurge, or Gorge   C) 바이어 Vire
D) 거지와 크로스 인그레일드의 조합

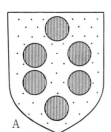 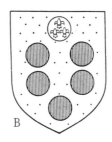

121 메디치 가문의 문장
A) 최초의 문장
B) 1465년 이후의 문장

A   B

뢰르 드 리스를 추가한 디자인으로 변경되었다(그림 121 의 B). 이는
코시모 데 메디치(Cosimo de' Medici, 1389~1464년)가 프랑스 왕 루
이 11세의 재정 위기를 세 차례에 걸쳐 구원해주며, 루이 11세가
1465년 코시모의 아들 피에로 디 코시모 데 메디치(Piero di Cosimo
de' Medici)에게 하사한 문장이다. 즉 가증문으로 프랑스 왕이 문장
사용을 허가한 인가 문장이다. 또 바이어(Vire) 문장의 실제 사례는
적으나, 세계 각지로 수출되는 이탈리아 특산물 키안티(Chianti) 와
인 라벨에서도 이 요소를 볼 수 있다(그림 67).

제 7 장
차지

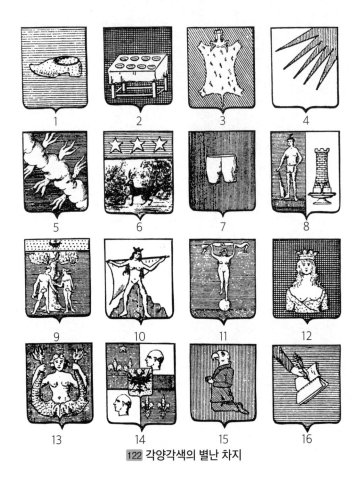

122 각양각색의 별난 차지

문장에 사용되는 도형은 추상이든 구상이든 가리지 않고 몽땅 차지(Charge)라고 부른다. 그러나 실제로는 구상 도형만을 가리키는 커먼 차지스(Common charges)에서 커먼(Common)을 생략하고 차지라고 지칭한다.

이미 여기까지 살펴본 문장에는 사자나 별, 성처럼 다양한 구상

도형을 볼 수 있는데, 문장의 차지에는 인간이 눈으로 보거나 머리로 생각할 수 있는 모든 사물이 등장한다고 할 수 있다. 따라서 실제로 존재하는 사물뿐 아니라 가공의 생물, 요정이나 괴수부터 원자물리학의 과학기호(그림 **123** 의 C)에 이르기까지 인간의 머리로 짜낼 수 있는 온갖 것들이 등장한다. 서양의 문장이기에 일본 전통 나막

123 당대에 최신 유행을 선도했던 차지

A) 허셸(Herschel) 가문의 문장

　허셸 가문 윌리엄(1738~1822년), 그 아들 존(1972, 1871년)은 천문학자로 알려졌다.

B) 뉴턴(Sir Isaac Newton, 1642~1727년)의 문장

C) 영국 워릭대학교(University of Warwick)의 문장

D) 대영연합왕국 원자력청(United Kingdom Atomic Energy Authority)의 문장

　신인 게타(下駄)나 동양권 문화에 등장하는 염라대왕을 차지로 삼은 문장은 없지만, 이는 서구인의 생활과 전설 등에 존재하지 않기 때문이지, 비슷한 종류, 예를 들어 사보(Sabot, 프랑스 나막신)를 차지로 삼은 문장은 존재한다(그림 122 의 1). 특히 일본의 문장과 크게 다른 부분은 꺼림칙하게 여겨지는 금기가 존재하지 않는다는 점이다.

　앙상하게 뼈만 남은 해골(같은 그림 17·18), 무덤(24), 검에 찔린 머리(21), 눈이 일곱 개 달린 여자(19) 등이 좋은 예이다. 나아가 이러한 차지가 특수한 존재가 아니라 인간의 뼈를 솔타이어로 삼은 과학자 뉴턴의 문장(그림 123 의 B), 돌에 허리를 걸친 해골을 차지로 삼은 런던데리시의 문장(그림 124), 참수당한 튀르크인의 머리에서 핏방울이 떨어지는 도형을 넣은 헝가리 귀족의 문장 등 유명 문장에서도 수없이 많은 사례를 찾을 수 있다.

124 북아일랜드의 런던데리(Londonderry)시의 문장(1623년 인가)

또 다소 풍기 문란의 소지가 있는 문장도 있다. 가령 팬티(그림 122의 7), 허리 가리개 수준의 민망한 속옷 차림(8), 알몸(10·11) 등이 많다는 점도 엄격한 분위기를 고수하려는 일본의 문장과 큰 차이점이라고 할 수 있다. 특히 유명한 문장으로는 1306년에 기록된 피터 도지(Peter Dodge of Stopford, Cheshire)의 젖이 뚝뚝 떨어지는 유방이라는 독특한 문장이 있다(그림 33). 이 문장은 'dugge'가 고어로, 여성의 가슴 혹은 유방을 뜻하는 데서 착안한 캔팅 암스(Canting arms)인데, 관점에 따라서는 걸작 문장이라고도 할 수 있다.

그 밖에 기호(그림 122의 29·30·31), 문자(가령 로마시의 문장에 들어가는 'S·P·Q·R', 그림 125)도 차고 넘칠 정도로 많다. 그림 122의 30과 31은 우연의 일치인지 한자 큰 대(大)와 여자 녀(女)와 닮아 재미있다. 개중에는 현재에 이르기까지 그 도형이 무엇을 그렸는지 도저히 알 수 없는 문장도 있다. 이런 부분도 서양 문장을 이렇게 특수한 대상만을 차지로 삼지 않고, 앞에서 언급한 사자나 독수리를 비롯해 중요한 차지가 압도적으로 많다. 우리 눈에는 기괴해 보여도 나름대로 일정한 형식이 있다. 후대에 이에 대해 다시 분류하고 정

125 로마시의 문장

S·P·Q·R은 라틴어 'Senatus Popu-
lusque Romanus'의 머리글자를 따서
만든 약자. '로마의 원로원과 시민'이
라는 뜻이다.

리해 문장 식별성의 관점에서
혼란을 초래하지 않기 위한 장
치가 강구되었다.

서양 문장에는 관점에 따라
대범과 허술 사이의 애매한 부
분이 존재한다고 이미 몇 차례
나 지적했다. 차지에서 볼 수
있는 주먹구구식 엉성함은 정
확성에 목숨을 거는 일본 문장
도형과는 대척점 수준으로 동

떨어져 있다. 그림 126 위는 일본 문장 도감 2권부터 시험 삼아 선
택한 '못코(木瓜紋)'라는 문장 도형인데, 현미경으로 관찰해야 발견
할 수 있을 정도의 미미한 차이는 있어도 확연하게 드러나는 차이
는 없다고 말해도 크게 틀린 말이 아닐 정도로 솔직히 거기서 거기
다. 또 아랫단은 원형 학 도형인데, 부리 방향의 미미한 차이로 명
칭이 바뀌는 섬세한 일면을 잘 보여준다. 이와 반대로 서양 문장에
서는 그림 124 의 런던데리시의 문장을 보아도 문헌에 따라 성의
형태가 제각각이고 해골 머리의 방향도 달라진다는 사실을 잘 알
수 있다. 이 문장은 텍스터에 성이 있고, 시니스터 베이스에 돌, 거
기에 해골이 생각하는 사람처럼 걸터앉은 도형인데, 나머지 자잘
한 부분은 슬렁슬렁 넘어가도 크게 문제 삼는 사람이 없었던 모양
이다. 또 그림 127 은 잉글랜드 왕 최초의 문장인 '세 마리 사자' 도

요코못코(橫木瓜紋)　　쓰루못코(蔓木瓜紋)　　홋타못코(堀田木瓜紋)　　와리키못코(割り木瓜紋)

126 일본 문장 도형에서 볼 수 있는 모과 문양(▲)과 원형 학 문양(▼)

A) 원형 학　　　B) 춤추는 학　　　C) 스와즈루
　　　　　　　　(舞鶴, 마이즈루)　　(諏訪鶴) 원형

형인데, 문헌에 따라 조금씩 다르게 그려져 있어 서양 문장이 이 부분에 크게 구애받지 않는다는 사실을 잘 알 수 있다. 이 문장에서도 사자가 보행 자세(문장 용어로 'passant'라 부른다)로 고개를 정면으로 바라보는 도형('guardant'라고 한다) 이외에는 고개를 살짝 기울이고 있거나, 다리 방향이 약간 위로 들려 있어도 누구도 이의를 제기하지 않았다. 또 유명한 옥스퍼드대학교 문장은 펼쳐진 책에 써진 글자가 세 가지 존재한다(그림 **128** A~C). 이 대학교의 출판물에는 B 또는 C 문장이 사용되는데, 많은 문헌이 옥스퍼드대학교 문장이라며 예로 드는 도형은 일반적으로 C다. 게다가 차이점에 관해서는 수긍할 만한 설명을 달아놓지 않아 도대체 왜 다른지 알 길이 없다.

　지켜야 할 기본형만 지키면 나머지는 문장 디자이너의 작도에 맡

127 리처드 1세의 문장

128 모두 옥스퍼드대학교의 문장

A는 1600년대 초기 문장에 존재하는 버전. B, C는 19세기 말 문헌부터 현재까지 볼 수 있는 버전의 문장. 책에 그려진 모토가 시대에 따라 다른데, 그 이유는 명확하지 않고 현재는 B, C가 혼용되고 있다.

겠다. 심지어 지엄하신 왕의 문장조차 다양한 버전으로 그려졌다. 디자이너에 따라 자유로운 작도는 문장 도형의 진보에 이바지하기도 했다. 나중에 다시 등장하는 알브레히트 뒤러(Albrecht Dürer) 등의 유명 화가가 그린 문장 디자인은 자칫 고인 물이 되어 구태의연해질 수 있는 문장 분야에 새로운 바람을 불어넣어 이후 문장 도형에 크게 영향을 미쳤다. 그림 **129** 를 보면 1270~80년대 디어링 문장감(Deering Coat of Arms)에서 모사한 사자 도형인데, 초기 문장 도형이 얼마나 유치한 수준이었는지를 알 수 있다.

그러나 문장 도형 개선에 이바지했다고는 하나, 문장 규칙에 통

129 옛 문장감에서 볼 수 있는 사자
당시 사자는 표범이라는 설도 있다. 이를 사자로 보아도 좋을지 의문이 들기는 한다.

달한 디자이너를 확보한 상황에서나 통하는 이야기지, 실제로는 날림으로 일하는 실력이 부족한 디자이너가 잘못 그린 문장 도형의 실제 사례도 어렵지 않게 찾아낼 수 있다. 특히 17, 18세기 독일을 중심으로 백작과 교구에서 발행된 주화에 새겨진 문장은 원래 덱스터를 향해야 할 사자를 멋대로 시니스터를 바라보게 배치하는 등 규칙을 무시한 심각한 엉터리 문장들이 많다.

그래서 문장학 문헌에서는 책에서 상당 부분을 할애해 차지를 분류·정리하고, 각각에 관한 문장 도형으로 사용하는 규칙을 정해 사자와 독수리, 플뢰르 드 리스, 성, 배, 검 등에 이르는 각각의 도형을 한 권에 정리한 문헌이 몇 권이나 존재할 정도다. 이처럼 전문적인 분야까지 파고들지는 않더라도, 고심 끝에 허술하다고는 해도 버젓이 규칙과 분류가 존재하는 일면을 대표하는 차지인 사자와 독수리를 예로 들어 소개하기로 한다.

‖ I. 사자 *Lion* ‖

잉글랜드 왕을 비롯해 유럽 왕실 문장 차지에 사자가 많은 이유
는 앞에서 설명했다. 사자는 왕의 문장 차지 이외에도 다양하게 사
용되었다. 예를 들어 잉글랜드 문장에서는 12세기 중반부터 14세
기 중반까지 200년 사이에만 머리글자 A인 가계의 문장만 보더라
도 100개가 넘는 가계의 문장에서 사자를 찾아볼 수 있다. 그런데
머리글자 A인 가계만 해도 100개가 넘는다면 사자의 색상과 필드
의 색상을 바꾸어 아무리 교묘하게 조합해도 100가지가 넘는 다른
문장을 만들어낼 수 없다. 사자를 두 마리로 늘리거나, 세 마리, 네
마리… 아홉 마리로 수를 늘리는 방식으로 종류가 다른 문장 도형
을 확보하거나, 혹은 걷는 자세의 사자, 서 있는 자세의 사자 등 사
자의 자세를 바꾸는 방식 등을 도입해 동일 문장 중복을 피하는 방
법으로 몇만, 몇십만 가지 다른 문장이 존재할 수 있게 되었다.

그러나 아무리 새로운 종류의 문장을 만들기 위해서라고 해도, 각
자 멋대로 사자 자세를 정해서는 머리를 짜낸 디자인이 도리어 혼란
을 초래하게 된다. 필요는 발명의 어머니라는 격언처럼 혼란을 방
지할 필요성을 느낀 사람들이 일정한 기준이나 규칙을 만들어냈다.
혼란을 방지하기 위해 정리된 요소가 사자의 자세다. 그림 130 은
1780년에 발행된 에드먼슨의 『문장학(Edmondson's Heraldry)』에
서 인용한 사자의 주요 자세다. 이 문헌이 발행되기 이전 문장에서
도 또 그 이후 현재까지의 문장에서도, 사자의 자세가 그림의 원칙
에서 벗어나는 문장은 없다고 해도 될 정도로 규칙이 자리 잡았다.

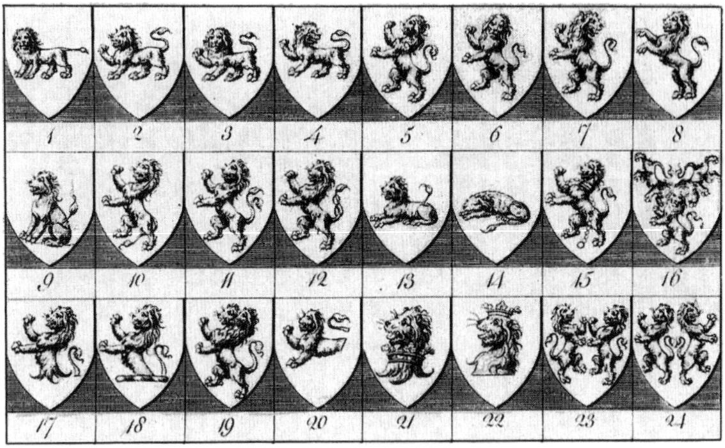

130 사자의 자세

1) 스탠턴트 거던트 Stantant guardant
2) 패선트 Passant
3) 패선트 거던트 Passant guardant
4) 패선트 리거던트 Passant reguardant
5) 램펀트 Rampant
6) 램펀트 거던트 Rampant guardant
7) 램펀트 리거던트 Rampant reguardant
8) 세일리언트 Salient
9) 시전트 Sejant
10) 카워드 Coward
11) 퀸 푸어셰 Queen fourché(두 갈래 꼬리)
12) 테일 나우드 Tail nowed(꼬리를 묶은)
13) 카우천트 Couchant
14) 도먼트 Dormant
15) 램펀트 칼러드 앤드 체인드 Rampant collared and chained
16) 트리코퍼레이트 라이온스 Tricoporate lions
17) 데미-라이언 램펀트 이레이즈드 Demi-lion rampant erased
18) 데미-라이언 램펀트 쿠프트 Demi-lion rampant couped
19) 라이온 램펀트 위드 투 헤즈 Lion rampant with two heads
20) 데미-라이언 패선트 Demi-lion passant
21) 헤드 이레이즈드 Head erased
22) 헤드 쿠프트 Head couped
23) 투 라이언스 램펀트 컴배턴트 Two lions rampant combatant
24) 투 라이언스 램펀트 인도어스드 Two lions rampant endorsed

131 벨기에 국장에 등장하는 사자를
볼 수 있는 벨기에 우표

132 핀란드 국장을 곁들인 우표
덱스터의 앞다리에 앞다리를 보호하는 갑옷
비슷한 장식을 추가한 게 특징

　얼핏 보면 어디에 규칙이 적용되었는지 알 수 없어 고개를 갸웃
거리게 되는 도형인데, 자세는 머리 방향과 그 자태의 조합으로 분
류되고 정리되었다. 가령 그림 2, 3, 4의 사자는 모두 패선트(Pas-
sant, 보행 자세)라 부르는데, 3은 머리가 정면을 향하고 있어 거던트
(Guardant, 정면을 주시 경계), 두 가지 자세를 합치면 '라이언 패선트
거던트(Lion Passant Guardant)'라고 부른다. 4의 사자는 뒤를 돌아
보고 있어 리거던트(Reguardant)라 부르고, 보행 자세로 뒤를 바라
보면 '라이언 패선트 리거던트(Lion Passant Reguardant)'라고 한다.
다만 2의 사자처럼 머리를 덱스터로 향하면 단순히 '라이언 패선트
(Lion Passant)'라고 부른다. 따라서 1의 사자는 선 자세를 유지한
스탠턴트(Stantant)인데, 머리는 정면을 향하고 있으므로 '라이언
스탠턴트 거던트(Lion Stantant Guardant)'이고, 그림에 싣지는 않았
으나 앞에서 설명한 패선트(Passant)와 마찬가지로 스탠턴트 및 스
탠턴트 리거던트(Stantant Reguardant)도 존재한다.

133 불가리아의 옛 국장을 볼 수 있는 우표   **134** 노르웨이 국장을 디자인한 우표

가장 많이 볼 수 있는 사자의 자세는 패선트와 그림 **5**에 있는 램펀트(Rampant, 시니스터의 뒷다리로 서 있다), 두 가지다. 패선트는 잉글랜드 왕과 덴마크 왕의 문장이, 또 램펀트는 스코틀랜드 왕, 벨기에 왕(그림 **131**), 핀란드 왕(그림 **132**), 노르웨이 왕(그림 **134**) 등의 문장이 있다.

사자 중에서 매우 특수해서 유명한 퀸 푸어셰(Queen fourché)는 두 갈래로 나뉜 꼬리를 가지고 있다(그림 **130**의 11). 보헤미아 왕의 문장이 이 사자를 차지로 삼았는데(그림 **71**의 오른쪽 위), 이 문장은 구 체코슬로바키아의 국장으로까지 계승되었다가 체코슬로바키아가 분리되며 체코의 국장으로 살아남아 명맥을 유지했다. 체코 도시의 문장에 등장하는 사자는 대부분 이 퀸 푸어셰 사자다(그림 **71**).

차지의 사자는 그 밖에도 관을 쓴 디자인(그림 **130**의 21·22)이나 사슬과 목줄을 맨 디자인, 검을 든 디자인 등이 있다. 또 혀의 색이 푸른 사자(스코틀랜드), 발톱 색이 붉은 사자 등도 있다. 특히 검과 도끼를 든 사자는, 사자가 쥔 검과 도끼에 전해지는 옛이야기나 내력이 있는 게 통례다. 예컨대 노르웨이의 국장(그림 **134**)에 등장하는

135 베네치아의 문장

사자가 든 도끼는 1015년부터 1028년까지 왕위에 있던 성 올라프 (St. Olaf)의 상징이다. 핀란드의 국장(그림 132)에 나오는 사자가 덱 스터의 앞발에 들고 있는 검은 조국 방위, 그리고 뒷발로 밟고 있는 검은 러시아를 뜻한다. 또 베네치아의 문장에 그려진 사자는 날개 달린 사자로 알려졌는데(그림 135), 이 날개는 산마르코(San Marc) 의 수호성인과 베네치아를 상징하는 '성 마르코의 사자'라고 부른 다. 이 사자가 밟고 있는 책에 적힌 글자는 'PAX TIBI, MARCE, EVANGELISTA MEUS'로 '나의 복음 전도자인 마르코에게 평화 를!'이라는 뜻이다.

그런데 그림 130 을 보면 사자 도형 23·24의 사자 두 마리를 제 외하면 모두 덱스터를 향하고 있다. 이는 기본자세로 덱스터 방향 의 사자가 아니라 문장에 등장하는 동물을 비롯해 선박 등 모두 덱 스터를 향하는 게 원칙으로, 시니스터를 향한 사자는 예외로 여겨 진다. 그러나 유럽 대륙, 특히 독일을 중심으로 한 문장에서는 원래 덱스터를 향한 사자를 시니스터 방향으로 바꾼 예를 종종 볼 수 있다. 예를 들어 A의 가계 문장이 덱스터를 향한 붉은 사자, B의 가계가 마찬가지로 덱스터를 향한 금색 사자라는 문장인데, 두 가문의 혼인으로 이 두 문장을 조합할 때는 잉글랜드라면 적당히 조합하더라도 사자 두 마리는 모두 원도형과 덱스터 방향 그대로 배치하지만, 독일에서는 한쪽 사자(덱스터 쪽의 사자)를 시니스터 방향으로 바꾸어 사자 두 마리가 마주 보는 형상으로 배치하는 예를 흔하게 볼 수 있다. 이러한 방법은 문장 도형의 균형을 잡는다는 측면에서는 바람직하게 여겨져도, 본래 덱스터를 향하는 사자를 시니스터 방향으로 바꾸는 임의적인 디자인 변경은 마침내 규칙을 무시하는 풍조를 자아내게 되었다. 앞에서 지적한 독일의 옛 주화에서 볼 수 있는 잘못된 문장 디자인도 이러한 배경과 무관하지 않다. 또 수많은 문장 중에는 처음부터 시니스터를 향했던 사자가 존재하는데, 사자뿐 아니라 시니스터 방향으로 배치된 동물을 특정해 '라이언 콘토르니(Lion contournés)'라고 불러 구별한다.

그리고 잉글랜드의 문장 제도에서는 원래 덱스터를 향한 사자를 도형의 균형을 잡는다는 명목으로 시니스터 방향으로 변경하는 임의적인 작도는 절대로 해서는 안 되는 불경스러운 행위로 여겨졌다. 구체적인 예를 살펴보면 그림 **13**에서 볼 수 있듯 북웨일스의 마지막 프린스였던 허웰린 압 그리피드(Llywelyn ap Gruffudd, 1282년 사망)의 문장이 있다. 방패의 사자는 네 마리 모두 덱스터를 바라보고 있다. 참고로 이 문장은 현재 영국 왕태자의 문장에 이스커천으로 추가되어 있다(그림 **56**).

‖ 2. 독수리 *Eagle* ‖

조류(鳥類) 차지는 그 종류에 따라 정지한 새, 날개를 펼친 새 등 각각의 유형이 있다. 독수리는 '디스플레이드(displayed)'라고 해서 날개를 활짝 펼친 자세가 압도적으로 많다. 그림 136 의 2·3처럼 몸은 정면, 머리는 덱스터를 향한 자세가 원칙이다. 아주 예외적으로 시니스터로 머리를 향한 날개(Wing)가 있는데 'head turned towards the sinister'라고 특별히 지정된 용어가 존재한다. 대표적인 예로 나폴레옹의 문장이 있다(그림 12 의 B). 이 날개는 나폴레옹의 임페리얼 이글(Imperial Eagle)이라고 부르며, 다리로 천둥을 상징하는 번개를 밟고 있는 자세가 특징 중 하나다.

이미 문장의 기원에서 다루었는데, 독수리는 서고트족(Westgoten, Visigothi, Wisigothi, Vesi, Visi, Wesi, Wisi-역주)에서 뿌리를 찾을 수 있는 단두 독수리와 비잔틴에서 시작되었다고 추정되는 쌍두 독수리가 있다(그림 144). 이 독수리의 자세는 반드시 정면을 향해 '더블 헤디드 이글 디스플레이드(Double headed eagle displayed)'라 부른다(그림 136 의 5). 이 쌍두 독수리에는 신성로마제국의 문장에서 볼 수 있듯 왕관(Diadem 또는 Heilgeschein, 다이아뎀, 천 또는 금속으로 만든 머리에 두르는 장신구로 주로 권력, 지위, 위엄의 상징-역주)을 쓴 디자인(그림 144 의 B)과 오스트리아와 제정 러시아의 문장처럼 왕관이 없는 디자인 두 가지가 존재한다(그림 43 46).

독수리를 차지 또는 서포터로 사용한 문장은 유럽 대륙 문장에서 압도적으로 많은 지분을 차지한다. 신성로마제국의 황제(처음에는

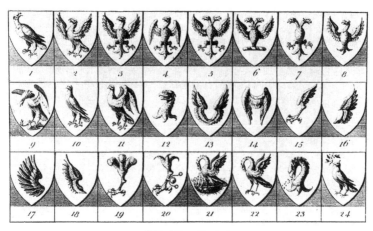

136 각종 조류 차지

4, 5) 이글 디스플레이드
  Eagle displayed
5) 쌍두 독수리
  Double headed eagle displayed
13, 14, 16~18) 날개 Wing

21) 펠리컨 인 잇츠 파이티
  Pelican in its piety
22), 23) 펠리컨 보닝
  Pelican vulning

22는 펠리컨이 자기 몸에 상처를 내어 피를 흘리는 모습. 21은 케임브리지대학교 코퍼스 크리스티 컬리지의 문장(106 참조). 22는 옥스퍼드대학교의 동명의 컬리지의 문장(105 참조)에서 볼 수 있다.

단두, 후대에는 쌍두)를 비롯해 오스트리아(그림 43), 러시아제국(그림 46), 폴란드(그림 141 의 A), 미국(그림 49), 알바니아(그림 140) 그리고 독일제국(그림 47)의 각 국장 외에도, 백작령과 도시의 문장 등으로 매우 유명한 사례가 많다. 이들 독수리의 유래와 내력을 소개하는 이야기도 흥미로운데, 그 이야기만으로도 책 한 권을 너끈히 채울 분량이라 여기서는 대표적인 사례 몇 가지만 추려서 간략하게 소개하려 한다.

137 A) 브란덴부르크령의 문장
B) 브란덴부르크시의 문장

A

◎ 브란덴부르크 독수리 *Brandenburg Eagle*

붉은 이글 디스플레이로 알려진 브란덴부르크령 문장의 독수리 (그림 137)는 브란덴부르크 변경백국(Markgrafschaft Brandenburg)* 문장이 시초다. 1417년 신성로마 황제 지기스문트(Sigismund)가 뉘른베르크의 호엔촐레른(Friedrich IV. von Hohenzollern, Burggraf von Nürnberg) 태수 가문의 프리드리히 6세에게 브란덴부르크 영지와 함께 하사한 문장으로, 붉은 독수리는 당시 브란덴부르크에 서식하던 독수리에서 따왔다고 알려져 있다. 호엔촐레른 가문이 지배하던 독일제국의 문장(그림 47)에 그려진 독수리는 검은색으로 변경되었는데, 마찬가지로 브란덴부르크 이글이 기원이다. 이 독수리와 그림 138 에서 볼 수 있는 티롤 독수리 등에는 가슴부터 날개에 걸쳐 양쪽 가장자리가 클로버 잎처럼 생겨 활 모양을 이

---

* 변경백(Markgraf, 마르크그라프)은 중세 세습 귀족 중에서 다른 나라와 영토가 맞닿은 일부 봉토의 영주다. 이 영주가 다스리는 지역을 변경백국이라 부른다. 일반적인 봉건 귀족의 권리 이외에 군사권과 자치권 등의 권리가 폭넓게 인정되었다. 프랑스, 스페인, 신성로마제국 등에 존재했다. 본문에서 언급한 브란덴부르크는 신성로마제국의 변경백이 다스리는 지역이었다(역주).

138 티롤의 문장(위)과 티롤 문장을 새긴 1610년과 1705년 주화

룬 모습을 볼 수 있다. 이는 날개뼈를 데포르메한 디자인으로 '클리스텡엘(Klee-Stengel, 클로버 줄기)'이라 부른다.

◎ 오스트리아 독수리 *Austrian Eagle*

지기스문트 황제에게 간택되어 15세기 이후 사용된 쌍두 독수리 문장은 1806년 나폴레옹 세력하의 라인동맹 16개 지방이 제국을 탈퇴하기에 이르러 신성로마제국의 소멸과 더불어 과거사가 되었으나, 다시금 오스트리아제국의 문장으로 되살아나게 되었다.

신성로마제국의 마지막 황제가 합스부르크-로트링겐(Habsburg-Lothringen) 가문(마리아 테레지아와 프란츠 1세의 혼인으로 합스부르크 왕가와 로트링겐 공가가 결합해 만들어진 가문-역주)의 프란츠 2세(Franz Joseph Ⅱ, 1792~1806년 재위)였기에 쌍두 독수리가 오스트리아제국의

139 모라바 변경백국의 수도였던 올로모우츠의 옛 문장(A)와 새로운 문장(B)

문장으로 계승되었다. 그러나 그림 43 을 보면 오스트리아 독수리
에는 신성로마제국 황제의 독수리에 있던 왕관이 사라졌다. 그런
데 이 독수리도 1918년 카를 1세 퇴위, 오스트리아공화국의 성립으
로 종말을 고하고, 공화국의 독수리는 그림 73 에서 볼 수 있는 단
두 독수리로 바뀌어 오늘날에 이르렀다.

◎ 모라바 독수리 *Moravian Eagle*

은색과 붉은색 차지로 채색된 독수리는 모라바 변경백국(Mar-
graviate of Moravi, 영어식 표기는 Moravia, 체코와 슬로바키아식 표기는 모
라바[Morava]로 오늘날 체코 동쪽 지역-역주) 태수의 문장에서 뿌리를 찾
을 수 있다. 13세기 이후 모라바의 수도였던 올로모우츠(Olomouc,
오늘날 체코령) 문장의 차지로 알려졌다(그림 139 의 A). 모라바 지역은
귀속 문제로 우여곡절을 겪었다. 1182년 신성로마제국의 프리드리

140 알바니아 국장의 유래가 된 제르지 카스트리오티-스컨데르베우의 문장

히 1세가 수립했는데, 1758년 마리아 테레지아 시대 오스트리아에서 해방되어 이후 그림의 B에서 볼 수 있듯 중앙의 인이스커천(Inescutcheon)에 마리아 테레지아(M·T)와 부군 프란츠 1세(F)의 머리글자가 들어갔다. 또 SPQO(Senatus Populusque Olomouci)는 로마시 문장의 차지로 유명한 'SPQR, Senatus Populusque Romanus(로마의 원로원과 시민)'의 머리글자를 모방해서 만들어진 문구로, 올로우무츠라는 도시가 로마시대로 거슬러 올라가는 유구한 역사를 자랑하는 도시임을 상징한다.

◎ 알바니아 쌍두 독수리 *Albanian Double Headed Eagle*

현재 알바니아 국장으로 채택된 쌍두 독수리는 1400년대로 기원이 거슬러 올라가는 문장이다. 오스만 튀르크의 침입을 격퇴한 국민적 영웅 제르지 카스트리오티(Gjergj Kastrioti, 1403?~86년)의 문

A   B

141 A) 폴란드의 국장
B) 폴란드의 독수리를 성문에 배
치한 크라쿠프(폴란드어 Kraków,
독일어 Krakau 크라카우)의 문장

장에서 유래했다(그림 140). 제르지 카스트리오티는 군사 참모로서
의 재능이 워낙 뛰어나 알렉산드로스 대왕에 비견할 만하다 해서
알렉산드로스라는 이름을 오스만 튀르크식으로 부르던 '이스켄데
르'로 통했고 민족 영웅으로서의 공을 인정받아 '베이'라는 작위를
받아 '스컨데르베우(영어로는 Scanderbeg 또는 Skanderbeg, 알바니아어
로는 Skënderbeu 또는 Skënderbej)'라고 불리게 되었고, 본명보다 이
칭호로 더 많이 알려졌다. 그가 받은 작위는 알바니아어로 '독수리
의 땅'을 뜻하는 단어에서 나왔는데, 영웅의 문장에 독수리가 딱 어
울리는 상징으로 여겨져 국장으로 채택되었다고 한다.

◎ 폴란드 독수리 *Polish Eagle*

'붉은색 필드에 은색 이글 디스플레이'가 오늘날 폴란드의 국장이
다(그림 141). 1918년까지는 금관을 쓴 독수리였다. 이 독수리의 기
원을 두고 이런저런 설이 있는데, 1228년과 1241년의 기록이 있는
실(Seal)의 독수리가 폴란드 왕의 문장에 채용되었다고 추정된다.
당시 문장의 독수리는 관을 쓰지 않았다.

◎ 미국 독수리
American Eagle

비교적 신생 국가인 미국의
국장이라 일반 사람들에게 알
려지지 않았으나, 국장의 독수
리는 미합중국의 국조로 지정
된 흰머리수리(Bald eagle 또는
White headed eagle)다. 미합중

142 **미합중국의 실**

국 국장은 1782년 연방의회가 승인한 실이 시초다(그림 142). 실의
독수리가 쥔 화살의 수와 그림 49 의 독수리가 쥔 화살 수가 다르다
는 사실을 비롯해 연대에 따라 세부 사항이 이리저리 달라진다.

◎ 러시아제국의 독수리 *Imperial Eagle Russia*

신성로마제국, 오스트리아제국과 나란히 쌍두 독수리로 알려진
또 하나의 독수리가 러시아제국의 문장이다(그림 46 143). 이들 문장
에 그려진 쌍두 독수리의 유래를 따라 올라가다 보면 비잔틴 독수
리(그림 144)에 이르게 된다. 오스트리아의 독수리는 신성로마제국
의 문장을 거쳤고, 러시아제국의 독수리는 신성로마제국과 무관하
게 직접 비잔틴 쌍두 독수리를 도입했다고 알려져 있다. 러시아 최
초로 쌍두 독수리가 등장한 시기는 이반 바실리예비치 모스크바
대공(Ivan Basilovitz of Moscow)의 1497년 기록이 있는 실로 추정되
는데, 이 실은 대공이 1472년에 비잔틴의 마지막 황제 콘스탄티노

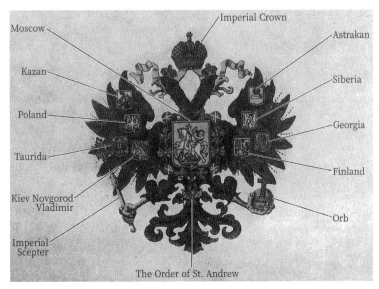

Imperial Crown

Moscow

Astrakan

Kazan

Siberia

Poland

Georgia

Taurida

Finland

Kiev Novgorod
Vladimir

Orb

Imperial
Scepter

The Order of St. Andrew

143 러시아제국의 문장(해설도)

스 11세 드라가시스 팔레올로고스(Constantinus XI Dragases Palae-
ologus, 1448~53년 재위)의 조카인 토마스 팔레올로고스(Thomas
Palaiologos)의 딸 소피아와 결혼할 때 소피아가 가져온 친정의 쌍
두 독수리를 자신의 실에 채택하며 만들어졌다고 전해진다.

독수리를 차지로 삼은 문장으로 이 밖에도 유명한 가문으로는 이
탈리아의 곤자가(Gonzaga, 13세기로 거슬러 올라가는 북부 이탈리아의 명
가) 가문, 보헤미아의 귀족 가문인 콜로레도-발제(Colloredo-Wall-
see) 가문, 오스트리아의 귀족 케벤휠러 메치(Khevenhüller Metsch)
가문이 있다. 도시로는 프랑스의 니스와 퐁텐블로, 독일의 뉘른베
르크(그림 145)·프랑크푸르트암마인·뤼베크, 오스트리아의 크렘

A   B

144 A) 황제 요안니스 칸타쿠지노스(Johannes Cantacuzenus, 1347~55년 재위)가
1351년에 소집한 종교회의를 그린 고화. 발밑의 독수리에 주의
B) 15~16세기 시나이(Sinai) 고문서에 남은 비잔틴 제국의 독수리

스·빈, 폴란드의 브로츠와프·아우슈비츠·그니에즈노(Gniezno), 이
탈리아의 팔레르모·트렌토 등 유럽 대륙에는 이루 헤아릴 수 없이
많다. 각각에 흥미로운 일화가 있는데, 상세한 이야기는 다음 기회
로 미루자.

  차지의 대표 격인 사자와 독수리에 관해서는 대강의 얼개를 살펴
보았는데, 기타 차지도 도형적으로는 엉성한 부분이 있어도 특수
한 차지, 가령 전부 하나나 두 개밖에 없는 문장을 제외하고 각각에
정해진 도형상의 형식과 규칙이 있다. 또 국가에 따라서도 경향이
나 방식이 존재해 하나부터 열까지 자유롭게 작도해도 좋다는 무
한한 자유는 주어지지 않았다. 곰이든 사슴이든 그 자세에 관한 규

146 고든(Gordon) 일족은 야생 돼지 (Boar)의 머리를 차지로 삼은 문장으로 알려져 있다. 보어 머리로 유명한 고든 진(Gordon's Gin, 1769년 최초로 생산돼 현재 세계적으로 가장 많이 판매되는 런던 드라이 진-역주)의 트레이드 마크는 고든 가문의 문장에서 유래했다.

145 A) 뉘른베르크시의 문장
B) 뉘른베르크시의 문장을 2개로 나누어 배치한 1694년의 주화

정이 있다. 영국에서 많이 볼 수 있는 보어(Boar, 야생 돼지 또는 멧돼지, 그림 146)의 머리에는 잉글랜드 방식과 스코틀랜드 방식 두 종류가 존재하는 식이다(그림 147). 성이나 선박도 마찬가지다. 지면 관계로 모든 것을 소개할 수 없으나 중요한 도형에 관해서는 이어지는 장에서 실제 사례를 통해 간략하게 살펴보고 넘어가자. 참고로 3대 차지의 하나인 플뢰르 드 리스가 얼마나 다양한지를 보여주는 단면이 그림 148 이다. 플뢰르 드 리스와 같이 단순한 도형의 차지조차 이 정도 종류가 있으니, 각각에 특유의 명칭을 붙여 분류했다는 사실을 염두에 두면 서양 문장 도형이 얼마나 복잡한지를 이해할 수 있다.

147 A) 보어스 헤드 쿠프트(잉글랜드 방식)
Boar's head couped

B) 보어스 헤드 쿠프트 클로즈(스코틀랜드
방식) Boar's head couped close

148 플뢰르 드 리스를 차지로 삼은 문장
(B. Koerner : Handbuch der heroldskunst, 1920년판에서)

le Prince.

Frankreich. Herzog von Herzog von fouant. v. Rotth. von
(Bourbon). Alençon. Guijenne. Broitzen.

Bourlon. Bistum Meißen.

Sulzbach. Grynfar. Kämmerer FRANKR Aleman. Welser.
von Dalberg. RICH.

Fugger. Pasche. Ebeling. Edeling Wyszogota Osterroth.

185

Abtei Hersfeld

von Langeln.   STVD ENGA ST   Dohburg.   von Eberstein.   Strohmeh.   Erckel.

Nr 552.   LOONOUS.   RAOST ein.   KLOT en.   von Denningen.   von Mekenheim.

Salis.

von Holburg.   Heiligreuth.   von Teigheim.   Hilwoldt   von Bötlager.   Sümmerer.

제 8 장
디퍼런싱

앞 장까지 방패의 분할을 비롯해 오디너리즈, 차지를 다룬 각 장은 문장학에서는 기초편이라 할 수 있다. 이번 장에서 다룰 디퍼런싱, 다음 장에 나오는 마셜링은 외국어 공부로 치면 문법편 혹은 응용편에 해당한다. 디퍼런싱은 이미 설명했듯 기존의 문장과 중복을 피하는 방법인데, 중복을 피하면서도 기존 문장과 완전히 다른 문장을 창조하지 않고, 기존 도형은 그대로 두고 '모종의 방법으로 차이를 창출'하는 방법을 말한다. 또 다음 장에서 살펴볼 마셜링은 혼인, 상속 등으로 복수의 문장을 조합해 결과적으로 기존 문장과 다른 문장을 만드는 것인데, 이는 디퍼런싱으로 치지 않는다.

따라서 디퍼런싱은 '부모 자식 관계라도 같은 문장은 허용하지 않는다'는 원칙에 따라 '같은 가계에 속했음을 보여주면서 부자, 형제, 본가, 분가의 차이를 드러내는' 방법이라고 정의할 수 있다. 일본 전국시대로 치면 오다 노부나가 측에 속한 군웅이 오다 가문의 문장에 특정 도형을 추가해 맹약 관계를 암시했다면 이 역시 디퍼런싱에 해당하는 문장이다. 이러한 예는 서양 문장에서는 수많은 실제 사례가 존재한다.

그런데 문법이 있다고 해서 단어나 문장이 완벽하게 만들어지지 않듯이 디퍼런싱 규칙이 존재한다고 해서 디퍼런싱이 규칙대로 탄생하지는 않는다. 디퍼런싱 방법은 시대에 따라, 국가에 따라 다양한 차이가 있을 뿐 아니라 같은 시대, 같은 지방에서도 완전히 다른 방법을 고안하기도 했다. 이 때문에 '바로 이것이 디퍼런싱 방법이다'라고 말할 수 있는 결정판은 존재하지 않는다. 그나마 스코틀랜드에서 나름의 규칙이 확립되었으나, 잉글랜드에서는 왕실 문장 이외에는 통일된 규칙은 없었고, 다양한 시스템이 혼재하는 상황이었다. 또 유럽 대륙의 문장, 특히 독일을 중심으로 한 지역의 문장에서는 백작령과 교구마다 체계가 달랐다. 극단적으로 말하면 집안마다 내림 장맛이나 김치 맛이 다르듯 집안마다 시스템이 달랐다고 할 수 있다.

디퍼런싱의 보편적 규칙이 탄생하지 않았던 원인은 다양하게 추정할 수 있다. 우선 쥐가 새끼를 쳐서 머릿수를 불리듯 기하급수적으로 늘어나는 자자손손의 문장을 특정 시스템으로 바꾸어 계통적으로 처리하는 일은, 머리로만 생각하면 그리 어렵게 느껴지지 않으나 현실에 적용하면 녹록지 않다. 나중에 설명할 잉글랜드의 케이든시 마크(Cadency mark)를 적용한 방법처럼 매우 합리적인 시스템으로 평가받는 시스템을 적용해도, 4대째 이후 문장에서는 어떤 관점에서 보면 실용성이 떨어지는 등의 문제점이 불거졌다. 또 명문가의 흥망성쇠는 의외로 일장춘몽으로 끝날 때가 많아, 잉글랜드에서는 귀족조차 천 년에 이르는 직계 가계가 현재에 이른 예는 극히 드물다. 예를 들어 121년에 존 왕이 승인한 마그나 카르타(Magna Carta, 대헌장)는 25명으로 이루어진 귀족위원회(Twenty-five Barons)가 헌장 준수를 감시한다는 규정이 있었으나, 이들 귀족의 직계 가계는 현재 영국 귀족사회에서 희귀 멸종동물 수준으로 후손을 찾아보기 어렵다는 사실을 알고 나면 현실을 어느 정도 직시할 수 있다. 그리고 이는 문장 계승에서 일관된 디퍼런싱 시스템이 만들어지지 못한 하나의 원인으로, 잉글랜드에서는 왕가의 문장만이 그나마 조직적인 시스템이라고 할 수 있는 디퍼런싱을 고안하는 결과에 이르렀다.

이와 달리 스코틀랜드에서는 클랜(Clan, 씨족)이라는 독특한 문중 시스템이 존재해 족장을 중심으로 탄탄한 결속력을 자랑할 뿐 아니라 족장 중심의 대가족과 신종(臣從) 관계가 장기간에 걸쳐 이어 졌다는 특징이 있다. 또 잉글랜드에서는 일찍이 금지된 전봉(轉封, Subinfeudation, 자신이 하사받은 봉토 일부를 아랫사람에게 다시 떼어줌-역 주) 제도가 남아 있어 족장을 중심으로 한 단결력은 단순한 동족뿐 아니라 주종 관계에서도 공고한 체제로 존속했다. 그래서 스코틀 랜드에서는 아가일셔(Argyllshire)라고 하면 캠벨(Campbell) 가문, 인버네셔(Inverness-shire)라고 하면 맥도날드(McDonald), 애버딘 셔(Aberdeenshire)라고 하면 고든(Gordon) 가문처럼 각 지명마다 자동으로 따라붙는 족장 중심의 가문 이름이 알려져 있다. 그러므 로 새로운 가계의 문장은 다른 나라와 비교하면 적고, 족장과 접점 이 있는 디퍼런싱 문장이 많다는 특징이 있다. 다른 나라와 비교하 면 한정된 디퍼런싱 방법이 전통으로 오랫동안 전해져 내려온 역 사가 있다.

이렇게 설명하면 디퍼런싱은 너무 난해하게 느껴지는데, 알고 보 면 그 원리는 매우 간단하다. 일본 문장에서는 천황(天皇) 가문이 주 로 쿠기쿠(十六菊, 잎이 16개인 국화) 문장을 사용하는데 각 황족 일가 가 꽃잎 수를 변경해 사용하는 예(그림 149)나 황태자기(旗)가 천황

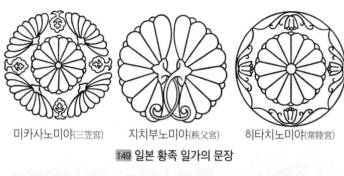

미카사노미야(三笠宮)　　지치부노미야(秩父宮)　　히타치노미야(常陸宮)

149 일본 황족 일가의 문장

천황기　　　　　섭정(攝政)기　　　　　황태자기

150 일본 황실 깃발의 디퍼런싱

깃발에 흰색의 직사각형 모양을 추가한 예(그림 **150**) 등이 디퍼런싱의 좋은 사례라고 할 수 있다. 다만 일본에서는 극히 일부에 국한된 데 비해, 서양 문장은 예외 없이 널리 행해져 그 방법에 통일성이 없을 뿐 아니라 종류도 많고 복잡하다는 난점이 있을 따름이다.

천 년에 이르는 문장 디퍼런싱의 대표적 방법을 소개하기만 해도 책 한 권은 뚝딱 완성될 분량인지라, 핵심만 추려서 간략히 살펴보고 넘어가자.

1. 도형은 바꾸지 않고 일부 채색을 변경한다.
2. 기존 문장 도형에 작게 별도의 차지를 추가한다.
3. 레이블을 추가한다.

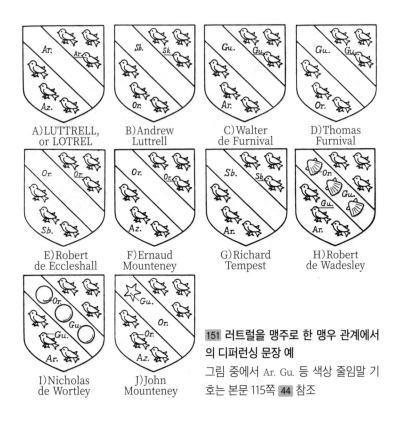

A) LUTTRELL, or LOTREL

B) Andrew Luttrell

C) Walter de Furnival

D) Thomas Furnival

E) Robert de Eccleshall

F) Ernaud Mounteney

G) Richard Tempest

H) Robert de Wadesley

I) Nicholas de Wortley

J) John Mounteney

151 러트럴을 맹주로 한 맹우 관계에서의 디퍼런싱 문장 예

그림 중에서 Ar. Gu. 등 색상 줄임말 기호는 본문 115쪽 **44** 참조

4. 캔턴(Canton)을 추가한다.

5. 인이스커천을 추가한다.

6. 벤드와 페스 등의 오디너리즈를 추가한다.

7. 기존 문장 도형의 선을 직선에서 인그레일드, 라인처럼 모양을 변경한다.

8. 보저를 추가한다.

9. 특정 마크(케이든시 마크)를 추가한다.

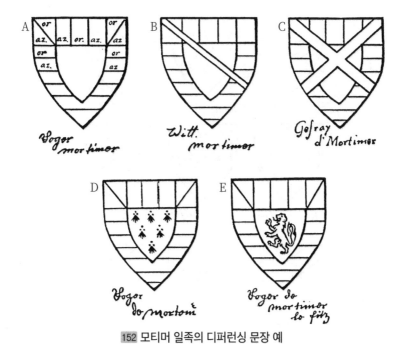

152 모티머 일족의 디퍼런싱 문장 예

여기까지가 디퍼런싱의 대표적 방법이다. 유명 가문의 문장을 실제 예로 들어 어떻게 디퍼런싱이 이루어졌는지를 살펴보자.

그림 151 을 보면 앞에서 그림 **4** 에서 소개한 제프리 러트럴 경 (Sir Geoffrey Luttrell, 헨리 3세 시대)으로 이어지는 앤드루 러트럴 경 (Sir Andrew Luttrell, 에드워드 2세 시대)의 문장을 중심으로 한 디퍼런 싱인데, 제프리 경의 문장이 '푸른색 필드에 은색 마틀릿(martlet, 다리가 없는 제비) 여섯 마리와 벤드'인 반면에 앤드루 경의 문장은 '금색 필드에 검은색 마틀릿과 벤드'로 변경되었다. 그림은 이 앤드루

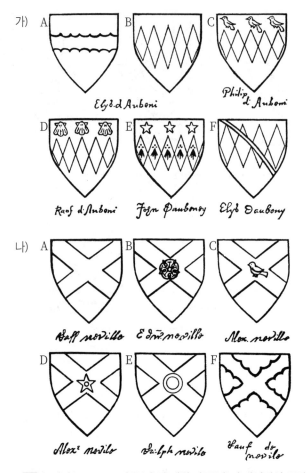

가)
A
B
C

Elyb. d'Auboni

Philip. d'Auboni

D
E
F

Raof d'Auboni   Fogn Daubeney   Elyb Daubeny

나)
A
B
C

Raff nevillo   E dni nevillo   Alex. nevillo

D
E
F

Alexe nevilo   Ralph nevile   Rauf de nevile

153 드비니(Daubeny) 가문(가)과 네빌 가문(나)의 디퍼런싱 문장 예

경을 맹주로 모신 호족이 맹주를 모방해 그 문장을 다양하게 디퍼
런싱해서 사용한 문장으로, C~G는 채색 변경, H~J는 별도의 차지
를 벤드에 추가해 각각 소기의 효과를 달성했다. 그림에는 러트럴
가문의 문장은 대부분 생략되었는데, 이 가문을 비롯해 맹약에 가

담한 군웅이 각자 디퍼런싱한 문장을 배치한 방패를 지참하고 전장에 출전하기만 해도 상대에게 위압감을 주는 충분한 위력을 발휘했다고 추정할 수 있다.

그림 152 는 앞에서 자이런(Gyron)을 다룬 부분에서 소개한 모티머 가문 문장의 디퍼런싱이다. B는 벤들렛(Bendlet), C는 솔타이어를 추가했다. 또 D, E는 인이스커천 채색을 변경하거나 차지를 추가해 디퍼런싱한 문장이다.

그림 153 의 가)는 드비니(Daubeny, 에드워드 3세 시대) 가문의 문장인데, 페스 인그레일드(A)와 퓨절리 인 페스(Fusilly in fess, B)는 당시 같은 문장으로 취급되었다. 이 문장을 기본으로 C·D는 치프에 차지를 추가했을 뿐 아니라 퓨절리 채색까지 변경했다. 또 F는 벤들렛을 추가해 각각 디퍼런싱한 문장이다. 그리고 같은 그림의 나) 네빌(Neville, 1300년대) 가문의 문장은 B~E가 솔타이어 중앙에 차지를 추가했다. 또 다른 가문의 문장인 F는 선의 형태를 바꾸어 각각 디퍼런싱하고 있다. 이 문장에 채용된 B~E의 싱글 차지로 만든 디퍼런싱은 나중에 채용되는 케이든시 마크의 전신이라고 할 수 있다(나중에 다시 설명).

보저로 디퍼런싱을 만든 사례는 매우 많은데, 앞에서 다룬 존 오브 엘덤(John of Eltham)의 문장(그림 103)을 비롯해 그림 154 에서 볼 수 있는 켄트 공작(Duke of Kent), 글로스터(Gloucester) 공 등 왕족을 비롯해 각 계층의 문장에서 볼 수 있다. 또 제1대 랭커스터 공작 곤트의 존(John of Gaunt, Duke of Lancaster, 에드워드 3세의 넷째

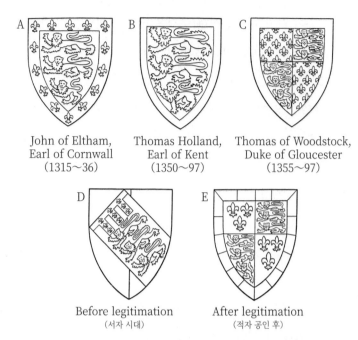

A
John of Eltham,
Earl of Cornwall
(1315~36)

B
Thomas Holland,
Earl of Kent
(1350~97)

C
Thomas of Woodstock,
Duke of Gloucester
(1355~97)

D
Before legitimation
(서자 시대)

E
After legitimation
(적자 공인 후)

John Beaufort, Earl of Somerset(1373~1410)

154 보저로 만든 디퍼런싱의 예

아들, 1399년 사망)*의 세 번째 아내인 캐서린의 아들로 태어난 존 보

퍼트(John Beaufort, Earl of Somerset, 1373~1410년)는 처음에는 정

실부인이 낳은 아들인 적자(嫡子)로 인정받지 못했기에 그림 154 의

---

* 에드워드 3세는 에드워드 흑태자(Edward the Black Prince)를 비롯해 잉글랜드 역사에 이름을
남긴 걸출한 인물을 남겼는데, 흑태자와 마찬가지로 혹은 그 이상으로 유명한 인물이 넷째 아들인
제1대 랭커스터 공작 곤트의 존(John of Gaunt, Duke of Lancaster)이다. 존의 첫 번째 아내는 랭커
스터 공의 딸인 블랜치(Blanche of Lancaster)였다. 세 번째 아내가 캐서린(Katherine Swynford,
Sir Hugh Swynford의 미망인)인데, 첫 아내인 블랜치와는 헨리 4세를 비롯한 랭커스터 왕가를 낳았
다. 또 캐서린과는 요크 왕가와 맺어지는 자손까지 낳아 훗날 랭커스터, 요크 두 가문이 얽힌 장미
전쟁은 제1대 랭커스터 공작 곤트의 존 후손들이 벌인 집안싸움이기도 했다. 장미전쟁은 헨리 7세
와 엘리자베스 오브 요크의 결혼으로 진정 국면에 접어들었는데, 튜더 왕조의 시조인 헨리 7세도,
그 왕비인 엘리자베스도 모두 제1대 랭커스터 공작 곤트의 존의 혈통을 물려받은 인물이다(가계도
2·3참조).

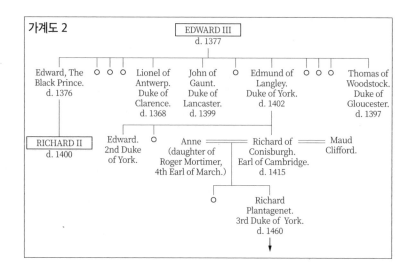

가계도 2

EDWARD III
d. 1377

Edward, The Black Prince.
d. 1376

○ ○ ○ Lionel of Antwerp. Duke of Clarence. d. 1368

John of Gaunt. Duke of Lancaster. d. 1399

○ Edmund of Langley. Duke of York. d. 1402

○ ○ ○ Thomas of Woodstock. Duke of Gloucester. d. 1397

RICHARD II
d. 1400

Edward. 2nd Duke of York.

○ Anne (daughter of Roger Mortimer, 4th Earl of March.)

Richard of Conisburgh. Earl of Cambridge. d. 1415

Maud Clifford.

○ Richard Plantagenet. 3rd Duke of York. d. 1460

D에서 볼 수 있듯 서자 문장을 사용했는데, 적자로 인정받고 나서 보저를 추가한 문장으로 변경했다(그림 154 의 E).

보저와 병행해서 레이블(Label)로 디퍼런싱을 만드는 방법도 예부터 존재했던 관행이다. 왕족뿐 아니라 일반 문장에서도 다수의 사례를 발견할 수 있다. 그림 155 를 보면 a~f는 모두 왕가와 연결된 유명인의 문장 레이블이다. 그중에는 훗날 왕위에 오르는 인물의 문장도 있지만(같은 그림 C), 당시에는 왕세자가 아니었다. 레이블 사용만으로 완성한 왕족 문장 디퍼런싱은 나중에 시스템이 확립되었다. 그림 155 의 A·B·C는 현재 영국 왕실의 실제 사례다. 14~15세기경은 앞서 기술한 보저를 활용한 디퍼런싱과 함께 혼용되었다. 그러나 왕세자의 문장만은 이미 다루었듯 에드워드 1세(1307년 사망)가 최초로 민무늬 바탕을 사용한 이후로 레이블로 디퍼

가계도 3

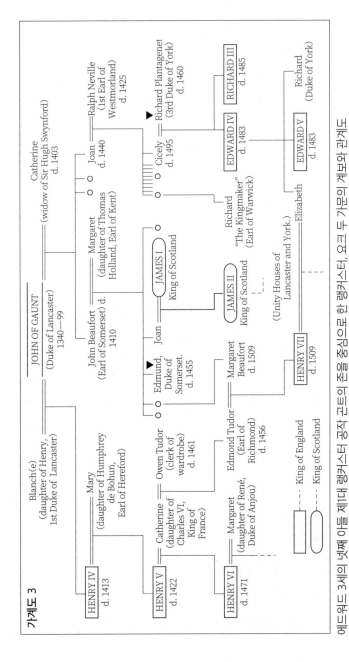

에드워드 3세의 넷째 아들 제1대 랭커스터 공작 곤트의 존을 중심으로 한 랭커스터, 요크 두 가문의 계보와 관계도

▲표는 장미전쟁이 이 두 가문에 의해 최초로 시작되었음을 보여준다.

또 제1대 랭커스터 공작 곤트의 존은 세 번 결혼했는데, 두 번째 아내는 생략되어 있다.

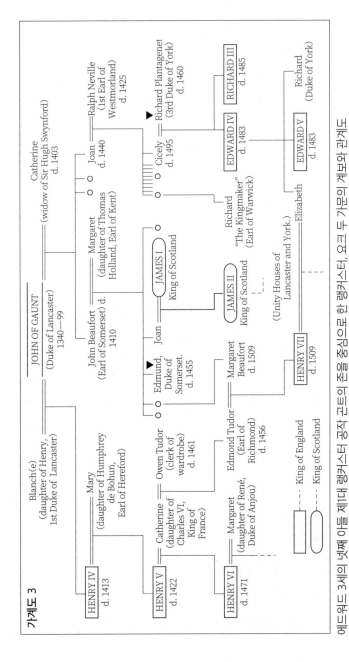

HENRY IV
d. 1413

Blanch(e)
(daughter of Henry,
1st Duke of Lancaster)

JOHN OF GAUNT
(Duke of Lancaster)
1340—99

Catherine
(widow of Sir Hugh Swynford)
d. 1403

Mary
(daughter of Humphrey
de Bohun,
Earl of Hereford)

John Beaufort
(Earl of Somerset) d.
1410

Margaret
(daughter of Thomas
Holland, Earl of Kent)

Joan
d. 1440

Ralph Neville
(1st Earl of
Westmorland)
d. 1425

HENRY V
d. 1422

Catherine
(daughter of
Charles VI,
King of
France)

Owen Tudor
(clerk of
wardrobe)
d. 1461

Edmund,
Duke of
Somerset.
d. 1455

Joan

JAMES I
King of Scotland

Richard
"The Kingmaker"
(Earl of Warwick)

Richard Plantagenet
(3rd Duke of York)
d. 1460

Cicely
d. 1495

HENRY VI
d. 1471

Margaret
(daughter of René,
Duke of Anjou)

Edmond Tudor
(Earl of
Richmond)
d. 1456

Margaret
Beaufort
d. 1509

JAMES II
King of Scotland

(Unity Houses of
Lancaster and York.)

EDWARD IV
d. 1483

RICHARD III
d. 1485

HENRY VII
d. 1509

Elizabeth

EDWARD V
d. 1483

Richard
(Duke of York)

King of England

King of Scotland

268

런싱을 만드는 방식으로 정착해 현재에 이르렀다. 다만 에드워드의 문장은 레이블을 다룬 부분에서 살펴보았듯 실(그림 117의 G)처럼 보저가 다섯 줄인데, 후대에 왕세자의 레이블은 보저가 세 줄로 제도화되었다.

이상의 예로 이해할 수 있듯 디퍼런싱에는 다양한 방법이 동원되었으나 통일성은 없다. 이를 체계적으로 해결하고자 고안된 방법이 케이든시 마크(Candency mark)다. 그림 156이 하나의 예로, 제일 윗단 1이 장남을 나타내는 레이블, 2가 차남의 달(moon), 3이 셋째 아들의 별, 4가 넷째 아들의 마틀릿(Martlet), 그다음으로 다섯째 아들의 애뉼릿(Annulet, 고리), 여섯째 아들의 플뢰르 드 리스로 되어 있다. 이 방법은 튜더 왕조부터 제도로 등장했는데, 1572년에 출간된 존 보스웰(John Bossewell)의 『문장 연구(Workes of Armorie)』에 여섯째 아들까지 마크가 최초로 소개되었고, 나중에 아홉째 아들까지 마크가 추가되었다.

이 시스템에서는 그림의 두 번째 단부터 여섯 번째 단까지, 즉 제일 윗단 차남 이하 2대째부터 장남 이하 마크를 보여줄 때는 식별이 가능하나, 다음 대 문장에 이르면 가령 ②단 넷째 아들의 자녀로 태어난 차남은 달 위의 마틀릿 위에 다시 달을 추가하는 마크가 된다. 이미 4대쯤 되면 식별이 곤란한 마크가 되는 셈이다. 그림은 케이든시 마크만을 그림으로 정리해 그나마 구분할 수 있어도, 마크는 실제로는 기존 문장 도형을 방해하지 않는 공간에 자그마하게 추가하게 되어 식별이 더욱 어려워졌다. 사실 4대째 마크를 추가한

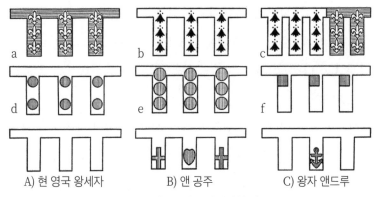

A) 현 영국 왕세자   B) 앤 공주   C) 왕자 앤드루

155 레이블로 만든 디퍼런싱 예

a) 헨리 3세의 차남, 에드워드 1세의 남동생, 랭커스커 백작 에드먼드
   Edmund, 1st Earl of Lancaster(1296년 사망)

b) 에드워드 3세의 넷째 아들 제1대 랭커스터 공작 곤트의 존
   John of Gaunt, Duke of Lancaster(1399년 사망)

c) 훗날 헨리 4세로 즉위하는 헨리 볼링브로크
   Henry Bolingbroke(1413년 사망)

d) 에드워드 3세의 다섯째 아들, 요크 공작 랭글리의 에드먼드
   Edmund Langley, 1st Duke of York(1402년 사망)

e) 에드먼드 랭글리의 손자, 요크 공작 리처드
   Richard, 3rd Duke of York(1460년 사망)

f) 에드먼드 랭글리의 증손자, 클래런스 공작
   George of York, Duke of Clarence(1478년 사망)

실제 사례는 나도 아직 본 적이 없다. 그림 **157** 에서 볼 수 있는 3대 마크조차 3만에 이르는 영국과 에일(Ale) 문장 도감에서 겨우겨우 찾아낸 유일한 실제 사례다.

머리를 짜내 묘안이랍시고 고안해낸 마크에 이러한 한계가 있어 널리 보급되지는 못했고, 사용하더라도 그림 첫째 단 정도에서 끝났다. 이와 달리 스코틀랜드에서 행해진 브리주(Brisure, Brizure, 브

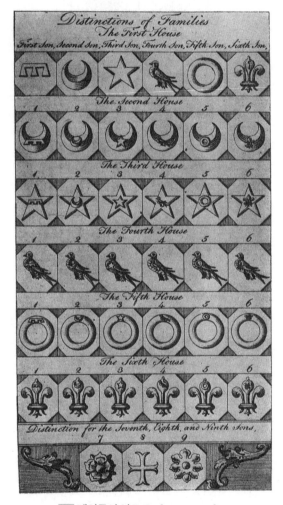

156 케이든시 마크 Cadency mark
1~6은 장남~여섯째 아들, 2 ~ 6 은 차남~여섯째 아들 가계의 2대째

157 차남의 셋째 아들임을 나타내는 케이든시 마크를 덧붙인 희귀한 실제 사례
제럴드 퍼셀 피츠제럴드(Gerald Purcell Fitz-Gerald)의 문장

리주는 디퍼런싱과 동의어인데 가계를 명확하게 보여주는 차이가 있다)는 매우 효과적인 방법이다. 브리주는 보저를 교묘하게 사용하고, 동시에 오디너리즈의 선 모양을 바꾸거나 추가로 필요하다면 케이든시 마크의 첫 번째 단만 병용해 디퍼런싱 효과를 창출했다. 그림 158 이 좋은 예다.

이 방법을 적용하면 보저의 다양성은 색을 바꾸거나, 선 모양을 바꾸거나, 그림 159 와 같이 분할로 채색을 다양하게 바꾸는 등으로 200가지 종류 정도를 어렵지 않게 확보할 수 있을 뿐 아니라 그림 158 의 사례처럼 오리지널 문장의 페스를 인그레일드와 댄세티 (dancetty) 등 각종 선 형태의 변경으로 추가로 디퍼런싱의 수를 쉽게 늘릴 수 있다. 또 케이든시 마크를 추가하면 전체 수는 수백 혹은 그 이상의 문장을 창조할 수도 있다. 더구나 보저는 오리지널 문

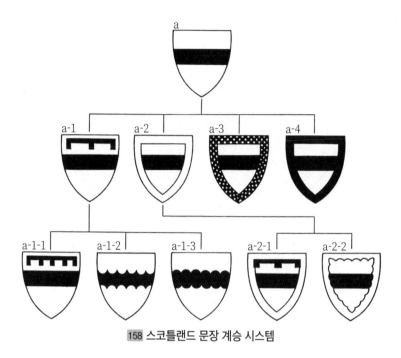

스코틀랜드 문장 계승 시스템

장 도형을 훼손하지 않고, 보저의 너비를 아주 약간 축소한 완전한 형태로 남는다는 이점도 있다. 그림 160 을 보면 앞에서 솔타이어를 이야기하는 대목에서 소개했던 헤이그 가문의 문장을 디퍼런싱한 실제 사례의 일부로 브리주의 이점을 잘 보여준다.

　지면 관계상 상세한 설명은 생략하기로 하고, 그림 72 에서 볼 수 있는 프랑스의 부르봉 왕가 일족의 문장으로 프랑스의 디퍼런싱 방식 단면을 이해해보자.

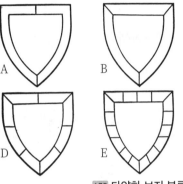
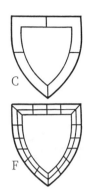

159 다양한 보저 분류

A) 보저 파티트 퍼 페일 Bordure parted per pale

B) 보저 티어스드 인 펠리 Bordure tierced in pairle

C) 보저 쿼터드 Bordure quartered

D) 보저 제로니 Bordure gyronny

E) 보저 컴패니 Bordure company

F) 보저 카운터 컴패니 Bordure counter-company

160 헤이그(Haig) 가문의 문장을 디퍼런싱한 실제 사례(다음 페이지도 같음)

C

제 9 장
마셜링

초기 문장은 그 문장을 보유한 인물이 '어디의 아무개'인지를 보여주는 용도로 사용되었다. 즉 '개인 식별'을 첫째 목적으로 삼았다. 그래서 한 사람이 여러 가문의 문장을 보유하는 등 복잡한 사건이 일어날 일이 거의 없었다. 그러나 이미 앞에서 다루었듯 문장에는 '긍지'나 '권위', '권력' 등을 과시하는 측면도 있어, 명문가의 딸을 아내로 맞이하면 아내 친정의 문장을 자기 문장에 추가해 파벌을 과시하는 풍습이 생겨나기 시작했다. 이러한 경향은 아내에게 남자 형제가 없고 여자 상속인(Heiress)일 때는 권리로 여겨졌다. 아내가 여자 상속인일 때는 친정의 문장을 남편 문장에 추가해(Escutcheon of pretence), 후손까지 계승하는 문장으로 대물림했다. 한편 국왕과 영주는 최초 A 토지를 영유했는데 차츰 B, C와 그 영지를 통합함에 따라 A의 영지를 나타내는 문장에 B, C 영지 문장을 덧붙이는 게 당연하게 여겨졌을 뿐 아니라, 통합하는 수준에 이르지 못했음에도 '내 영토'임을 주장하기 위해 그 영토의 문장을 추가한 예(Arms of pretention)마저 존재한다. 나중에 다룰 1340년부터 1801년까지 잉글랜드 왕의 문장에서 볼 수 있는 '프랑스'가 좋은 예다. 그 밖에 가증문(augmentation)으로, 단순히 가증 문장을 하사받아 그대로 사용하거나, 새로 하사받은 가증 문장을 기존에 소유하던 문장에 조합하는 방식이 일반적이었다.

이처럼 여러 개의 문장을 조합하는 방식을 '마셜링(Marshalling)'이라 한다. 나중에 살펴볼 마셜링의 주요 방법으로 수렴되기까지는 우여곡절을 거치게 된다. 그 과정을 간단하게 훑어보자. 마셜링

161 마셜링 이전에 여러 문장을 별도로 배포한 에드워드 1세의
두 번째 왕비 마르그리트의 실

은 하나의 방패에 여러 개의 문장을 조합하는 방식을 가리키는 게
통례인데, 초기에는 글자 그대로 2개, 3개로 독립된 방패에 그려진
문장을 보유하다가, 이윽고 하나의 방패에 조합하는 방식으로 수
렴되었다. 예를 들어 에드워드 1세의 두 번째 왕비 마르그리트
(Margaret, 1282~1318년, 프랑스 필리프 3세의 딸)의 실이 초기 형태를
잘 보여준다(그림 161). 이 실에서는 마르그리트가 잉글랜드 왕의
문장인 세 마리 사자를 그린 튜닉을 걸치고, 덱스터에는 '프랑스'의
문장, 시니스터에는 어머니 마리 브라반트(Marie de Brabant, 브라반
트 공 앙리 3세의 딸), 즉 외갓집인 브라반트 가문의 문장을 배치했다.
다시 말해 이 실에는 마르그리트가 잉글랜드 왕비이며, 프랑스 왕
인 아버지와 브라반트 공의 딸인 어머니(마르그리트가 브라반트 공의 외
손녀)를 둔 남편과 양가 모두 쟁쟁한 신분임을 단적으로 드러내고
있다. 이처럼 별개의 방패를 사용해 여러 개의 문장을 사용하는 방

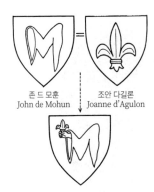

존 드 모훈
John de Mohun

조안 다길론
Joanne d'Agulon

162 A) 두 가계의 문장을 하나
로 조합한 초기 방식

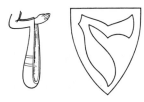

B) 만치(Maunch)가 여성의
옷소매에서 유래한 것
이 아닐까 하는 상상도

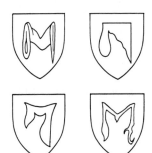

C) 만치의 대표적인 것

법은 직위 문장과 개인 문장을 동시에 보여주어야 하는 상황에서 현재도 이루어지는 관행으로, 뉘른베르크시의 문장(그림 145 의 A) 등 수는 많지 않아도 도시 문장에서도 볼 수 있다.

그런데 이미 에드워드 1세 시대에 개별 방패를 사용하지 않고 여러 개의 문장을 보여주었던 실제 사례도 존재한다. 존 드 모훈(John de Mohun)의 문장이 한 예다. 모훈 가문의 원래 분장은 '붉은색 필드에 은색 만치(Maunch, 부인 의복의 소매)'*였는데, 조안 다길론(Joanne d'Aguilon)과 결혼하며 조안의 친정인 다길론 가문의 문장인 플뢰르 드 리스를 자기 문장

---

* 만치(Maunch)는 잉글랜드와 프랑스에서 특히 선호하던 차지로 12세기 초 무렵부터 14세기, 잉글랜드에서는 헨리 1세 무렵부터 부인복의 소매를 도식화하는 것이 유행했다고 알려져 있다(그림 162 의 B). 소매라고 해도 옷에 직접 바느질해서 달지 않고, 분리해서 필요에 따라 팔에 걸칠 수 있는 디자인이었다고 한다. 이를 뒷받침하는 사료로서 마상 창 시합 응원에 나선 귀부인들이 점찍어둔 기사에게 자신의 만치를 떼어 건네며 격려하고 응원하는 관습이 생겨난 것을 들 수 있다. 이윽고 기사들도 그 만치를 부착할 수 있도록 헬멧에 훅을 달았고, 경기장에 던져진 만치를 헬멧 위에 나부끼며 시합에 나섰다고 전해진다. 또 만치를 차지로 삼은 문장으로는 명문가로 알려진 헤이스팅스(Hastings) 가문의 문장이 특히 유명하다.

에 추가했다. 그 추가 방식이 독특해 그림 162 A에서 볼 수 있듯 다

길론 가문의 플뢰르 드 리스를 만치에서 나온 손을 잡은 도형으로

디자인했다. 이러한 문장은 '컴포즈드 암스(Composed arms)'라고 부

르는데, 이 문장에는 치명적인 결점이 있었다. 일족 혹은 친분이 있

는 사람들만 '조합'의 의미를 이해할 수 있었기에 대중화에는 실패

했다. 그런 연유로 설령 여러 개의 문장을 하나의 방패에 조합하더

라도 조합된 각각의 문장 원형이 누구라도 이해할 수 있는 방법, 즉

마셜링을 활용하게 되며, 프랑스에서는 12세기 말에 또 잉글랜드

에서는 13세기 말에 마셜링을 활용하는 관행이 자리 잡게 되었다.

마셜링에는 크게 구별되는 두 개의 문장을 조합하는 방법으로 초

기에는 디미디에이션(Dimidiation)과 디미디에이션을 개량한 임

페일먼트(Impalement), 둘 혹은 셋 이상의 문장을 조합한 쿼터링

(Quartering), 특수한 사례로 이스커천 앙 쇼투(Escutcheon en sur-

tout) 등이 있다.

‖ 1. 디미디에이션 *Dimidiation* ‖

디미디에이션(Dimidiation)은 조합하려는 두 문장을 도형과 무관

하게 퍼 페일(세로)로 둘로 나누고, 그림 163과 같이 a 문장의 덱스

터와 b 문장의 시니스터를 한 문장에 조합하는 방법이다.

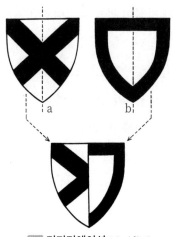

163 디미디에이션 Dimidiation

디미디에이션은 1270년대에 잉글랜드에 도입되었다고 알려졌는데, 유럽 대륙에서는 이보다 100년가량 먼저 디미디에이션이 행해졌다. 가장 오래된 실제 사례 중 하나로 에노 백국(Comtéde Hainaut) 보두앵(Baudouin V, 1194년 사망) 백작의 남동생 기욤(Guillaume 또는 William)의 문장이 있다(그림 164 의 A). 덱스터에 '프랑스 에인션트', 시니스터에는 '에노'를 나타낸 '은색과 검은색 셰브러니(Chevronny)'를 각각 반으로 잘라 배치한 문장으로, 1190년에 사용했다는 기록이 있다. 이 문장의 시니스터는 벤들렛으로 볼 수 있는데, 원래는 셰브러니였다. 이 부분은 나중에 살펴볼 임페일먼트를 발안하는 데 매우 귀중한 관계가 있어 기억해두길 바란다.

잉글랜드의 오래된 실제 사례에서는 앞에서 소개한 에드워드 1세의 두 번째 왕비 마르그리트(Margaret of France, 1318년 사망)의

   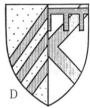

A   B   C   D

164 오래된 디미디에이션 실제 사례

A) 윌리엄 에노

C) 콘월 백작 에드먼드 플랜태저넷
　 Edmund Plantagenet, Earl of
　 Cornwall

B) 에드워드 1세의 왕비 마르그리트
　 Margaret of France, 2nd Queen of
　 Edward I

D) 아일랜드의 유서 깊은 도시 욜

'덱스터에 잉글랜드, 시니스터에 프랑스 에인션트'를 배치한 문장 (그림 164 의 B)이 유명하다. 웨스트민스터 대성당에 있는 이 왕비의 묘비에 남아 있다. 또 콘월 백작 에드먼드 플랜태저넷(Edmund Plantagenet, Earl of Cornwall, 1308년 사망)의 문장은 아내의 문장을 디미디에이션으로 추가한 오래된 실제 사례 중 하나로 유명하다(그림 164 의 C). 에드먼드는 보저 항목에서 소개한 존 왕의 차남이자 콘월 백작 리처드의 차남인데, 형인 헨리가 살해되며 콘월 백작 작위를 물려받은 인물로, 그림 100 의 G에서 볼 수 있는 문장을 계승했다. 그림 164 의 C에서 볼 수 있는 문장은 마르그리트와 결혼하고 난 후의 문장으로, 그녀는 셰브런을 다룬 부분에서 소개했다. 마르그리트는 명문 클레어 가문의 리처드(Richard de Clare, Earl of Gloucestershire and Hereford)의 딸이었기에, 이 가문의 셰브런 문장을 절반으로 잘라 시니스터에 추가한 문장이 만들어졌다.

이상의 사례는 모두 결혼으로 만들어진 문장 디미디에이션인데, 도시 문장에도 상당히 오래된 실제 사례가 존재한다. 아일랜드의 유서 깊은 도시 욜(Youghal)의 문장이 한 예다(그림 164 의 D). 이 문장은 클레어 가문과 피츠제럴드 가문의 문장을 조합해 만들어진 것이다. 욜은 영국에 담배를 들여온 최초의 인물로 알려진 월터 롤리 경(Sir Walter Raleigh, 1552?~1618년)이 1500년대 말에 시장을 지낸 도시인데, 1200년대 후반에는 모리스 피츠제럴드(Maurice Fitz-Gerald)의 영지였다. 그런데 클레어 가문 리처드의 남동생인 토머스(Sir Thomas de Clare) 경이 토몬드(King Thomond, 아일랜드의 명문가 오브라이언[O'Brien] 가문의 선조) 왕과 토지 협정을 맺으며 코노트(Connaught)에 영지를 획득했다. 또 코크(Cork)로 침공했을 때, 피츠제럴드 가문의 상속권을 보유한 줄리아나 피츠제럴드(Juliana FitzGerald)와 결혼해 피츠제럴드 가문의 영지였던 욜을 지배하게 되었고, 도시의 문장이 클레어 가문과 피츠제럴드 가문의 두 문장을 디미디에이션한 문장으로 변경되었다.

또 하나의 유명한 문장으로 오항동맹(Cinque Ports) 문장이 있다(그림 57). 잉글랜드 해군 창설 전인 12세기에 국왕에 협력해 군선을 제공해 공을 세움으로써 해군에서 특권을 얻게 된 도버(Dover), 헤이스팅스(Hastings), 하이드(Hythe), 샌드위치(Sandwich), 뉴롬니(New Romney), 이렇게 다섯 개 항구는 그 후 왕의 특별한 비호를 얻게 된 상징으로 문장의 덱스터에 '잉글랜드', 시니스터에 '선체(Hulk)'를 배치한 문장으로 해당 항구의 성격을 생생하게 표현하고 있다.

165 디미디에이션으로 만들어진 오리
지널 벤들렛과 셰브런은 모두 같은 도
형이 되어 구별하기 어려워진다.

또 처칠 총리 탄생 100주년 기념우표에 오항동맹 문장이 들어간 것
은 오항동맹 장관직(The Lord Warden)을 처칠이 역임한 이력이 있
어서다. 그림 57의 우표 왼쪽에 있는 깃발은 오항동맹 장관의 문장
을 그대로 살린 디자인이다. 또 현재 오항동맹 장관직 자리는 단순
한 명예직으로, 특별한 권한이나 특전은 따로 주어지지 않는다.

　그런데 디미디에이션으로 만들어진 문장 조합에는 도형적으로
불합리한 측면이 있음을 눈치 빠른 독자라면 아마 알아차리지 않
았을까 싶다. 기욤의 문장을 주의 깊게 들여다보자. 콘월 백작 에
드먼드의 문장도, 또 욜의 문장도 마찬가지다. 원래 셰브런인 문장
이 디미디에이션으로 다른 형태의 벤들렛 도형이 되어버렸다. 그
관계를 그림 165 에서 보여주는데, 본래 셰브런 혹은 벤들렛이었던
문장이 디미디에이션으로 모두 벤들렛이 되며, 구별할 수 없게 되
었음을 이해할 수 있다. 구별하기 어려워진 건 그렇다손 치더라도,

덱스터에 캔턴이 있는 문장 등은 그 부분을 절반으로 잘라 시니스터에 배치하면 원래 문장을 전혀 알 수 없는 근본 없는 문장이 되어버린다. 이런 문장은 덱스터에 남편, 시니스터에 아내의 문장을 각각 배치한다는 규정이 있어 임의로 적당히 조합하는 디자인은 허용되지 않는다. 그래서 디미디에이션으로 만들어진 마셜링은 특별한 문장을 제외하면 널리 보급되지 않고 쇠퇴했다. 그 대신 임페일먼트가 등장하게 되었다.

‖ 2. 임페일먼트 *Impalement* ‖

임페일먼트(Impalement)는 정식으로는 '심플 임페일먼트(Simple impalement)'라고 불러야 옳은데, 일반적으로 임페일먼트라고 줄여서 불러 이 책에서도 관용적 표현에 따랐다. 디미디에이션이 '임페일먼트 바이 디미디에이션(Impalement by Dimidiation)'이라 불린다면, 반으로 자르지 않고 단순히 임페일(합체)했다는 뜻으로, 그림 166 에서 볼 수 있듯 각각 원형 문장을 덱스터 혹은 시니스터의 필드에 수렴하는 형태로 데포르메해서 조합한 문장을 말한다. 실제로는 원형 그대로가 아닌 문장도 있다. 특히 보저와 트레저(Tressure)는 나중에 실제 사례를 살펴보겠지만, 원형을 그대로 살린 문장이 있는가 하면 디미디에이션과 같은 방법을 채택한 문장도 있다. 그러나 그 차이는 있어도 임페일먼트는 디미디에이션과

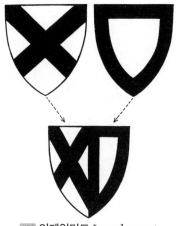

166 임페일먼트 Impalement

비교하면 미미하게 진보한 마셜링 기법으로, 조합된 원래 문장 도형이 어떠했는지 고심할 필요가 없어졌다.

임페일먼트로 만든 마셜링 문장은 잉글랜드에서는 14세기 중반부터 눈에 띄게 나타난다. 왕실과 연계 가문의 문장에서 다수의 실제 사례가 존재한다. 에드워드 2세의 셋째 아들인 클래런스 공 라이오넬(Lionel, Duke of Clarence and Earl of Earl of Ulster, 1338~68년)의 첫 번째 부인이 엘리자베스 드 버그(Elizabeth de Burgh, Richard Óg de Burgh, 2nd Earl of Ulster의 딸로 상속인. 1363년에 서른여덟 살에 낙마로 사망)인데, 그림 167 의 A를 보면 클래런스 공과 결혼한 후에 부인이 얼스터 백작(Earl of Ulster) 작위의 상속인이었기에 친정인 얼스터 가문의 문장을 남편 문장의 시니스터에 임페일먼트한 문장을 사용했다. 앞에서 서브 오디너리즈 장의 자이런 항목에서

167 임페일먼트를 활용한 마셜링 문장

A) 클래런스 공작 부인 엘리자베스   B) 루시(또는 루치아) 홀란드
(Elizabeth de Burgh,   (Lucy, or Lucia Holland)의 문장
Duchess of Clarence)의 문장

C) 엑스터 공 존 홀란드   D) 카모이스 남작 토머스
(John Holland, Duke of Exeter)의 문장   (Thomas, Load Camoys)의 문장

다룬 마치 백작 에드먼드의 아내 필리파(Philippa)는 이 라이오넬과 엘리자베스의 딸로, 어머니와 딸 2대에 걸쳐 남자 형제가 없었기에 시니스터의 얼스터 백작 문장은 모티머 가문을 거쳐 왕위에 오르기 전 에드워드 4세의 문장으로 계승되었다(가계도 1 참조).

그림 **167** 의 B는 에드워드 1세의 손자로 페어 메이드 오브 켄트 (Fair Maid of Kent)로 알려진 조안(Joan)의 손자 켄트 백작 에드먼드(Edmund, Earl of Kent, 1804년 사망)와 두 번째 아내인 밀라노 공 베르나보 비스콘티(Bernabò Visconti)의 딸인 루치아(Lucia, daughter of Visconti, Duke of Milan)의 문장을 임페일링한 문장이다. 임페일먼트라고는 하나 켄트 백작 문장의 보저만은 디미디에이션 처리되어 있다. 시니스터의 '새끼를 집어삼키는 뱀'차지는 밀라노 공의 문장으로 매우 유명한데, 지금도 밀라노시의 오래된 건축물 등

168 A) 밀라노 시내 건축물에 남은 밀라노 공의 문장

B) 오스트리아 지배하의 마리아 테레지아 시대에 발행된 밀라노 주화

C) 이탈리아 자동차 제조업체인 알파로메오(Alfa Romeo)의 상표. 밀라노에 소재하는 이 회사는 덱스터는 밀라노시, 시니스터는 밀라노 공의 문장을 조합해 상표로 만들었다.

지에서 그 자취를 발견할 수 있다(그림 168 의 A). 밀라노 공의 문장이 어디서 유래했는지 정설은 없다. 전설에서는 밀라노의 오토 백작(Otto, Count of Milan)이라고 알려진 인물이 십자군 원정 시대 사라센 태수와 예루살렘 성 아래에서 일대일 결투를 벌였을 때, 태수의 헬멧에 있던 장식이 '새끼를 집어삼키는 관을 쓴 뱀'이었기에 이 승리를 기념하기 위해 문장의 차지로 사용했다고 한다. 하지만 비스콘티 백작 오토라는 인물이 몇년대 사람이었는지가 불분명하고, 이 전설의 진위도 가려낼 수 없다.

임페일먼트 문장은 앞에서 소개한 두 사례처럼 상속권을 소유한 여성과 결혼으로 만들어진 문장 혹은 단순히 결혼으로 아내의 문장을 조합하기 위한 목적뿐 아니라, 또 다른 목적으로도 사용되기도 했다. 그림 167 의 C를 보면 존 홀랜드의 문장이 그 예다. 엑서터 공작 존 홀랜드(John Holland, 1st Duke of Exeter, 1400년 사망)는 켄트 백작 에드먼드의 숙부에 해당하는 인물이다. 텍스터에 있는 문장은 이복형제인 리처드 2세에게 특별히 그 사용을 허가받은 부분이다. 이어지는 장에서 다시 설명하겠지만, 리처드 2세는 독실한 신앙인으로 알려진 에드워드 참회왕(Edward the Confessor)에게 감화받았는데, 그림 2 에서 볼 수 있듯 텍스터에 참회왕의 상징인 십자가를 추가해 잉글랜드 왕으로는 유일하게 임페일먼트 문장을 사용한 인물이다. 총애하는 귀족에게는 자신이 채용한 에드워드 참회왕의 증표 사용을 허가했다. 존 홀랜드의 문장이 그중 하나로, 원형 그대로를 사용하지 않고 레이블을 추가해서 디퍼런스한 문장을 사용했다. 또 시니스터의 문장은 켄트 백작 홀란드의 문장 보저에 플뢰르 드 리스를 추가해 디퍼런스했다. 이 보저는 은색 위에 금색 플뢰르 드 리스라는 채색 위반 문장인데, 엑스터 공을 계승한 그의 차남은 이를 '푸른색 필드에 금색 플뢰르 드 리스'로 변경했다. 또 이 문장의 보저는 앞에서 소개한 루치아 홀란드의 문장과는 다르게, 반을 자르지 않고 완전한 형태로 임페일먼트되어 있다.

여기까지 세 가지 예는 잉글랜드 왕실과 접점이 있는 인물의 문장이다. 임페일링 문장은 왕가 일족의 전유물이 아니었다. 그 증거가 되는 실제 사례 중 하나가 그림 D의 카모이스 남작 (Load Thomas Camoys, or Camoyes)의 문장이다. 이 문장은 1401년 기록이 있는데, 모티머 가문에서 신부로 맞아들인 아내 엘리자베스(Elizabeth Mortimer)의 친정 문장을 시니스터에 임페일링했다.

‖ 3. 쿼터링 *Quartering* ‖

방패의 필드를 퍼 에일과 퍼 페스로 넷으로 나누어 마셜링한 문장을 쿼터링(Quartering)이라 부른다. 이미 쿼터 항목에서 설명했듯 6분할, 8분할, 16분할처럼 극단적인 등분은 60, 100, 200분할이라도 쿼터링이라 부른다(그림 169). 그리고 쿼터링으로 만들어진 문장은 가령 8분할한 문장은 '쿼터리 에이트(Quarteriy eight) 문장'과 같은 식으로 부르듯 4분할 이외의 문장은 모두 해당 숫자를 붙여서 부른다.

쿼터링으로 만들어진 마셜링은 네 개의 다른 문장을 효율적으로 조합할 수 있어 고안되었다고 여겨졌다. 그러나 실제로 쿼터링 이용은 두 개의 다른 문장 조합에서 시작되었다. 본래 쿼터리 문장은 여러 개의 문장을 조합해서 한 방패에 집어넣기 위해 고안된 방식이 아니라, 앞에서 '분할' 항목에서 설명했듯 다른 문장과의 혼란을 방지하기 위해 도형의 채색을 변경한 데서 출발했다. 금색과 붉은색, 은색과 검은색을 조합한 쿼터리 문장은 마셜링으로 만들어지

169 하나의 방패에 135개 문장을 배치한 폭스-피트(Fox-Pitt) 가문의 문장
Quarterly 135(135개의 쿼터리)라 부른다.

지 않고, 그 자체가 오리지널 문장이었다(호엔촐레른 가문의 문장 등). 그런데 여러 개의 문장을 하나의 방패에 담는 방식이 유행하면서 두 가지 색으로 채색된 쿼터리 문장은 색을 대신해 우선 두 개의 문장을 조합하는 방식에 응용되었다. 가장 오래된 실제 사례 중 하나가 현재도 스페인의 국장(그림 38 39 70 참조)에 살아 있는 카스티야와 레온(Castile and Leon)의 문장이다. 카스티야 왕이었던 레온 국왕을 계승한 페르난도 3세(Ferdinand III, 1199~1252년)의 두 번째 왕비였던 후아나(Juana de Ponthieu)의 실에서 볼 수 있다. 그래서 페르난도 3세와 후아나의 딸로 나중에 잉글랜드 왕 에드워드 1세의 첫째 왕비가 되었던 엘레오노르(Eleanor of Castile, 1290년 사망)의 실에서도 볼 수 있다(그림 170 의 A). 굳이 설명을 덧붙이자면 '성(城)'은 카스틸, '사자(lion)'는 레온을 나타내는 캔팅스 암스다.

쿼터링으로 여러 개의 문장을 조합하는 방식은 어느새 두 개 이상의 문장이 조합된 실제 사례를 탄생시켰는데, 그중 하나가 에드워드 2세의 왕비 이사벨(Isabella of France, 1292~1358년. 프랑스 왕 필리프 4세의 딸)의 문장이다(그림 170 의 B). 잉글랜드 왕가에서 최초의 쿼터링 자리를 차지한 이 문장에서 제1 쿼터의 사자는 잉글랜드, 제2 쿼터의 플로르 드 리스는 프랑스라는 이야기는 굳이 설명을 덧붙일 필요가 없으나, 제3 쿼터의 그물과 같은 차지는 '사슬'이고, 스페인에서는 나바라(Navarra), 프랑스에서는 나바르(Navarre)라고 발음하는 나바라 왕국 왕의 문장으로 유명하다. 이 문장은 제4 쿼터에 있는 '벤드 코티스드(Bend coticed, 정식으로는 Bend coticed po-

170 A) 에드워드 1세의 첫 왕비 엘레오노르(Eleanor of Castile)의 실
　 B) 에드워드 2세의 왕비 이사벨(Isabella of France)의 문장
　 C) 시몬 몬태규(Sir Simon de Montagu)의 문장
　 D) 헨리 7세의 왕비 엘리자베스(Elizabeth of York) 문장

B

C

D

tent counter-potent라고 불러야 한다)' 문장과 함께 이사벨의 어머니 잔(Jeanne de Navarre)의 문장에서 비롯되었다. 어머니가 나바라 왕국의 상속권을 보유하고, 나중에 프랑스 왕 필리프 4세가 되는 왕세자 필리프와 결혼하며 이런 문장이 만들어졌는데, 제4 쿼터는 당시 나바라가 지배하던 샹파뉴(Champagne) 지방의 문장이다.

　여기까지 든 두 가지 예는 모두 잉글랜드에 도입된 쿼터링 문장이다. 잉글랜드에서 가장 오래된 문장 중 한 가지로 여겨지는 쿼터링 문장으로 사이먼 몬태규(Sir Simon de Montagu) 경의 문장이 있다(그림 170 의 C). 이 문장은 1298년 폴커크 전투(Battle of Falkirk, 잉글랜드군이 윌리엄 월리스[William Wallace]가 이끌던 스코틀랜드군을 격파한 전투)에서 몬태규 경이 사용했다는 기록이 있는 문장이다. 서로 다른 두 개의 문장을 마셜링했다고는 하나, 앞에서 설명한 두 사례와는 성격이 약간 다르다. 몬태규 가문의 문장은 원래 제1과 제4 쿼터에 있는 페스 형태에 나란한 퓨절리(Fusilly)인데, 'Montagu'가 '뾰족한 산(Mont aigu)'과 일맥상통한다고 해서 이를 퓨절리로 표현한 얼루시브 암스(Allusive arms, 직접 드러내지 않고 비유적으로 암시하는 문장)로 여겨진다. 그런데 제2, 제3 쿼터의 그리핀(Griffin)* 문장에 관해서는 상세한 내력이 밝혀지지 않았다. 사이먼 경 본인이 전투 2년 뒤인 1300년에 이 그리핀만 있는 문장을 사용했다는 기록도 있어, 아마 퓨절리 문장을 사용하기 이전에는 몬태규 가문의 문장은 그리핀을 차지(charge)한 문장이었다는 추측 수준에 머물고 있다.

쿼터링 문장의 실제 사례는 잠시 보류하고, 쿼터링된 문장 배열상의 우위와 기타 사항에 관해 약간의 설명을 추가한다. 필드를 몇 개로 나누고, 그 각 부분, 다시 말해 각 필드에 각각의 문장을 배치할 때 어디에 어떤 문장을 둘지는 일정한 규칙이 존재하며, 아무 곳에나 배치할 수는 없다. 4분할이라면 1에서 4까지, 10분할이라면 1에서 10까지 순위가 있다. 그 순위를 이해하는 과정은 문장의 구성과 성격을 파악할 때 중요한 열쇠가 된다. 일정한 규칙이라고 했는데, 이는 전 유럽의 문장을 통틀어 살펴본 경우이지, 각 국가에 따라 약간의 차이는 있다. 또 잉글랜드처럼 매우 엄격한 규칙을 지켜야 하

---

* 서양의 문장에는 가상의 동물을 차지나 크레스트, 서포트로 삼은 사례가 매우 많다. 그리핀도 그중 하나다. 상반신은 독수리, 하반신은 사자인 동물로, 백수의 왕 사자와 백조의 왕을 섞은 전설의 동물이다.

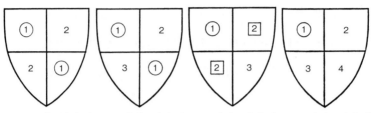

A) 문장이 2개일 때   B) 문장이 3개일 때   C) 문장이 3개일 때   D) 문장이 4개일 때

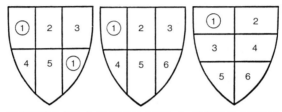

E) 문장이 5개일 때 F) 문장이 6개일 때   G) 문장이 6개일 때

171 쿼터링 방법

는 나라도 있는가 하면, 상대적으로 느슨한 지역도 있기 때문이다.

그림 171 을 보면 잉글랜드 방식의 쿼터링으로 만들어진 문장 배치 순위를 알 수 있다. 서로 다른 문장이 두 개는 존재하지 않고, 여섯 개를 마셜링할 때는 그림의 순위에 따라야 하며, 일곱 개 이상이면 규칙을 응용해야 한다. 2개의 문장은 이미 실제 사례를 살펴보았기에 충분히 이해하리라 믿고, 3개일 때 최우위 문장 ①을 제1과 제4 양 쿼터에 중복해서 배치하는 게 원칙이다. 현 영국 왕의 문장이 전형적인 예다. 그러나 드물게 그림 C와 같이 2위 문장을 제2, 제3 양 쿼터에 배치한 문장도 존재한다. 4개일 때도 이미 실제 사례를 살펴보았는데, 5개가 되면 쿼터리 식스(quartery six), 즉 6분할의 제1과 제6 쿼터에 ①을 중복시키고, 그림 E와 같이 2위 이하의

문장을 배치한다. 6개일 때는 그림 F, G처럼 두 가지 방법이 있다.

그림을 보면 알 수 있듯 쿼터리로 만들어진 분할에는 짝수 분할 밖에 존재하지 않기에 홀수 문장을 배치하려면 그 문장의 수보다 1을 더해 쿼터리로 만들어 제1과 마지막 쿼터에 ①을 중복시킨다. 그런데 이 방식을 '잉글랜드 방식'이라 부르듯 유럽 대륙 문장에서는 짝수 문장 마셜링에서는 쿼터리(그림 61 , 137쪽 참조)를 채택한 방식이 통례로, 이미 살펴보았듯 콜럼버스(그림 186)와 스페인의 국장(그림 38 39 70) 등이 대표적 실제 사례다.

쿼터링 규칙은 지금까지 설명했듯 표준적 규칙은 매우 이해하기 쉬워도 실제로는 예외가 워낙 많아 현실적으로는 딱 떨어지는 하나의 규칙으로 설명하기 어렵다. 또 조합 규칙은 설명할 수 있어도 '왜 이 문장이 추가되었을까?'라는 이유를 해명하기 쉽지 않다. 그래서 이 책에서 지금까지 실제 사례를 살펴보았던 문장 몇 가지를 마셜링한 유명한 문장을 추려내 그 조합 방식을 예시와 함께 맛보기 수준으로라도 짚고 넘어가려 한다.

그림 170 의 D를 보면 헨리 7세의 왕비 엘리자베스(Elizabeth of York, 1465~1503년)의 문장이 있다. 랭커스터, 요크 두 가문이 벌였던 장미전쟁은 튜더 가문의 헨리 7세와 요크 가문의 엘리자베스의 결혼(1485년 약혼, 이듬해 결혼)으로 화해 국면에 접어들었다고 설명했는데, 그림을 보면 엘리자베스의 문장은 요크 가문의 에드워드 3세를 아버지로 둔 그녀의 가계를 충분히 보여주고 있다.

이 문장은 덱스터가 잉글랜드 왕인 남편 헨리 7세의 문장, 시니스터가 엘리자베스의 문장이다. 덱스터의 쿼터리 문장이 시니스터의 쿼터리 문장을 임페일링한 문장으로, 얼핏 8분할한 문장처럼 보이나 '8분할 쿼터리'라 하지 않는다. 다시 말해 4분할 쿼터리인 잉글랜드 왕의 문장이, 마찬가지로 쿼터리인 엘리자베스의 문장을 임페일링한 문장이다. 그리고 엘리자베스 문장의 제1 쿼터에 있는 '잉글랜드 왕'의 문장은 아버지 에드워드 4세를 가리킨다. 제2, 제3, 제4 쿼터는 이미 소개한 마치 백작의 문장이다.

왜 여기에 마치 백작의 문장이 조합되었는지는 오디너리즈 장의 자이런 항목에서 소개한 모티머 가문의 문장이 왕위에 오르기 전 에드워드 4세의 마치 백작 시절 문장(그림 98 의 D)이었음을 상기하면 이해할 수 있다. 가계도 1과 3에서도 알 수 있듯 버그 가문인 엘리자베스(Elizabeth de Burgh)가 계승한 '크로스'의 얼스터 백작 문장은 그 딸인 필리파가 모티머 가문에 시집가 이 가문의 문장에 마셜링된 마치 백작 가문의 새로운 문장이 되었다(그림 98 의 B). 이 백작 가문에서 아들의 씨가 마르며 여자 상속인이었던 앤이 요크 가문을 계승했다. 즉 왕위에 오를 때까지 에드워드 4세의 문장이 되었고, 다시 딸인 엘리자베스가 그 문장을 계승해 그림의 문장이 되었다. 또 덱스터에 있는 잉글랜드 왕의 쿼터리 문장은 헨리 4세의 1406년경에 개정된 문장으로, 잉글랜드 왕의 문장이 최초로 쿼터리의 마셜링을 채용한 에드워드 3세 시대의 1340년경이다(12장 영국 왕가의 문장사 참조).

철저하게 쿼터리에 집중한 문장은 300개가 넘는 분할 문장이라고 앞에서 설명했는데, 이처럼 광기에 가까운 문장은 제외하고 27 개의 문장을 마셜링한 오스트리아 대공 마리아 테레지아의 문장은 유럽 대륙 쿼터리 문장으로는 가장 유명하며 이해하기 쉽다. 마리아 테레지아(Maria Theresia, 1717~80년)는 카를 6세의 딸로, 나중에 프란츠 1세가 되는 로트링겐 공(Franz Stephan, Duke of Lorraine 또는 Herzogtum Lothringen)과 결혼했는데, 카를 6세의 1713년 국사 조칙(Pragmatische Sanktion, 오스트리아 대공국과 그와 동군 연합을 이루고 있는 영토들을 상속받을 남자 상속인이 없을 때 통치자의 딸이 상속하도록 법을 개정-역주)으로 여성으로는 최초로 오스트리아 대공으로 즉위했다. 또 헝가리, 보헤미아 왕을 겸하며, 그림 **42** 에서 볼 수 있듯 문장에 남편 프란츠의 지배 영역까지 포함해 그녀가 지배하거나 지배권을 보유한 당시 영지의 문장을 조합했다. 이 문장은 해설도 **172** 를 보면 필드를 Ⅰ~Ⅵ의 네 개 그랜드 쿼터(Grand quarter, 대형 쿼터)로 분할하고, 제Ⅰ, 제Ⅲ, 제Ⅳ 각 필드 쿼터는 다시 여섯 개의 쿼터로, 제Ⅱ 쿼터는 네 개의 쿼터로 각각 분할했다. 그리고 중앙에는 E, 각 그랜드 쿼터 중앙에는 e.1~e.4와 각각 인이스커천을 배치한 구성이다. 마셜링에 인이스커천을 이용하는 방법에 관해서는 이어서 살펴볼 예정인데, 각 쿼터 및 인이스커천 문장은 그림 해설을 참고하자. 각각의 문장에 관한 해설만으로도 몇 쪽은 채울 분량이라 생략한다(그림 해설을 참조). 이 문장에 조합된 문장은 모두 유명한 문장으로, 기억을 더듬어보면 3분의 2는 이미 이 책에서 만난 적이 있다.

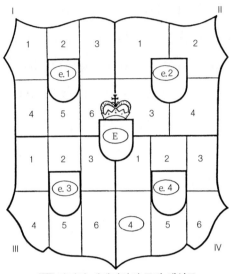

172 마리아 테레지아의 문장 해설도

I 그랜드 쿼터
 1) 보헤미아 Bohemia
 2) 달마티아 Dalmatia
 3) 크로아티아 Croatia
 4) 슬라보니아 Slavonia (나중에 Bosnia)
 5) 예루살렘 Jerusalem
 6) 인도 India
 e.1) 헝가리 Hungary-ancient and Hungary-modern

II 그랜드 쿼터
 1) 카스티야 Castilla
 2) 레온 León
 3) 아라곤 Aragon
 4) 시칠리아 Sicilia(Sicily)
 e.2) 부르고뉴 Burgundy-ancient

III 그랜드 쿼터
 1) 브라반트 Brabant
 2) 밀라노 Milano
 3) 스티리아(Styria=Steiermark, 슈타이어마르크)
 4) 카린시아(Carinthia=Kärnten, 케르텐)
 5) 크란스카(슬로베니아어 Kranjska, 이탈리아어 Carniola, 카르니올라)
 6) 트란실바니아 Transilvania
 e.3) 로렌 Lorraine 및 토스카나 Tuscany

IV 그랜드 쿼터
 1) 스와비아 Swabia 또는 슈바벤 Schwaben
 2) 실레시아 Silesia(도형은 모라바[Moravia]가 사용하고 있다)
 3) 티롤 Tyrol
 4) 바 Bar
 5) 율리히 Juliers
 6) 괴르츠 Görz
 7) 합스부르크 Habsburg
 E. 오스트리아 Austria

4. 이스커천 앙 쇼투
Escutcheon en surtout

앞에서 쿼터링으로 만든 마셜링에 추가한 인이스커천(Ines-cut-cheon)을 병용한 문장을 '이스커천 앙 쇼투(Escutcheon en surtout)'라고 한다. 쇼투가 '중앙의 장식대'를 뜻하는 프랑스어 'surtour'에서 유래했듯, 쿼터링된 필드 중앙에 인이스커천이 배치되는 게 원칙이다. 앞에서 살펴본 마리아 테레지아의 문장에 있던 E, e.1~e.4는 모두 이스커천 앙 쇼투다.

인이스커천 추가에 관해서는 이미 디퍼런스 방법의 하나로 이용된다고 설명했는데, 쇼투 사용은 이와 달리 목적이 다양하다. 대표적으로 '조합하는 여러 문장 중 특히 중요하거나 강조해야 할 대표적인 문장'을 중앙에 배치한, 마리아 테레지아의 문장에서 E는 그녀의 가장 높은 지위를 보여주는 오스트리아 대공 문장을 쇼투로 선택했다. 또 잉글랜드에서는 상속권을 보유한 여성과 결혼한 배우자는 아내 친정의 문장을 추가하는 방법 중 하나로도 이 쇼투를 이용했다(이런 경우에는 'Escutcheon of pretence'라는 특별한 호칭을 쓴다). 그 밖에 어그멘테이션(augmentation)으로 가중된 문장을 추가하는 방법 중 하나로도 사용된다(처칠 가문의 문장, 그림 **25** 의 A · **99** E 및 **57**).

쇼투의 실제 사례를 역사적 문장에서 추려보면, 우선 프랑스의 플랑드르 장 백작(Jean, Comtéde Flandre)의 문장이 있다(그림 **173** 의 A). 이 문장은 부르고뉴 공 필리프(Philippe le Hardi, Duc de Bourgogne, 1342~1404년)와 플랑드르 백작 루이 2세의 딸 마가레타

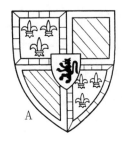

173 이스커천 앙 쇼투로 만든 마셜링 실제 사례
A) 플랑드르 장 백작 Jean, Comtéde Flandre
B) 3대 요크 공작 리처드 Richard of York, 3rd Duke
   of York
C) 리히텐슈타인 공국 Fürstentum Liechtenstein
D) 폴란드 왕

(Margaret) 사이에 태어난 장이 부르고뉴 공 작위를 계승할 동안 외가인 플랑드르 가문의 문장을 아버지 문장의 중앙에 배치한 문장으로, 당시에는 어머니와 할머니의 친정 문장을 인이스커천해서 추가하는 방법이 유럽에서 널리 행해졌다. 이와 비슷한 사례로는 잉글랜드의 3대 요크 공작 리처드(Richard of York, 3rd Duke of York, 1411~60년, 가계도 2와 3 참조)의 문장이 있다(그림 173 의 B 및 174). 에드워드 2세의 다섯째 아들로 초대 요크 공작이었던 에드먼드(Edmund of Langley, 1st Duke of York)가 그의 할아버지이고, 본인은 나중에 에드워드 4세 및 리처드 3세의 아버지로 두 명의 왕의 부왕이었던 요크 공작 리처드는, 2대 요크 공작인 삼촌 에드워드가 전사하고 아버지가 처남 에드먼드 모티머를 즉위시키려다가 발각

되어 처형당하면서 3대 요크 공작 작위를 물려받았는데, 그의 자녀 중 둘이나 잉글랜드 왕이 되었다고는 하나 본인도 싸움에 패해 사망했다. 사망에 관해서는 전사했다는 설과 붙잡혀서 처형되었다는 설이 공존하는데 어쨌든 파란만장한 인생을 살다 간 인물이다. 그는 할아버지 에드워드 3세 이후 요크 공작의 문장 외에도 두 개의 문장을 사용했다. 그중 하나는 그림 173 의 B에서 볼 수 있는 잉글랜드 왕의 문장에 토투(Torteau, 빨간색 원)를 배치한 레이블이 붙은, '요크 공작' 문장에 할아버지 에드워드의 두 번째 아내인 조안(Joan Holland)의 친정인 켄트 백작(Earl of Kent) 홀랜드 가문의 문장을 중앙에 추가한 문장이다.

이 문장은 문장학적으로도, 또 잉글랜드 왕실사에서도 매우 상징적인 존재로, 이 문장만으로도 몇 장의 가계도가 필요할 정도로 인맥이 풍부하다. 그 전모를 소개할 여유는 없으나 리처드라는 인물이 두 명의 잉글랜드 왕의 아버지가 되는 혈통의 필연성이라는 맥락에서 수박 겉핥기 식으로나마 핵심적인 부분만 간략하게 살펴보고 넘어가자. 먼저 요크 공작으로 이미 소개한 에드워드 2세로 이어질 뿐 아니라 마치 백작의 여자 상속인인 어머니 앤이 에드워드 3세의 피를 물려받았다(가계도 1). 그리고 아내인 시슬리(Cicely)는 제1대 랭커스터 공작 곤트의 존(John of Gaunt, 1st Duke of Lancaster)의 손녀로 마찬가지로 에드워드 3세로 이어지고, 제1대 랭커스터 공작 곤트의 존과의 사이에 태어난 헨리 4세, 헨리 5세, 헨리 6세를 제외하면 헨리 3세로 이어지는 잉글랜드 왕가에서 유일한 인물

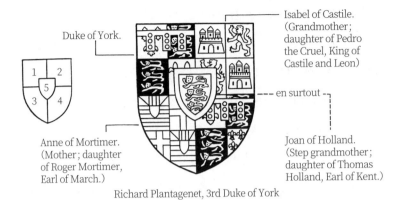

Duke of York.

Isabel of Castile.
(Grandmother;
daughter of Pedro
the Cruel, King of
Castile and Leon)

--- en surtout --

1	2
5	
3	4

Anne of Mortimer.
(Mother; daughter
of Roger Mortimer,
Earl of March.)

Joan of Holland.
(Step grandmother;
daughter of Thomas
Holland, Earl of Kent.)

Richard Plantagenet, 3rd Duke of York

174 3대 요크 공작 리처드(Richard of York, 3rd Duke of York)의 문장으로 보는 쇼투의 실제 사례

이었다. 그 밖에 계조모인 조안(Joan)은 손자 에드워드 1세의 손자로 유명한 '페어 메이드 오브 켄트(Fair Maid of Kent)'로 알려진 조안(Joan of Kent)의 손녀로, 핏줄로 이어졌다고는 하나 친정의 문장을 중앙에 쇼투할 정도의 명문가임을 과시한 문장이라고 할 수 있다.

유명한 장미전쟁의 중심인물이기도 했던 리처드의 입장은 이 문장에 단적으로 나타난다. 문장 지식은 이렇게 복잡한 문장 도형에서도 손쉽게 그 인물의 계보를 이해할 수 있는 이점을 가지고 있다. 그래서 문장이 '그림으로 그려진 가계도'라는 말이 나왔다. 또 요크, 랭커스터 두 가문이 벌인 '장미전쟁'이란 명칭의 유래에 관해서도 요크 가문이 하얀색, 랭커스터 가문이 빨간색 장미 문장을 내걸고 싸웠기 때문이라는 설명을 상당히 권위 있는 역사서 등에서 찾아볼 수 있는데, 이는 완전히 잘못된 정보다. 요크 가문은 백장미,

랭커스터 가문은 붉은 장미를 각각 배지(Badge, 표식용 깃발, 군기 등에 다는 표식)로 사용했다는 부분은 사실이다. 랭커스터 가문의 붉은 장미는 역사적으로도 오래되었으나, 요크 가문의 흰 장미는 전쟁 초기에 존재했는지 명확하지 않다. 이 전쟁을 장미전쟁이라 부른 사람은 작가 월터 스콧 경(Sir Walter Scott)으로, 1829년에 출간한 『가이어스타인의 앤(Anne of Geierstein)』이라는 책에서 '붉은 장미와 흰 장미의 전쟁(the Wars of the White and Red Rose)'이라는 표현이 나온 것이 시초다.

이상의 예는 개인의 것이지만, 국왕 혹은 영주가 자신이 지배하는 영지의 문장을 몇 가지 배치한 위에 자신의 문장을 쇼투로 추가하는 예는 유럽 대륙의 문장에서 많이 보고된다. 그림 173의 C는 소공국 리히텐슈타인의 문장으로, 제1 쿼터는 실레시아(Silesia), 제2 쿼터는 벤드 항목에서 살펴본 작센, 제3 쿼터가 트로파우(Troppau), 제4 쿼터가 동프리슬란트(Ostfriesland) 및 리트베르크(Riedberg) 그리고 앙테 앙 포안(Entéen point, 가장 아랫부분)은 예겐도르프(Jägendorf) 공의 영지의 각 문장으로, 그 위에 리히텐슈타인 공의 문장을 쇼투하고 있다. 이 문장은 1719년 신성로마제국 내의 봉토로 창설된 이후에 만들어졌다. 이 공국이 현재도 문장에 마셜링되어 있는 모든 영토를 지배하고 있지는 않다.

마찬가지로 예로 옛 폴란드 왕의 문장도 그중 하나다. 폴란드와 리투아니아의 합병(1386년)으로 제1, 제4 쿼터가 폴란드, 제2, 제3 쿼터가 리투아니아와 마셜링된 문장에는, 그 후 역대 폴란드 왕이

본인 가문의 문장을 쇼투로 추가한 예가 많다. 그림 173 의 D는 얀 3세(Jan III, 1674~1696년 재위) 시대의 문장으로, 중앙의 문장은 원형 방패를 차지로 삼은 얀 3세의 생가 소비에스키(Sobieski)의 실이다.

복잡한 디자인으로는 덴마크 왕의 문장이 있다(그림 45 173). 이 문장은 1972년에 간략화되었지만, 시작은 그림 B의 1190년경의 것으로 여겨지는 크누트 6세(Knud VI, 1182~1202년 재위)의 실이다.

덴마크 왕의 문장은 시대와 더불어 지배 영역의 문장을 추가해 변화했는데, 1523년에 독일의 화가 루카스 크라나흐(Lucas Cra-

8	9	10	11	12	13

175 덴마크 왕의 문장(왼쪽 페이지)

A) 덴마크 왕이 1972년까지 사용한 대문장

B) 크누트 6세(Knud VI)가 사용했다고 전해지는 실(1190년 기록)

C) 덴마크 국왕의 소문장

D) 크리스티안 9세(Christian IX, 1863~1906년 재위)의 문장

1) 덴마크

2) 남부 윌란(Southern Jutland, 독일식 발음으로 유틀란트)

3) 홀슈타인(Holstein)을 나타내며, 크리스티안 1세가 1460년에 추가했다.

4) 스토먼(Stormarn)의 홀슈타인(Holstein) 지방을 나타낸다. 3과 같은 시기에 추가되었다.

5) 디트마르셴(독일어 Dithmarschen, 덴마크어 Ditmarsken, 현재 독일령)의 문장. 프레데리크 2세(Frederik II)가 이 지구의 반역자 무리를 정복하고 1559년에 추가했다.

6) 라우엔부르크(Lauenburg) 공령. 노르웨이가 반 나폴리 동맹군과의 전투(1807~14년)에서 패했을 때 덴마크가 획득한 영토의 문장으로 1819년에 추가되었다.

7) 스웨덴(원래는 스칸디나비아를 나타냈다). 노르웨이, 덴마크, 스웨덴 왕으로 군림한 여군주(Fru) 마르그레테 1세(Margaret I, 1353~1412년)의 실에서 따왔다.

8) 고틀란드(Gotland). 발데마르 4세(Valdemar IV)가 1361년 이 지구를 정복한 기념으로 1449년에 추가했다.

9) 페로제도(Faroe Islands, 대서양에 있는 2개의 섬으로 이루어진 제도). 14?~15세기경 실에서 따왔다.

10) 그린란드. 1666년 프레데리크 3세(Frederik III)가 추가했다.

11) 대주교 압살론(Archbishop, Absalon or Axel, 1128~1201년)이 이교도 벤드족(Wends)을 격파했음을 상징하며, 1440년에 추가되었다.

12) 1448년 이후 덴마크, 노르웨이에서 군림한 올덴부르크(Oldenburg) 가문의 문장으로, 덱스터는 올덴부르크 가문을, 시니스터는 델멘호르스트(Delmenhorst)에 있는 올덴부르크 영지를 나타내는 문장이다.

13) 다너브로 크로스(The Cross of Dannebrog). 에리크 7세(Erik VIII, 1382~1459년)가 최초로 사용했다. 덴마크 기사단인 다너브로의 상징에서 유래했다고 알려져 있다

또 그림 D의 화살표는 옛 아이슬란드의 문장으로, 아이슬란드의 유일한 어족 자원인 말린 대구에 관을 씌운 희귀한 차지다. 1906년에 덴마크 국장에서 삭제되었는데, 아이슬란드의 국장도 1919년에 개정되며, 크로스 차지 문장으로 변경되었다.

176 루카스 크라나흐가 그린 원화로 찍은 크리스티안 2세 인물상 판화

상부 중앙의 문장을 비롯해 왼쪽 문장은 모두 역(逆) 도형으로 되어 있다. 이는 오른쪽 문장과 마주 보는 도형으로 대칭을 만들기 위한 구성이다

nach)가 그린 목판 원화에 있는 크리스티안 2세(Christian Ⅱ, 덴마크 왕, 노르웨이 왕으로 1513~23년 재위) 인물상에서는 아홉 개의 문장을 볼 수 있다(그림 176). 그것이 크리스티안 9세 시대(1863~1906년 재위)에는 14개 문장을 조합했다(그림 175 의 D). 그림 A의 문장은 아이슬란드의 문장이 빠지며 개수가 줄어들어 13개가 조합되어 있다.

개별 문장의 유래에 관해서는 그림에 설명을 덧붙였는데, 이 문장은 13~14문장을 이중 쿼터리와 쇼투로 마셜링했다는 특징이 있다. 커다란 방패 쿼터링이 단순한 4분할이 아니라 '다너브로 크로스(The Cross of Dannebrog, 그림 175 의 설명 참조)'로 4분할되었다는 점이다. 스웨덴 왕의 문장(그림 41)도 같은 기법을 채택했다.

또 하나의 예로는 독일, 오스트리아를 중심으로 쇼투를 3개나 사용한 문장이 있다. 그림 37 을 보면 바이에른 북부 슈바르츠부르크-존더샤우젠(Schwarzburg-Sondershausen)의 멋진 문장을 감상할 수 있는데, 덴마크 왕의 문장에 가까운 12개 문장(정확하게는 8개)을 조합하면서 완전히 다른 기법을 채용했다.

슈바르츠부르크-존더샤우젠 공국은 귀에 익지 않은 낯선 지명인데, 1100년으로 거슬러 올라가는 유서 깊은 공국령으로, 이 가문과 어깨를 나란히 하는 슈바르츠부르크-루돌슈타트(Schwarzburg-Rudolstadt)와 함께 1870년까지 이어진 공국이다. 1349년에는 불과 몇 개월이기는 하나 조상인 군터 21세(Graf Gunther XXI)가 신성로마

177 A) 슈바르츠부르크-존더샤우젠 공국의 문장(**37** 참조) 해설도

1, 4) 아른슈타트 Arnstadt

2, 3) 존더샤우젠 Sondershausen

5) 슈바르츠부르크 백작령 Schwarzburg

6, 9) 홀슈타인 백작령 Holstein

7, 8) 라우엔부르크 백작령 Lauenburg

10) 클레텐베르크 백작령 Klettenberg

11) 로이텐베르크령 Leutenberg

12) 프로이센 황제

177 B) 슈바르츠부르크-존더샤우젠(Schwarzburg-Sondershausen) 공국 영지에서 1800년대 후반에 발행된 주화

제국 황제 자리에 올랐고, 1700년 이후 작센 선제후 또는 프로이센 황제 등과도 밀접한 관련이 있는 명문가다.

　그림 177 의 해설도를 보면, 이 문장은 덴마크 왕의 문장처럼 크로스로 크게 5분할된 형태로 보이나 ①~④의 쿼터리 문장과 ⑥~⑨의 쿼터리 문장을 임페일하고, ⑪의 베이스(이 부분을 샹파뉴 [Champagne] 혹은 테라세즈 인 베이스[Terraces in base]라고 부른다)에 문장 한 개를 추가하며, 두 쿼터리 문장에 ⑤, ⑩의 각 인이스커천, 그리고 중앙에 ⑫의 인이스커천을 각각 쇼튜한 구조로 이루어져 있다. 해설도에 각 문장 설명을 덧붙여놓았는데, 이 문장에서는 존더샤우젠령이 ②와 ③, 슈바르츠부르크 백작령이 ⑤라는 배치로 상식적인 구성인데, 문장 전체를 보면 중앙 ⑫에 황제의 권위에 감화를 받아 프로이센 황제의 관을 차지로 삼은 문장을 쇼튜했다. 이

예처럼 독일을 중심으로 한 문장에는 신성로마 황제 등 권세를 떨친 황제 비호 또는 가신으로서의 징표로 황제의 문장을 쇼투하는 예를 매우 흔하게 볼 수 있다.

마셜링의 가장 표준적인 유형을 역사적 문장 중에서 골라 설명을 덧붙였는데, 이 책에서 설명한 방법 이외에도 다양한 방식이 있다. 그러나 각각의 해설은 너무 전문적이라 생략하고, 현재 가장 널리 이루어지는 방식을 다음 장에서 소개한다.

제 10 장
현행 마셜링

현재 이루어지는 마셜링이라고 해도, 해당 마셜링이 현재에만 존재하는 기법이고 과거에 없던 기법이라는 말은 아니다. 또 이어지는 예시에 등장하는 방법만 존재하지도 않는다. 문장사에 등장하는 각양각색의 방법 중에서 가장 표준적이며 현재도 널리 채용되는 방법을 가리킨다. 그리고 이 표준적인 마셜링 방법은 이해하기 쉬울 뿐 아니라, 규칙을 이해하면 표준적이지 않은 마셜링으로 만들어진 문장 구성에도 대강의 원리를 파악할 수 있게 된다. 이어서 1대(한 세대) 한정과 상속 계승된 문장 두 개의 분류로 나누어 대략의 규칙과 체계를 살펴보자.

‖ I. 1대 한정 마셜링 ‖

상속권이 없는 여성을 아내로 맞아들인 남편의 문장과 주교직, 문장관, 기사단 단장 등이 지위 문장과 개인 문장을 조합할 때 이 분류에 속한다. 주로 임페일링으로 마셜링이 이루어진다.

◎ 부부 문장

친정이 문장을 보유한 가문이나 상속권이 없는 여성이 결혼해서 문장을 사용할 때는 퍼 페일로 나눈(세로 2분할) 방패의 덱스터에 남편의 문장, 시니스터에 아내의 친정 문장을 배치한 임페일링먼트 문장을 사용한다. 이 경우 친정의 문장이 쿼터리라면, 그림 178

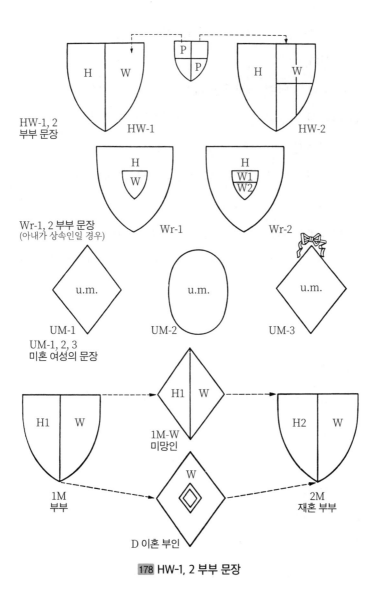

HW-1, 2
부부 문장

HW-1

HW-2

Wr-1, 2 부부 문장
(아내가 상속인일 경우)

Wr-1

Wr-2

UM-1

UM-2

UM-3

UM-1, 2, 3
미혼 여성의 문장

1M-W
미망인

1M
부부

D 이혼 부인

2M
재혼 부부

178 HW-1, 2 부부 문장

HW-1과 같이 부계의 문장(P, Paternal arms 혹은 Original arms라고 부른다)만 임펠링하는 게 통례이나, HW-2처럼 그대로 임페일링한 문장도 있다.

부부 문장은 남편이 사용할 때도 있지만, 아내 사후에 시니스터에서 아내의 문장을 없애는 게 일반적이다. 드물게 아내와 사별한 후에도 '아내를 추모'하는 의미에서 그대로 둔 예도 있다. 이와 달리 아내는 '아내만의 문장'이나 남편의 문장을 그대로 사용하는 행위는 용납되지 않는다. 상속권을 보유한 여성이 사용하는 부부 문장은 그림 Wr-1, Wr-2와 같이 친정의 문장은 인이스커천(Inescutcheon) W형식으로 배치되는데, 남편을 먼저 떠나보내고 과부가 되면 W는 삭제되지 않을 뿐 아니라 다음 항에서 설명하겠지만 2대 이하로 계승된다.

◎ 여성의 문장

미혼 여성이 문장을 사용하는 경우 아버지의 문장을 마름모꼴 방패, 드물게 달걀형 방패(Oval shield)에 배치해서 사용한다(그림 UM-1, 2). 장남과 차남을 표시하듯 케이든시 마크(Cadency mark)는 왕족을 제외하고 조직적인 사용은 그다지 찾아볼 수 없다. 또 관과 서포터 등의 사용도 왕족과 귀족에 국한되며, UM-3에서 볼 수 있듯 리본을 액세서리로 추가하는 정도다.

과부는 부부의 문장을 그대로 마름모꼴 방패에 배치하여 사용하는데(그림 1M-W), 이혼한 여성은 미혼 시절 문장으로 돌아가고, 그림 D처럼 방패 중심에 매스컬(Mascle, 구멍이 뚫린 마름모)을 추가한다. 과부와 이혼한 여성이 재혼하면 그림 2M과 같이 두 번째 남편과 공동으로 사용하는 식으로 매우 낮은 상태가 된다. 원래 전투를 전제로 문장이 시작되었다는 사실을 고려하면 당연하다고 할 수 있으나, 여성의 지위 향상과 함께 미혼, 기혼을 막론하고 여성 개인의 문장을 인정해야 한다는 움직임이 없지는 않았다. 그러나 문장학상 또 제도상 뾰족한 묘안이 떠오르지 않았는지 1995년부터는 일정한 자격을 마련해 여성이 독자적으로 문장을 보유할 수 있는 길이 열렸다. 여성 독자 문장 1호로 총리 은퇴 후 1대 한정 남작 작위를 받은 대처 전 총리에게 귀족 문장이 하사되어 화제가 되기도 했다.

◎ 왕족, 귀족의 문장

왕족과 귀족은 나라에 따라 그 방법이 다른데, 원칙은 크게 다르지 않다. 다만 하나의 방패에 임페일링한 문장도 있고, 두 개의 방패를 사용한 문장도 있다. 특히 남편이 귀족 이하의 계급(Commoner)이고 아내가 귀족일 때는 특수한 형식의 문장이 사용된다. 신분이 다른 부부는 단순히 아내가 귀족 가문의 영애라는 사실을 가리키는 게 아니라, 본인이 작위를 보유한 경우를 지칭한다. 일반적으로 말하는 남작 부인(Baroness)은 남작 남편과 결혼한 여성을 말하는데, 'Baroness in her own right'라고 부르면 본인이 작위를 보유한 여성이라는 뜻이다. 이처럼 작위를 보유한 여성이 귀족이 아닌 남성과 결혼했을 때 부부의 문장은 그림 179 의 PA-1과 같

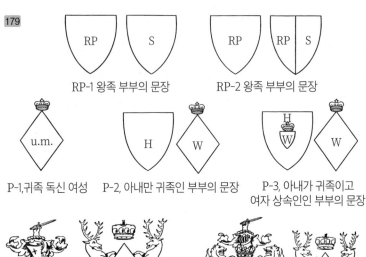

RP-1 왕족 부부의 문장   RP-2 왕족 부부의 문장

P-1,귀족 독신 여성   P-2, 아내만 귀족인 부부의 문장   P-3, 아내가 귀족이고 여자 상속인인 부부의 문장

PA-1, P-3, 어치브먼트한 경우   PA-2, 부부 모두 귀족인 경우의 어치브먼트

은 형식이 된다. 남편은 관도 서포터도 사용할 수 없는 초라한 형태의 문장을 사용하게 된다. 대처 전 총리의 문장이 이 사례에 해당한다. 이와 달리 부부 둘 다 귀족이라면 PA-2처럼 균형을 맞춘 형태의 문장이 만들어진다.

또 부부 문장은 PA-1처럼 설령 아내의 지위가 남편보다 높아도 덱스터에는 남편의 문장이 배치되는데, 여왕은 남편의 문장이 시니스터에 배치된다. 여왕의 사례는 부부 문장이라기보다 '지위' 혹은 국가에서 최고 지위를 소유한 사람에게 주어지는 예우로 합당한 조치라고 할 수 있다. 다만 여왕이 공식적으로 이 부부 문장을 사용한 예는 없다. 사적으로 사용한 예는 있는데, 장서표와 주화 디자인 등에서만 제한적으로 이 부부 문장을 볼 수 있다. 또 왕비의 문장은 일반적인 사람들과 완전히 같은 형식의 임페일링이 채용된다. 2022년 서거한 고 엘리자베스 2세 여왕의 어머니로 왕대비에 해당해 흔히 퀸 마더(Queen Mother)라 불렀던 엘리자베스 보우스라이언(Elizabeth Bowes-Lyon)의 문장은 그림 66에서 볼 수 있듯 덱스터에는 영국 왕, 시니스터는 본인의 친정인 보우스라이언 가문의 문장을 각각 배치했다.

◎ 직위 문장과 개인 문장의 조합

성직자, 시장, 기사단 단장 등 공직에 종사하는 사람이 해당 직위 문장과 개인의 문장을 조합해 사용한 예는 이루 헤아릴 수 없이 많다. 예를 들어 대주교가 '대주교직 문장'과 개인 문장을 마셜링하거나, 기사단 단장이 '기사단 단장 문장'과 개인 문장을 조합한 예는 예부터 존재했다. 그림 180 위는 흔히 몰타 기사단이라는 이름으로 더 많이 알려진 예루살렘의 성 요한 기사단 단장이었던 브르타뉴 출신 에마뉘엘 드 로한(Emmanuel de Rohan, 1775~97년 재위)이 1777년에 발행한 몰타 주화에서 볼 수 있는 문장이다. 직위와 개인 문장을 마셜링한 전형적인 실제 사례다. 이 문장에서는 덱스터가 기사단 단장(The Sovereign Military Order of Malta), 시니스터가 로한 가문의 문장이다.

또 그림 180 아래에는 몰타 기사단의 마지막 단장이었던 페르디

180 1777년 발행(▲) 및 1798년 발행(▼)한 몰타 주화

난트 폰 홈페시 주 볼하임(Ferdinand von Hompesch zu Bolheim)이 1798년에 발행한 주화를 볼 수 있다. 이 주화는 제1, 제4 쿼터에는 몰타, 제2, 제3 쿼터에 볼하임 가문의 문장을 각각 배치한 쿼터리 마셜링으로 이루어져 있다.

이 주화의 예로 볼 수 있듯 직위와 개인 문장 마셜링에는 표준적인 형식이 두 가지 존재했다. 앞에서 살펴본 두 개의 방패를 사용하는 방법과 이어서 소개할 임페일링을 사용하는 방법이 있는데, 임페일링이 더 일반적이다. 그림 181 을 보면 직위 문장과 개인 문장을 마셜링한 기본 유형을 알 수 있다. 임페일링은 세로로 2분할된 덱스터에, 또 2개의 방패를 사용할 때는 덱스터의 방패에 직위 문

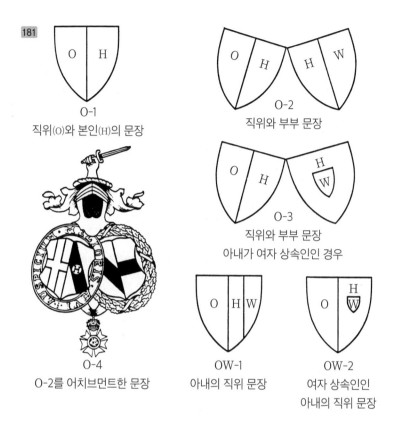

181

O-1
직위(O)와 본인(H)의 문장

O-2
직위와 부부 문장

O-3
직위와 부부 문장
아내가 여자 상속인인 경우

O-4
O-2를 어치브먼트한 문장

OW-1
아내의 직위 문장

OW-2
여자 상속인인
아내의 직위 문장

장을 배치하게 되어 있다. 그림 O-1은 직위 문장 O와 본인의 문장 H의 마셜링인데, 부부 문장을 직위 문장과 조합할 때는 상속권이 없는 여성을 아내로 맞아들였을 경우 그림 O-2와 같이 덱스터의 방패에는 직위와 남편의 문장, 시니스터의 방패에는 임페일링한 부부 문장을 조합하도록 했다. 한편 상속권을 보유한 여성을 아내로 맞아들였을 때는 시니스터의 방패가 아내의 문장을 인이스커천해 배치한 부부 문장이 된다(그림 181 의 O-3).

직위 문장과 부부 문장을 조합하는 경우, 남편이 거터 훈장 등의 수훈자일 때는 덱스터의 방패를 훈장의 끈으로 장식할 수 있는데, 시니스터의 부부 문장에는 이 장식을 덧붙일 수 없다. 이는 수훈자가 남편이고 아내는 훈장과 무관하기 때문이다. 그러나 이 방식으로는 두 문장의 도형적 균형이 맞지 않아 그림 O-4에서 볼 수 있듯 부부 문장에는 리스(화관)를 추가하는 게 통례다.

직위 문장과 개인 문장 조합은 남성 혹은 남편의 전유물이 아니었다. 아내가 시장에 취임하는 등 공직에 종사하는 상황에서는 덱스터에는 시장직 문장, 시니스터에는 부부 문장을 배치한 임페일링 문장을 사용한다. 그림 OW-1은 상속권이 없는 아내, 또 OW-2는 상속권을 보유한 아내의 직위 문장 마셜링이다.

또 앞에서 살펴본 몰타 주화 두 번째 예처럼, 쿼터리 형태에 마셜링할 때는 제1, 제4 쿼터를 직위 문장, 제2, 제3 쿼터를 개인 문장으로 한다는 원칙이 있다. 이 경우에 제2, 제3 두 쿼터를 부부 문장으로 채운 예는 전무하다.

직위 문장과 개인 문장 마셜링이 어떠한 형식을 채택하든, 일단 그 직위에서 물러났을 때는 문장을 사용하지 않는 게 당연하다. 하지만 과거의 영광에 미련을 버리지 못해 퇴임 후에도 재직 당시 문장을 사용한 실제 사례는 그리 많지는 않아도 존재한다.

‖ 2. 상속에 동반되는 마셜링 ‖

서양의 문장은 기본적으로 대대로 계승된다는 특징이 있다. 특히 잉글랜드에서는 상속권을 보유한 여성과의 결혼으로 그 여성의 친정 문장을 남편의 문장에 추가할 뿐 아니라 대대로 계승하게 되어 있다. 이미 이 책에서 몇 차례 다루었듯 몇십 개나 되는 문장을 조합한 복잡한 개인 문장은, 그 밖에도 이유가 있으나, 대체로 몇 대에 걸친 상속권 계승의 결과물이라고 할 수 있다. 앞에서 살펴본 부부 문장은 아내의 상속권 유무에 따라 마셜링이 달라졌다. 한쪽이 사망하면 남편의 문장에서 지워지지만, 다른 한쪽은 생사와 무관하게 다음 세대 이후로 상속·계승된다는 사실을 전제로 삼고 있다.

그런데 자자손손 상속·계승된다고 해도 실제로는 매우 복잡한 문제를 내포하고 있다. 2대째가 별도의 상속권을 보유한 여성과 결혼하면 마셜링은 어떻게 처리해야 할까? 또 2대째에 아들이 없고 딸만 있다면 아버지와 어머니의 문장을 상속한 그 여성이 결혼할 경우 남편의 문장은 어떻게 마셜링해야 할까? 또 2대, 3대, 4대째로 대대로 상속권을 보유한 여성을 아내로 맞아들인 가문의 문장은 어떻게 변화해갈까? 더 복잡한 문제도 있다. 첫 아내가 상속권을 보유한 여성이고, 사별 후에 상속권이 없는 여성을 후처로 맞아들여 각각 자녀가 있다면 이 가문의 문장은 어떻게 변화할까? 생각나는 대로 주워섬겨봤는데 복잡한 사례가 너무 많다. 온갖 상황에 들어맞는 체계를 다룰 여유는 없어도, 비교적 많이 볼 수 있는 가문의 문장 상속 유형 사례를 그림 182 에서 확인할 수 있다. I ~IV의 계

182 상속에 동반되는 마셜링

승을 각각 순서대로 설명할 테니 차근차근 읽어보자.

I은 남동생을 둔 장녀, 즉 상속권이 없는 여성ⓜ이 A와 결혼하면, 부부 문장 AM을 가지게 되는데, 이 부부 사이에서 태어난 장남은 A만 계승하고, M은 사망과 함께 이 가문의 문장에서 소멸한다. 그 장남 A가 상속권을 보유한 여성 ⓑ와 결혼하면 부부 문장은 A에 인이스커천한 B를 추가한 문장이 되고, 그 장남은 A와 B를 모두 계승해 A와 B 쿼터리 문장을 사용한다(그림에서 ③). 이 장남이 마찬가지로 상속권을 보유한 여성 ⓒ와 결혼하면 C는 쿼터리 문장의 중앙에 인이스커천한 C로 추가된다. 그 장남은 제1, 제4 쿼터에 부계 A, 제2 쿼터에 할머니의 B, 제3 쿼터에는 어머니의 C 각 문장을 마셜링한 문장을 상속한다(그림에서 ④). D, E와 대대로 상속권을 보유한 여성과의 결혼이 계속되면 6대째 장남의 문장은 6분할 쿼터리가 된다(그림에서 ⑥). 이후로 같은 사례가 반복되면 10분할, 12분할로 순차 분할 문장을 늘려나가게 된다.

II와 III은 M 가문의 장남이 FG의 쿼터리 문장을 보유한 상속권이 있는 여성과 결혼한 상황이다. 이 부부 사이에서 태어난 장자는 그림 ⓛ과 같이 어머니의 FG 문장을 분할해 제2 쿼터에 F, 제3 쿼터에 G를 마셜링하거나, 그림 ⓑ처럼 분해하지 않고 쿼터리 그대로 제2, 제3 쿼터에 배치하는 두 가지 방법이 있다. II의 상속 방식을 선택할 경우 ⓛ이 HIJK 문장의 여자 상속인과 결혼하면 부부 문장은 ⓒ이 되고, 그 장남은 ⓔ의 문장이 된다. 또 III의 방식을 채택하면 ⓑ의 장남 문장은 ⓓ가 된다.

Ⅳ는 M이 최초로 상속권을 보유한 여성 Ⓝ과 결혼하고, 아내와 사별 후 상속권이 없는 여성 Ⓞ와 결혼했을 때 문장 계승 관계를 나타낸 그림이다. M과 N 사이에는 장녀, M과 O 사이에는 장남이라는 사례다. 장녀 (A)의 문장은, 배다른 남동생이자 M 가문의 장남이기도 한 (B)가 태어나면 결혼 후에 Ⅱ, Ⅲ 유형과 같은 형식으로 남편 집안의 문장에 계승된다. 그러나 (B)가 태어남에 따라 P와의 부부 문장은 (C) 형식, 즉 M의 장녀이지만 상속권은 N만 보유했음을 나타내는 문장이 된다. 그 자식은 (D) 문장을 계승하게 된다. 한편 M과 O 사이에 태어난 장남은 M 가문의 문장만 계승한다 (그림에서 B). 어머니의 문장 O는 어머니의 사망과 함께 M 가문 부부 문장에서 사라진다.

여기까지 살펴본 사례 이외에도 다양한 사례를 상정할 수 있는데, 상속 계승 방식에 따라 문장이 어떻게 달라질 수 있는지를 조금이나마 이해했으리라 믿는다. 그런데 이러한 상속을 반복해 100년이 넘는 문장을 조합한 사례가 출현하게 되면서 이미 실제 사례를 살펴보았듯 실제로는 절대 존재하지 않을 법한 복잡한 문장도 드물게나마 발견된다. 하지만 그러한 문장은 '어느 집안의 누구'라고 즉시 식별할 수 있는 문장 본래의 목적에서 한참 벗어나게 될 뿐 아니라, 고전 말장난에 등장하는 '김수한무 거북이와 두루미'처럼 한없이 복잡해질 수 있어 그 문장을 계승한 자손은 불편을 감수해야 한다. 그래서 많은 가문에서는 당연히 계승해야 할 당위성을 상실한 문장을 생략하는 방식을 채택하고 있다. 즉 10대, 15대를 이어 내려온 가문이라도 초대라거나 가문을 크게 일으키는 데 이바지한 조상처럼 중요한 지위를 차지한 인물과 관련이 있는 문장만 취사 선택하거나, 상속권을 가진 여성의 친정 문장 중에서 특히 집안이 좋은 가문의 문장만 남기고 나머지는 방패에 조합하지 않는 방식 으로 부담을 줄여나간다. 물론 수정이나 삭제는 임의로 이루어지 지 않는다. 그때마다 문장원의 인가를 받아야 한다. 수정으로 이미 존재하는 문장과 중복되는 만약의 상황을 피하기 위해서다.

또 잉글랜드, 웨일스, 북아일랜드에서 문장 사용은 어떠한 상황 이라도 문장원의 인가(Grant)가 필요했다. 그림 **1**에서 볼 수 있는 인가증(Grant of Arms)이 교부되었다. 또 스코틀랜드에서는 에든버 러에 있는 로드 라이언 오피스(Lord Lyon Office)에서 인가를 받아 야 했다.

제11장
어그멘테이션

183 일본의 가증문
메이지 첫해, 사이고 다카모리가 메이지 군주에게 하사받은 문장

　왕 등의 권위자가 신하에게 공적과 기타 이유로 가증을 인가하
는 문장을 말한다. 일본 문장에서는 배령문(拜領紋)에 해당한다. 이
책 첫머리에서 설명했듯 발생 기전이 완전히 다른데도 서양 문장
에서나 일본 문장에서나 모두 가증문이 존재한다는 사실이 재미있
는 부분이다. 그림 183과 같이 사이고 다카모리(西鄕隆盛)가 메이지
첫해, 메이지 군주에게 인가받은 문장으로, 신하는 절대 사용할 수
없다는 주로쿠기쿠(一六菊) 문양이 덧붙여졌는데, 사이고 다카모리
는 너무 황송해 몸 둘 바를 몰라 거의 사용하지 않았다고 전해진다.
'황송하기 그지없다'는 표현은 다를 수 있어도, 가증을 받았다는 명
예는 동서를 가리지 않는 모양이다. 또 주는 쪽에서는 영지 등 구체
적인 하사품을 주지 않아도 그와 맞먹는 효과가 있었기에 어그멘
테이션은 예부터 널리 이루어졌다.

　어그멘테이션의 종류는 그 문장 도형에 따라 바로 판단할 수 없

지만, 가증 이유를 크게 두 종류로 나눌 수 있다. 첫째는 '미어 그레이스(Mere grace)'라고 해서, 주권자의 '총애', '은총'의 표시로 주어진다. 두 번째는 '메리트(Merit)'라고 부르는 '공적'에 대해 주어지는 상이다. 메리트는 예부터 영지 또는 작위와 함께 하사한 예가 존재한다. 한정된 영지, 지위 수여에는 한계가 있어서 문장 가증이 널리 이루어졌다. 영지나 보물처럼 구체적인 포상이 따르지 않는다고 해도 가증된 문장은 본인뿐 아니라 자자손손 계승할 권리가 있었기에 가문의 영광으로 절대적인 효과를 발휘했다. 앞에서 살펴본 처칠 가문의 문장(그림 99 의 E)을 비롯해 현재에 이르기까지 수많은 가증 문장이 계승되고 있다.

총애, 은총의 의미에서 어그멘테이션의 오래된 실제 사례는 리처드 2세가 혈연관계 귀족에게 내린 가증문이 유명하다. 리처드 2세는 에드워드 참회왕을 본받아 덱스터에 존경의 표시로 참회왕의 징표, 시니스터에 잉글랜드 왕의 문장을 각각 배치한 퍼 페일 문장을 사용했다(그림 2 의 B). 근친관계인 귀족에게도 참회왕의 징표를 디퍼런스해서 사용해도 좋다고 허락하며 혈육의 정을 드러냈다. 그중 하나가 그림 184 의 B에서 볼 수 있는 서리 공 토머스 홀랜드 (Thomas Holland, 1st Duke of Surrey, 3rd Earl of Kent, 1374~1400년)의 문장이다. 명문가인 홀랜드 가문의 문장은 '잉글랜드'를 은색 보저로 에워싸고 있는데(그림 184 의 A), 에드워드 1세의 손녀인 '페어 메이드 오브 켄트(Fair Maid of Kent)'로 알려진 조안(Joan)이라는 유

184 A) 홀랜드 가문 Holland

B) 토머스 홀랜드 Thomas Holland, 1st Duke of Surrey, 3rd Earl of Kent

C) 로버트 드 베레 Robert de Vere

D) 제인 시모어 Jane Seymour

E, F) 토머스 하워드 Thomas Howard, Earl of Surrey and 2nd Duke of Norfolk

G) 존 키스 John Keith, 1st Earl of Kintore

H) 레인 가문 Lane

명 인사를 할머니로 둔 토머스는, 가계도 4에서 볼 수 있듯 조안이 세 번째로 에드워드 흑태자(Edward the Black Prince)와 결혼했기에 다음 세대 자식인 리처드 2세와는 공통의 할머니를 가진 관계다. 이러한 혈연관계로 리처드 2세의 총애를 받아 텍스터에 아민보저로 에워싼 참회왕의 증표를 추가하게 되었다. 같은 예는 앞에서 임페일먼트를 다루며 소개한 엑서터 공작 존 홀랜드(John Holland, 1st Duke of Exeter, 토머스에게는 숙부에 해당)의 문장에서도 볼 수 있다(그림 167 의 C).

리처드 2세는 이 밖에도 총애의 어그멘테이션을 하사했는데, 사촌인 필리파 드 쿠시(Philippe de Coucy, 가계도 4 참조)의 남편 로버트 드 베레(Robert de Vere, 1362~92년)의 문장도 그중 하나다(그림 184 의 C). 로버트는 옥스퍼드 백작에다 아일랜드 공작 및 더블린 후작 작위를 하사받는 영예를 누렸는데, 관을 3개 배치한 문장을 어그멘테이션으로 받아 그림과 같이 베레 가문의 문장과 쿼터리에 마셜링했다. 참고로 현재 아일랜드의 문장은 '하프'를 차지로 삼고 있는데, 베레 가문의 초대 옥스퍼드 백작과 동명이인 로버트(1170?~1221년)가 마그나 카르타(대헌장) 이행을 감시하는 25명의 귀족 위원 중 한 사람으로 알려진 명문가다.

리처드 2세의 어그멘테이션과 나란히 유명한 문장으로는 헨리 8세의 문장이 있다. 그는 평생 동안 왕비를 여섯 명이나 갈아치울 만큼 엄청난 여성 편력의 소유자였다. 이혼은 기본이고 왕비를 둘이나 처형대의 이슬로 사라지게 만든 폭군이었다. 그의 여성 편력만

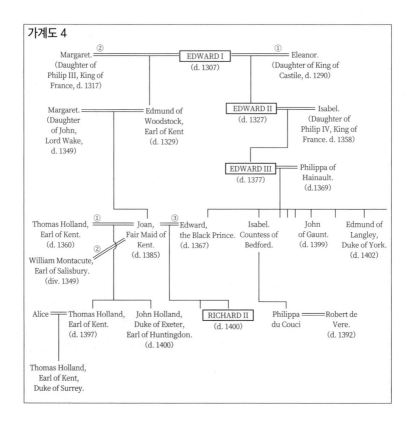

가계도 4

으로도 책 한 권이 만들어진다는 인물인데, 이 왕이 어그멘테이션
으로 하사한 문장은 세 번째 왕비 제인 시모어(Jane Seymour,
1509?~37년)와의 결혼과 연관이 있다. 제인은 왕의 첫 왕비 캐서린,
두 번째 왕비인 앤 불린(Anne Boleyn, 그림 199 의 문장 참조)을 모신
시녀였는데, 앤이 처형된 이튿날 혹은 열흘 후인 1536년 5월 30일
에 결혼했다고 전해진다. 아내를 제 손으로 처형대로 보내고 돌아
서자마자 새 장가를 든 엽기에 가까운 왕의 행보인데, 이 결혼 당시

왕이 특히 제인 일족에게 하사한 문장을 그림 184 의 D에서 확인할 수 있다. 이 문장은 시모어 가문의 '독수리 날개' 문장과 어그멘테이션해서 '파일에 사자 세 마리' 문장을 조합했다. 제인 일족은 이 어그멘테이션 문장을 즐겨 사용했는데, 부도덕한 결혼이라며 손가락질을 받아 마음고생이 심했던 제인 본인은 이 어그멘테이션에 반대했다고 전해진다. 여담인데 한을 품고 죽은 앤 왕비의 저주인지 제인은 이듬해인 1537년, 나중에 에드워드 6세가 되는 아들을 낳고 며칠 후에 이승을 하직했다.

한편 공로에 대해 주어지는 어그멘테이션으로 유명한 문장을 몇 가지 살펴보자. 2대 노퍽 공 토머스 하워드(Thomas Howard, Earl of Surrey and 2nd Duke of Norfolk, 1443~1524년)의 문장이 있다. 1513년 플로든 전투(Battle of Flodden)에서 침입한 스코틀랜드군을 대패시킨 공로로 헨리 8세가 하워드에게 하사한 문장은 그림 184 의 E에서 볼 수 있다. 스코틀랜드 왕의 문장에 나오는 사자를 반으로 잘라(Demi-lion이라 부른다), 화살이 사자 입을 관통하고 있는 디자인의 문장으로, 토머스를 비롯해 하워드의 자손은 그림 F와 같이 벤드 위에 배치하고 있다. 당시 서리 백작이었던 토머스는 전공을 인정받아 그의 아버지가 상실한 노퍽 공작 지위를 되찾았고, 또 문장원 총재 직위를 세습하는 가계가 되었다. 또 잉글랜드를 대표하는 공작으로 오늘날까지 이어지고 있다. 노퍽 공작 가문의 문장(그림 16 흑백 첨부 그림)은 4대 공작 시대에 쿼터리 문장이 되었는데, 제1 쿼터에는 가증문이 483년의 역사를 자랑하듯 빛나고 있다.

A   B

186 콜럼버스(Cristóbal Colón, 1451~1506년) 최초
의 문장(A)과 가증으로 변경된 두 번째 문장(B)

185 넬슨의 문장

    그림 184 의 G는 영국이 찰스 1세를 처형한 후인 커먼웰스(Com-
monwealth) 시대에 존 키스(John Keith, 1st Earl of Kintore, 1714년
사망)가 스코틀랜드 왕권을 수호한 공로를 인정받아 하사받은 문장
으로 인이스커천이다. 마찬가지 예는 레인 가문의 문장(Lane, 그림
184 의 H)에서도 볼 수 있다. 1651년에 왕당파의 군대가 크롬웰의
군대에 밀려 우스터에서 패배했을 때, 레인 가문의 제인 레인(Jane
Lane, 1689년 사망. 결혼 후에 Lady Fisher로 알려졌다)이 찰스 2세를 프
랑스로 도피시킨 용기와 공로를 인정받아 레인 가문에 하사된 이
어그멘테이션은 '잉글랜드'를 캔턴(Canton)에 배치한 문장이다.

    여기까지 살펴본 예로도 알 수 있듯 어그멘테이션에는 일정한 도
형적 방식이 없다. 인이스커천이거나, 캔턴이거나, 치프(넬슨의 문장,
그림 185)이거나, 혹은 쿼터리 등 각양각색이다. 이는 유럽 대륙 문
장에서도 마찬가지로, 콜럼버스(그림 186)와 바스쿠 다가마(그림 187)
가 각각 항해와 신대륙 발견 공으로 하사받은 어그멘테이션이 이

A   B

187 바스쿠 다가마(Vasco da Gama, 1469?~1524년)의 최초 문장(A)과 가증으로 포르투갈 문장을 추가한 두 번째 문장(B)

를 잘 보여준다.

사족을 덧붙이자면 넬슨이 어그멘테이션에 추가한 치프 문장은 악평이 자자했다. 도형은 1798년 넬슨이 나폴레옹 1세의 함대를 나일강 하구 아부키르만(Abu Qir, Aboukir) 전투에서 격퇴한 공을 치하하는 의미로, 배는 프랑스 선박의 잔해, 시니스터의 건물은 만 입구의 프랑스군 포대, 야자수는 이집트를 각각 나타낸다. 16세기부터 17세기에 걸쳐 잉글랜드에서는 어째서인지 문장 차지에 풍경을 선택하는 취향은 바람직하지 않게 여겨져(아마 식별성이 떨어지기 때문으로 추정), 문장관이 풍경을 선택한 문장 인가를 일시 금지하기에 이르렀다고 전해진다. 18세기에는 이러한 경향이 사라지면서 풍경을 차지로 선택한 문장의 인가는 드물지 않게 되었으나, 이 넬슨의 문장만은 그 후 추가로 어그멘테이션을 추가하며 '자신의 공적을 과시하는 볼썽사나운 문장'이라는 혹평이 쏟아지게 되었다. 도대체 왜 넬슨의 문장에만 유독 악평이 쏟아졌는지는 이해하기 어려운데, 그 진의는 다른 곳에 있었다고 여겨진다. 넬슨은 프랑스에 대승을 거둔 국민적 영웅이었으나, 유부녀인 해밀턴 부인(Emma, Lady Hamilton)과 나폴리에서 정을 통하는 대형 사고를 치며 사교계에 물의를 일으켰기에 그 문장까지 비난의 대상이 되었다고 할 수 있다.

제 12 장
영국 왕가의 문장사

	왕명	생년	재위	사망
	SAXON KINGS			
	Egbert, or Ecgberht	?	829-839	839
	Ethelwulf	?	839-858	858
	Ethelbald	?	858-860	860
	Ethelbert	?	860-866	866
	Ethelred I	?	866-871	871
	Alfred the Great	849	871-899	899
	Edward the Elder	?	899-924	924
	Athelstan	895	924-940	940
King of the English	Edmund I	922?	940-946	946
	Edred	?	946-955	955
	Edwy	?	955-959	959
	Edgar	944	959-975	975
	Edward the Martyr	963?	975-978	978
	Ethelred II the Unready	968?	978-1016	1016
	Edmund II, or Edmund Ironside	981?	1016-1016	1016
	DANISH KINGS			
	Canute, or Cnut	944?	1016-1035	1035
	Harold I Harefoot	?	1035-1040	1040
	Hardecanute	1019?	1040-1042	1042
	SAXON KINGS			
	Edward the Confessor	?	1042-1066	1066
	Harold II	1022?	1066-1066	1066
	NORMAN KINGS			
	William I the Conqueror	1027	1066-1087	1087
	William H Rufus	1056	1087-1100	1100
	Henry I Beauclerc	1068	1100-1135	1135
	Stephen of Blois	1097?	1135-1154	1154
	THE PLANTAGENETS			
King of England	Henry II	1133	1154-1189	1189
	Richard I Coeur de Lion	1157	1189-1199	1199
	John Lackland	1167?	1199-1216	1216
	Henry III	1207	1216-1272	1272
	Edward I Longshanks	1239	1272-1307	1307
	Edward II	1284	1307-1327	1327
	Edward III	1312	1327-1377	1377
	Richard II	1367	1377-1399	1400
	HOUSE OF LANCASTER			
	Henry IV Bolingbroke	1367	1399-1413	1413
	Henry V	1387	1413-1422	1422
	Henry VI	1421	1422-1461	
			1470-1471	1471

	왕명	생년	재위	시망
	HOUSE OF YORK			
	Edward IV	1442	1461-1470	
			1471-1483	1483
	Edward V	1470	1483-1483	1483
	Richard III	1452	1483-1485	1485
	HOUSE OF TUDOR			
	Henry VII	1457	1485-1509	1509
	Henry VIII	1491	1509-1547	1547
	Edward VI	1537	1547-1553	1553
	Mary I, Mary Tudor or Bloody Mary	1516	1553-1558	1558
	Elizabeth I	1533	1558-1603	1603
	HOUSE OF STUART			
	James-I (James VI of Scotland)	1566	1603-1625	1625
	Charles I	1600	1625-1649	1649
	COMMONWEALTH **1649-1660**			
	Oliver Cromwell. Lord Protector		1653-1658	
	Richard Cromwell, : :		1658-1659	
	HOUSE OF STUART RESTORED			
	Charles II	1630	1660-1685	1685
	James II	1633	1685-1688	1701
	William III ⌐(Joint sovereigns)	1650	1689-1702	1702
	Mary II ⌐(Joint sovereigns)	1662	1689-1694	1694
	Anne	1665	1702-1714	1714
	HOUSE OF HANOVER			
	George I	1660	1714-1727	1727
	George II	1683	1727-1760	1760
	George III	1738	1760-1820	1820
	George IV	1762	1820-1830	1830
	William IV	1765	1830-1837	1837
	Victoria	1819	1837-1901	1901
	HOUSE OF SAXE-COBURG-GOTHA			
	Edward VII	1841	1901-1910	1910
	HOUSE OF WINDSOR			
	George V	1865	1910-1936	1936
	Edward VIII	1894	1936-1936	1972
	George VI	1895	1936-1952	1952
	Elizabeth II	1926	1952-2022	2022

Left vertical labels:
King of England
King of the England and Ireland
King of England, Scotland, France and Ireland
King of Great Britain
King of United Kingdom

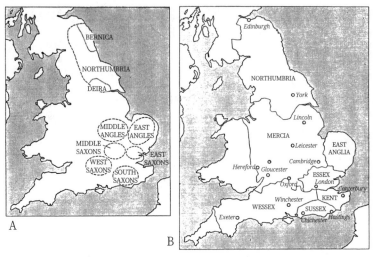

188 5~6세기(A) 및 7~8세기(B) 칠왕국 판도

영국 왕가의 문장이라는 제목은 편의상 붙인 제목일 뿐 정확하
게는 잉글랜드 왕, 그레이트 브리튼 왕 그리고 연합국 왕의 문장사
다. 명칭을 꼬치꼬치 따지는 건 문장과 명칭이 밀접하게 연관되어
있기 때문이다. 이 부분은 나중에 다시 설명하기로 하고 일단은 넘
어가자. 어쨌든 '계승성'이 있고, 시대와 더불어 변화하는 서양의 문
장, 그중에서도 유명 가문의 문장은 시대를 거슬러 올라가며 그 기
원과 변천, 마셜링, 디퍼런싱 등을 종합적으로 이해할 수 있는 실마
리를 제공해준다. 특히 천 년에 걸친 왕가의 문장사는 단순히 문장
에만 국한되지 않고, 문장과 왕국 역사의 관련성을 이해할 수 있는
매우 흥미로운 자료다. 이 책은 잉글랜드 문장 제도를 중심으로 하
고 있어 '영국 왕가의 문장사'를 대표적 사례로 꼽았는데, 덴마크 왕

가의 문장에도 영국 왕가와 마찬가지로 혹은 그 이상으로 흥미로운 발자취가 남아 있다.

　그러나 일국의 왕가라는, 명문 중의 명문가의 문장이면서 해명하기 어려운 면도 상당히 있어서 몇백 쪽에 달하는 문헌이 몇 편이나 출간되며 갑론을박 논쟁이 끊이지 않고 있다. 무엇보다 이 책에서는 전문적인 부분까지 파고드는 해당 논쟁은 깊이 파고들지 않는다. 그러나 잉글랜드, 스코틀랜드, 북아일랜드 세 곳의 문장을 조합한 현재의 연합왕국 문장에 이른 내력은 영국사의 뜻밖의 측면을 단적으로 보여주는 존재이기도 하다.

‖ 1. 문장 전기 ‖

　잉글랜드 왕의 문장은 플랜태저넷 가문의 리처드 1세가 1194년경에 개정한 두 번째 실에 있는 방패의 세 마리 사자에서 시작되었다고 앞에서 설명했다. 리처드 1세 이전의 왕이 이러한 방패에 상징(Symbol)을 곁들인 문장(Emblem)을 소유하지 않았던 건 아니다. 플랜태저넷 왕가 전의 노르만 왕가에서는 정복왕(the Conqueror)이라는 별명으로 더 많이 알려진 윌리엄 1세(William I)를 비롯해 헨리 1세가 두 마리 사자를 상징으로 사용했다고 전해진다(그림 **191** 의 3). 뒤를 이은 노르만 왕조의 마지막 왕인 스티븐(Stephen) 왕은 반인반마(Sagittary, 그리스 신화의 켄타우로스)를 상징으로 삼았다고

가계도 5

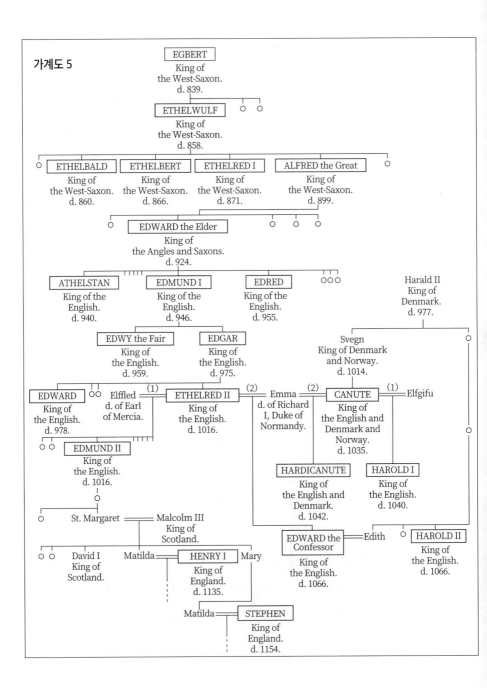

EGBERT
King of
the West-Saxon.
d. 839.

ETHELWULF   ○ ○
King of
the West-Saxon.
d. 858.

○   ETHELBALD   ETHELBERT   ETHELRED I   ALFRED the Great   ○
King of   King of   King of   King of
the West-Saxon.   the West-Saxon.   the West-Saxon.   the West-Saxon.
d. 860.   d. 866.   d. 871.   d. 899.

○   EDWARD the Elder   ○   ○   ○
King of
the Angles and Saxons.
d. 924.

ATHELSTAN   EDMUND I   EDRED   ○○○   Harald II
King of the   King of the   King of the   King of
English.   English.   English.   Denmark.
d. 940.   d. 946.   d. 955.   d. 977.

EDWY the Fair   EDGAR   Svegn   ○
King of   King of   King of Denmark
the English.   the English.   and Norway.
d. 959.   d. 975.   d. 1014.

EDWARD   ○○ Elffled   (1)   ETHELRED II   (2)   Emma   (2)   CANUTE   (1) Elfgifu
King of   d. of Earl   King of   d. of Richard   King of
the English.   of Mercia.   the English.   I, Duke of   the English and
d. 978.   d. 1016.   Normandy.   Denmark and
                                                                                    Norway.
○ ○   EDMUND II   d. 1035.
King of
the English.   HARDICANUTE   HAROLD I   ○
d. 1016.   King of   King of
    | the English and   the English.
    ○   Denmark.   d. 1040.
                                                              d. 1042.
○   St. Margaret ═══ Malcolm III
King of   EDWARD the ═══Edith   ○   HAROLD II
Scotland.   Confessor   King of
                                                         King of   the English.
○ ○   David I   Matilda═══ HENRY I   Mary   the English.   d. 1066.
King of   King of   d. 1066.
Scotland.   England.
                                    d. 1135.

                    Matilda═══ STEPHEN
                                    King of
                                    England.
                                    d. 1154.

189 칠왕국 시대에 사용된 각종 상징

1) Bernica(559~670년) 노섬브리아의 각
   베르니카 왕
2) Deira(588~651년) 데이라 왕
3) Northumbria 노섬브리아 왕
4) Mercia 머시아 왕
5) East Anglia 이스트 앵글리아 왕 세
   인트 에드먼드

6) Middle & East Saxon 미들·이스
   트 색슨 왕(훗날 에식스 왕)
7) Kent 켄트 왕
8) South Saxon 사우스 색슨 왕
9) Wessex 웨식스 왕
10) Egbert~Edwy 에그버트
11) Edgar~Ethelred 에드거
12) Canute~Harde Canute 크누트

190 켄트주 의회의 문장

191 에드워드 참회왕부터 플랜태저넷 왕가의 리처드 1세 문장에 이르는 왕의 상징 변천

1) Edward the Confessor(1042~66년) 4) Stephen(1135~54년)
2) Harold II(1066~66년) 5) Richard I(1189~99년)
3) Norman Kings(1066~?)

알려져 있다(같은 그림 4). 또 잉글랜드 왕 이전 시대, 즉 '킹 오브 잉글리시(King of the English)'로 총칭되는 색슨 왕과 덴마크 왕* 시대에도 다양한 상징을 사용했다. 그림 189 가 당시 사용한 상징이다.

이들 상징 혹은 표식 중 이미 에드워드 참회왕의 문장에 관해서는 앞에서 몇 차례 살펴보았는데, 후대 리처드 2세의 문장에 조합된 참회왕의 표식조차 실제로 사용되었다는 확증은 없기에 다른 표식이 존재했다는 신빙성은 상당히 떨어진다고 할 수 있다. 다만 이들 표식 중 이스트 앵글리아의 세인트 에드먼드 왕(Edmund the Martyr, St Edmund, Edmund of East Anglia)의 3개의 관은 훗날 옥스퍼드대학교의 문장에 편입된다(그림 128). 켄트의 말(그림 189 의 7)은 현재 켄트주 의회(Kent County Council) 문장에(그림 190), 또 나중에 에식스 왕국이 된 미들·이스트 색슨(Middle & East Saxon) 왕국의 검 세 자루(Three Seaxes라고 함)는 에식스주 의회 문장으로 각각 편입되어(그림 189 의 6) 전혀 근거가 없다고 치부할 수는 없다. 다만 이들 표식이 설령 실제로 존재했더라도 '문장'으로 취급되지 않는 건 모두 계승 실적이 없고 개인을 식별하는 장치로 사용되지 않았기 때문이다. 잉글랜드 왕 최초의 문장 사용자인 리처드 1세의 사례에서조차 최초로 사용된 실의 '사자 한 마리(그림 191 의 5)'가 단

---

* 칠왕국(Heptarchy)은 앵글로색슨족이 잉글랜드를 침공한 후, 5~9세기에 각지에서 할거한 왕국을 말한다. 시대에 따라 그 도판이 달라지는데, 그림 188 을 보면 북쪽에서부터 노섬브리아(Northumbria), 머시아(Mercia), 이스트앵글리아(East Anglia), 에식스(Essex), 웨식스(Wessex), 켄트(Kent), 서식스(Sussex)의 각 왕국령으로 이루어져 있다. 9세기에 들어서며 웨식스 왕국으로 이어진 켄트의 에그버트(Egbert)가 최초로 잉글랜드 통일 왕이 되었고, 왕위표를 보면 한때 덴마크 왕이 지배했으나, 해럴드 2세(Harold II)까지 색슨 왕가의 지배가 노르만 정복기까지 이어졌다. 참고 자료로 에그버트 이하 색슨 왕의 관계를 가계도 5에 정리했다.

순한 표식 취급을 받는다는 사실도 '계승'되지 않았기 때문이다. 다시 말해 선왕에게 물려받지 않았기에 후대 왕에게도 계승되지 않았다고 볼 수 있다.

2. 플랜태저넷 왕가
- 헨리 2세부터 리처드 1세까지 -

노르만 왕조의 뒤를 이어 플랜태저넷 왕가(The Plantagenet)의 이름은 헨리 1세의 딸인 마틸다(Matilda, 가계도 6 참조)와 결혼한 조프루아 5세 당주 백작(Geoffroy V d'Anjou)이 자신의 배지에 사용한 '플랜태저넷 저니스터(Plantagenet genista, 금작화, 그림 192)'에서 유래를 찾을 수 있다. 이 부부 사이에 태어난 자손으로 헨리 2세 이후 리처드 2세까지 왕가의 이름으로 사용하며, 후대에 조프루아를 조프루아 플랜태저넷(Geoffrey Plantagenet)이라 부르게 되었다. 잉글랜드 왕가보다 먼저 잉글랜드 최초로 문장을 사용한 솔즈베리 백작 윌리엄(William Longespée, 3rd Earl of Salisbury)의 사자 여섯 마리는 조프루아가 의붓아버지 헨리 1세에게 하사받은 문장으로, 손자인 헨리 2세의 서자이기도 한 윌리엄이 계승했다고 앞에서 설명했다. 조프루아의 큰아들인 헨리 2세는 사자 표식을 보유했다고 전해지나 확실한 물증은 없고, 왕비 아키텐의 엘레오노르(Eleanor of Aquitaine)의 실에서 볼 수 있다. '세 마리 사자(그림 193)'로 추측하

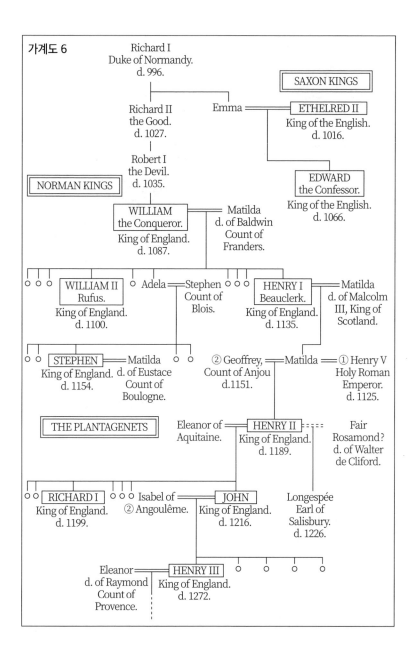

가계도 6

Richard I
Duke of Normandy.
d. 996.

SAXON KINGS

Richard II
the Good.
d. 1027.

Emma ══ ETHELRED II
King of the English.
d. 1016.

Robert I
the Devil.
d. 1035.

NORMAN KINGS

EDWARD
the Confessor.
King of the English.
d. 1066.

WILLIAM
the Conqueror.
King of England.
d. 1087.

Matilda
d. of Baldwin
Count of
Franders.

WILLIAM II
Rufus.
King of England.
d. 1100.

Adela ═Stephen
Count of
Blois.

HENRY I
Beauclerk.
King of England.
d. 1135.

Matilda
d. of Malcolm
III, King of
Scotland.

STEPHEN ══Matilda
King of England. d. of Eustace
d. 1154.   Count of
                Boulogne.

② Geoffrey, ══Matilda ══① Henry V
Count of Anjou   Holy Roman
d.1151.   Emperor.
                        d. 1125.

THE PLANTAGENETS

Eleanor of ══ HENRY II
Aquitaine.   King of England.
             d. 1189.

Fair
Rosamond?
d. of Walter
de Cliford.

RICHARD I
King of England.
d. 1199.

Isabel of ══
② Angoulême.

JOHN
King of England.
d. 1216.

Longespée
Earl of
Salisbury.
d. 1226.

Eleanor══ HENRY III
d. of Raymond King of England.
Count of   d. 1272.
Provence.

건대 왕도 세 마리 사자를 표식으로 사용했을 거라는 가설은 전혀 근거 없는 주장으로 받아들여지고 있다.

그리고 잉글랜드 왕 최초의 문장 사용자라는 영예를 안은 리처드 1세의 머리 위에서 오늘날까지 빛나는 세 마리 사자 '잉글랜드'가 탄생한 배경에는, 진위는 차치하고 재미있는 에피소드가 있어 소개한다.

리처드 1세는 십자군 원정에서 용맹하게 싸워 사자심왕(Cœur de Lion, the Lionheart)이라는 별명을 얻었으나, 재위 10년 중 잉글랜드 체재는 고작 두 번으로 내정에서 힘을 쓰지 못했다. 이처럼 왕의 부재로 일리 대주교(Bishop of Ely)가 장관으로 취임했는데, 왕은 자신을 대신해 프랑스 왕과 휴전 조약을 체결한 장관(William de Longchamp, Archbishop of Ely, 1187~97년)의 조치를 독단으로 보고 조약 체결 때 사용한 실, 즉 최초의 실을 몰수하고 조약 무효를 선언했다. 선언과 함께 "짐의 의사에 반해 장관이 대신해서 선포하고 조약을 체결한 행위는 모두 무효다. 지금까지 사용한 실은 키프로스섬(영어로는 사이프러스) 근해 해난 사고로 차관과 함께 바다에 수장되었다. 이에 새로운 실을 만들어 모든 조령, 포고를 개정한다"고 횡포에 가까운 수준으로 최고 권력자의 힘을 과시했다. 1194년경으로 알려진 이 실의 개정이야말로 잉글랜드 왕 문장의 시작이라고 할 수 있다.

세 마리 사자 문장은 에드워드 3세가 1340년 무렵에 프랑스 왕의 문장을 추가해 대대적으로 개정할 때까지 6대 왕이 사용했다. '붉은 필드에 금색 사자 패선트(Passant)'로 선명하게 채색된 건 헨리 3세 시대부터다. 또 현재는 '잉글랜드'라고 하면 '사자'가 상식인데, 초기에는 '표범'이었고, 이를 15세기 말에 헨리 7세가 문장관의 간언을 수용하며 정식으로 사자로 변경되었다. 1235년 신성로마의 프리드리히 황제(Friedrich II, Holy Roman Emperor)가 당시 잉글랜드 왕 헨리 3세에게 '세 마리 표범'을 하사했다는 기록이 있다. 이는 당시 잉글랜드 왕의 문장 차지가 표범이어서 이를 존중해 진귀한 동물인 표범을 선택했음을 의미한다. 또 영국 왕의 문장의 표어(모토)인 'Dieu et mon droit(신과 나의 권리)'는 헨리 4세 무렵부터 추가되었다고 추측되고 있다(헨리 6세 시대라는 설도 있다. 나중에 다시 설명). 이 문구 자체는 리처드 1세가 전장에서 사기를 북돋우기 위해 구호처럼 외친 함성에서 시작되었다고 전해진다.

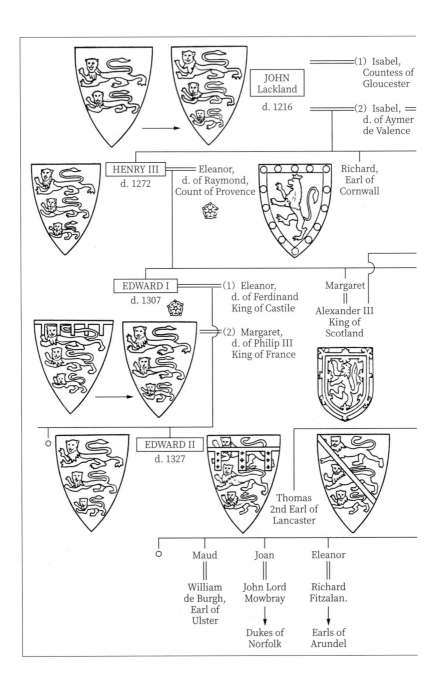

JOHN Lackland
d. 1216

====(1) Isabel, Countess of Gloucester

====(2) Isabel, = d. of Aymer de Valence

HENRY III
d. 1272
==== Eleanor, d. of Raymond, Count of Provence

Richard, Earl of Cornwall

EDWARD I
d. 1307
====(1) Eleanor, d. of Ferdinand King of Castile

====(2) Margaret, d. of Philip III King of France

Margaret
‖
Alexander III
King of Scotland

EDWARD II
d. 1327

Thomas
2nd Earl of Lancaster

Maud
‖
William de Burgh, Earl of Ulster

Joan
‖
John Lord Mowbray
↓
Dukes of Norfolk

Eleanor
‖
Richard Fitzalan.
↓
Earls of Arundel

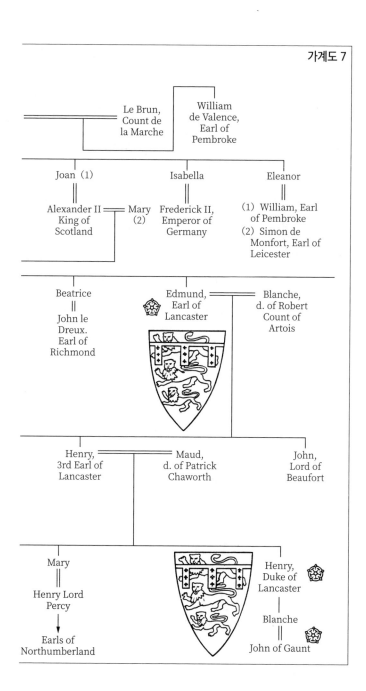

Le Brun, Count de la Marche

William de Valence, Earl of Pembroke

Joan (1)

Isabella

Eleanor

Alexander II King of Scotland = Mary (2) Frederick II, Emperor of Germany

(1) William, Earl of Pembroke
(2) Simon de Monfort, Earl of Leicester

Beatrice

John le Dreux. Earl of Richmond

Edmund, Earl of Lancaster = Blanche, d. of Robert Count of Artois

Henry, 3rd Earl of Lancaster = Maud, d. of Patrick Chaworth

John, Lord of Beaufort

Mary

Henry Lord Percy

Earls of Northumberland

Henry, Duke of Lancaster

Blanche

John of Gaunt

리처드 1세 이후 잉글랜드 왕의 문장 자체는 에드워드 3세의 문장 개정까지 변화하지 않았는데, 제도상의 변혁이 이어졌다는 부분에 특히 주목해야 한다. 먼저 헨리 3세 시대에 최초로 채색이 결정되었다고 이미 설명했다. 부자의 문장을 디퍼런싱 마크를 사용해 구별하는 방법도 이 시대에 최초로 채용되었다. 가계도 7을 보면 헨리 3세와 남동생인 콘월 공작 리처드(Duke of Cornwall, Richard)의 문장은 완전히 다른 도형으로 구별되며, 마크를 사용한 구별은 아직 이루어지지 않았다. 그 장자로 훗날 에드워드 1세가 왕세자(프린스) 시절에 사용한 문장은 다섯 줄의 포인트를 가진 레이블을 추가해 부왕 헨리 3세의 문장과 구별되게 잉글랜드 왕실 최초로 디퍼런싱 마크를 사용한 문장이 되었다(그림 117 의 G). 또 에드워드 1세의 남동생인 제1대 랭커스터 백작 에드먼드(Edmund of Crouchback, 1st Earl of Leicester and Lancaster)의 문장도 레이블을 추가했는데, 가계도를 보면 포인트가 세 줄로 되어 있어 형인 프린스 에드워드 문장과 구별된다.

헨리 3세 시대에 또 하나 눈여겨봐야 할 사실은, 나중에 잉글랜드의 파츠가 되는 장미꽃이 최초로 도입되었다는 부분이다. 헨리 3세의 왕비 프로방스의 엘레오노르(Eleanor of Provence)는 프로방스 백작의 영애로, 그 장자인 에드워드 1세의 파츠에 채용된 '금색 장미'와 차남인 랭커스터 백작 에드먼드의 묘에 새겨진 장미는 모두 어머니 엘레오노르가 프로방스에서 시집오며 가져왔다고 알려져 있다. 당시 잉글랜드에는 장미가 없었고, 십자군 원정으로 프로방스에서 가져온 꽃이 '프로방스 장미'로 유명해졌다. 엘레오노르가 잉글랜드에 최초로 도입한 장미는 이국적인 꽃으로 귀한 대접을 받으며 에드워드 1세의 파츠 등으로 사용되었다고 알려졌다. 이 장미는 가계도에 꽃으로 표시했는데 랭커스터 백작부터 손자인 랭커스터 공 헨리에게 전해졌고, 그 딸인 블랜치(Blanche of Lancaster)가 랭커스터 공작 곤트의 존(John of Gaunt, 1st Duke of Lancaster)과 결혼하며 이윽고 그 자손의 랭커스터 왕가의 '붉은 장미'로 발전해 유명해졌으며, 마침내 '잉글랜드 장미(Union Rose 또는 Tudor rose)'로 불리게 되었다.

에드워드 1세 시대는 앞에서 디미디에이션(Dimidiation) 문장의 실제 사례로 왕비 마르그리트 오브 프랑스(Margaret of France)의 문장을 예시로 들었는데, 잉글랜드 왕가의 문장으로는 최초의 디미디에이션에 의한 마셜링이 이루어졌으나(그림 164 의 B), 문장 제도상에서는 뚜렷한 발자취를 남기지 못했다. 또한 에드워드 2세 시대에는 왕비 이사벨(Isabella of France)의 문장이 잉글랜드 왕가의 문장으로는 처음으로 쿼터링에 의한 마셜링을 채용한 문장(그림 170 의 B)이라는 사실 이외에는 특별히 눈여겨볼 부분이 없다. 다만 문장 그 자체와는 관련이 없으나, 에드워드 2세는 잉글랜드 왕으로 왕세자(Prince) 시절에 최초로 프린스 오브 웨일스(Prince of Wales) 칭호를 받은 인물로 알려져 있다. 기묘하게도 부왕 에드워드 1세가 웨일스를 병합한 1284년에 태어나 프린스 오브 웨일스로 강력하게 추대되었다는 전설이 있는데, 실제로 프린스 오브 웨일스 칭호를 받은 시기는 17년 후인 1301년이다.

어쨌든 에드워드 3세를 맞이한 잉글랜드 왕의 문장은 최초로 대대적인 개정이 이루어졌다. 에드워드 2세라고 하면 '백년전쟁', '가터 훈장(Order of the Garter) 제정'이 바로 머리에 떠오르는 인물인데, 흑태자(Edward the Black Prince)를 비롯해 셋째 아들인 제1대 클래런스 공작 앤트워프의 라이오넬(Lionel of Antwerp, 1st Duke of Clarence, 얼스터 백작 윌리엄 드 버그의 딸이며 유일한 상속자였던 엘리자베스[1363년 사망]와 약혼, 1347년 9세 때 얼스터 백작 작위와 엘리자베스의 유산을 상속-역주), 넷째 아들인 제1대 랭커스터 공작 곤트의 존(John of Gaunt, 1st Duke of Lancaster), 다섯째 아들인 제1대 요크 공작 랭글리의 에드먼드(Edmund of Langley, 1st Duke of York) 그리고 일곱째 아들인 제1대 글로스터 공작 우드스톡의 토머스(Thomas of Woodstock, 1st Duke of Gloucester) 등 모두 영국사에 큰 족적을 남긴 걸출한 아들을 낳은 왕이다. 이미 이 책에서 왕의 자식들의 문장 몇 가지를 소개했는데, 왕의 자식은 단순히 역사상 유명 인물일 뿐 아니라 그 문장도 문장사에서 반드시 눈도장을 찍고 넘어가야 할 중요한 존재로, 에드워드 3세 시대는 왕의 문장이 대대적으로 개정되어 문장사에 한 획을 크게 그은 중요한 시대이기도 했다.

에드워드 3세는 프린스 오브 웨일스 시절에 부왕의 문장에 다섯 줄의 포인트 레이블을 추가해 디퍼런스했다. 왕위에 오른 후에는 13년 동안 '세 마리 사자' 문장을 사용했다. 그러나 1340년경부터 세 번째 실로 쿼터리 문장으로 개정해 제1, 제4 쿼터가 '프랑스 에

194 A) 플랜태저넷 왕가 전기(1195?~1340년)
B) 플랜태저넷 왕가~랭커스터 왕가 초기(1340~1405년)
C) 리처드 2세 Richard II(1377~99년 재위)

인션트', 제2, 제3 쿼커가 '잉글랜드'인 잉글랜드 왕 최초의 쿼터리 문장이 완성되었다(그림 194 의 B).

이 문장을 본 독자는 기이한 감각에 사로잡히게 된다. 잉글랜드 왕의 문장이면서 필드의 우위 위치에 프랑스 왕의 문장이 배치되어 있다. 그런데 이는 훗날 대영제국으로 성장하는 영국의 역사를 이미 아는 현대인의 선입관이 작용하기 때문이다. 당시 잉글랜드 또는 잉글랜드 왕의 지위에서 보면 기이하지 않고, 당연한 마셜링이라고 할 수 있다.

에드워드 3세는 부왕인 에드워드 2세까지의 선대 왕들이 킹 오브 잉글랜드(King of England)라는 칭호로 불린 데 비해 '킹 오브 프랑스 앤드 잉글랜드 앤드 로드 오브 아일랜드 앤드 듀크 오브 아키텐(king of France and England and Lord of Ireland and Duke of Aquitaine)'이라 불렀다. 왕 본인은 이 호칭을 사용하는 데 소극적이었으나 신하들의 등쌀에 밀려 프랑스에서 왕권을 주장하고 백년전쟁에 발을 들이게 되었다. 오늘날로 말하자면 외가 쪽으로 프랑스 왕 필리프 4세의 손자에 해당하는 왕은 대국 프랑스에 콤플렉스를 느꼈고, 농업 국가 잉글랜드와 양모 산업을 중심으로 한 공업 지역인 플랑드르를 지배하는 왕에 대해, 그 플랑드르 지배를 노리는 프랑스 왕에게 선수를 치라는 플랑드르 귀족들의 압박을 이기지 못하고, 1337년 프랑스와의 전쟁에 나섰다. 프랑스 왕의 문장을 필드의 우위 위치에 배치한 1340년 무렵의 문장 개정은 이러한 배경을 고려하면 당연한 것으로 이해할 수 있다. 이 문장에서 프랑스는 나중에 다시 설명하겠지만, 헨리 4세 시대에 프랑스 왕의 문장을 개정하며 변경되었으나, 1801년 조지 3세 시대까지 영국 왕의 문장에 살아남게 된다.

에드워드 3세는 이 밖에도 왕세자의 문장 디퍼런싱 마크에 세 줄의 포인트를 가진 레이블을 추가한다는 제도를 제정했다. 그의 왕세자인 에드워드 흑태자가 새로운 제도를 최초로 사용하게 되었다(그림 195 의 A). 그는 확실한 증거는 없으나 방패 주위에 가터 훈장의 벨트를 추가했고, 이 역시 확실한 증거는 없으나 서포터에 사자와 매를 사용했다고 하는데, 만약 이 주장이 사실이라면 잉글랜드 왕으로는 최초의 서포터 사용자이며, 문장에 크레스트를 추가한 최초의 왕이 된다. 이러한 사실을 종합적으로 볼 때 에드워드 3세는 문장 제도상에서 다양한 신기록을 세운 왕으로 문장사에 기록될 만하다.

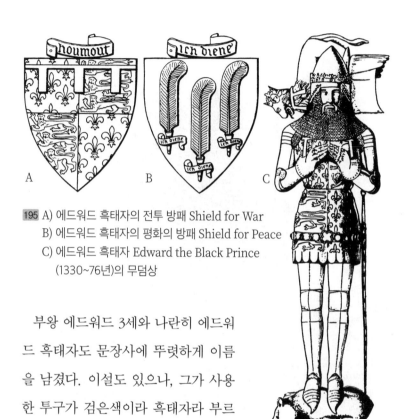

195 A) 에드워드 흑태자의 전투 방패 Shield for War
B) 에드워드 흑태자의 평화의 방패 Shield for Peace
C) 에드워드 흑태자 Edward the Black Prince
(1330~76년)의 무덤상

부왕 에드워드 3세와 나란히 에드워
드 흑태자도 문장사에 뚜렷하게 이름
을 남겼다. 이설도 있으나, 그가 사용
한 투구가 검은색이라 흑태자라 부르
게 되었다는 에드워드 흑태자는 1330
년에 우드스톡(Woodstock)에서 태어나 1337년에 잉글랜드 최초로
공직인 콘월 공작(Duke of Cornwall) 작위를 받았다(그림 196 의 해설
참조). 또 1343년에는 프린스 오브 웨일스(Prince of Wales) 칭호를
받았다. 부왕과 함께 백년전쟁에 참전해 1346년에 크레시(Crécy)에
서 대승을 거두었고, 칼레(Calais) 전투, 윈첼시(Winchelsea)만에서
벌어진 해전, 가스코뉴(Gascogne) 공략 그리고 푸아티에(Poitiers)
전투에서 연전연승을 거두며 무공을 세웠다. 또 푸아티에 전투에

에드워드 흑태자
평화의 방패

콘월 백작 리처드

웨일스

196 현재 찰스 왕의 문장

에드워드 흑태자 이후
프린스 오브 웨일스는 자동으로 콘월 공 칭호를 받았다. 콘월 백작 문장의 보저에서
변화한 화살표 문장으로 그 사실을 알 수 있다.

서 포로로 잡은 프랑스 왕 장 2세(Jean II)를 끝까지 왕으로 대우해 이것이 기사도의 본보기로 여겨지며 인기를 얻었다. 그 후 스페인 침공 무렵부터 건강에 이상이 생겨 1371년 귀국 후에도 건강을 회복하지 못하고 1376년에 프린스 오브 웨일스 작위에 머문 채 마흔여섯 살의 생을 마감했다.

에드워드 흑태자가 문장사에 남긴 발자취를 정리해보자. 앞 장에서 살펴본 세 줄의 포인트에 레이블 추가를 제도화한 왕세자의 문장을 '전투 방패(Shield for War, 그림 195 의 A)'라 명명하고, 공식 행사와 전장에서 사용했다. 한편 타조 깃털 세 줄을 차지한 문장을 '평화의 방패(Shield for Peace, 같은 그림 B)'라고 이름 붙여 평시에 사용했다. 한 인물이 몇 개의 문장을 사용한 예는 적지 않으나 그것은 최초의 문장을 결혼 혹은 어그멘테이션 등으로 변경한 문장일 뿐이고 에드워드 흑태자처럼 완전히 다른 문장을 병행해서 사용한 사례는 전무하다고 해도 좋을 정도여서 그는 문장사에서도 독보적인 존재감을 자랑한다.

이 평화의 방패에 있는 타조 깃털은 나중에 프린스 오브 웨일스의 배지로 헨리 7세의 큰아들인 아서 시대부터 사용되어 현재에 이르렀다(그림 196 의 화살표). 에드워드 흑태자가 타조 깃털을 차지로 선택한 경위에 관해서는 여러 설이 있다. 잉글랜드 왕실 문장의 배지와 기타 상징에 타조 깃털이 도입된 시기가 에드워드 3세 시대라는 데는 의견이 일치하나 누가, 최초로, 왜 타조 깃털을 선택했는지에 관한 정설은 없다. 오랜 세월 전해 내려온 설은 에드워드 흑태자가

보헤미아의 얀 루쳄부르스키(Johan of Luxemburg, King of Bohe-mia, 요한 폰 룩셈부르크, 1310~46년 재위) 왕*이 사용하던 문장을 잉글랜드로 들여왔다는 이야기가 있는데, 현재 이 가설은 부정되고 있다. 가장 신빙성 있는 주장은 에드워드 3세의 왕비 필리파 드 에노(Philippa of Hainault, 1311~69년)가 가져왔다는 설로, 잉글랜드로 시집오며 필리파가 가져온 혼수 중에 타조 깃털을 그린 칠보 접시가 있었다고 한다. 그리고 이 날개 디자인은 필리파의 아버지인 에노 백작 윌리엄(William I, Count of Hainault)이 영지인 오스트르방(Os-trevent)에서 유래한 '깃털'을 배지로 만든 데서 유래했다고 한다.

또 그림 195 의 에드워드 흑태자의 문장 상부와 날개 하부 리본에는 'Ich diene'이라는 문구를 볼 수 있는데, 이를 현대 영어로 번역하면 'I serve(나는 봉사한다)'라는 뜻의 모토로, 이 모토도 현재 프린스 오브 웨일스의 문장에 살아 있다(다만 diene는 dien으로 바뀌었다. 그림 56).

플랜태저넷 왕가의 마지막 왕이 되었던 리처드 2세는 에드워드 참회왕의 상징을 추가해 잉글랜드 왕으로는 유일하게 임페일링 문장을 사용했다. 아버지 에드워드 흑태자의 이른 죽음으로 할아버지 에드워드 3세에게서 왕위를 물려받았을 때 그의 나이는 고작 열 살이었다. 당연한 결과로 숙부였던 제1대 랭커스터 공작 곤트의 존(John of Gaunt, 1st Duke of Lancaster)과 제1대 글로스터 공작 우드

---

* 보헤미아 왕 얀 루쳄부르스키(Jan Lucembursky)는 1340년경부터 맹인왕으로 군림했다. 신성로마 황제 헨리 7세(또는 하인리히 7세)의 아들로, 문장학에서도 유명한 왕으로 알려져 있다.

스톡의 토머스(Thomas of Woodstock, 1st Duke of Gloucester)가 어린 왕을 보필했는데, 차츰 제1대 랭커스터 공작 곤트의 존이 실권을 장악하게 되었다. 그러다 1381년 제1대 랭커스터 공작 곤트의 존을 몰아내고 그의 아들 헨리(훗날 헨리 4세)를 프랑스로 추방했다. 그러나 아일랜드 원정 도중 헨리의 거병 소식을 듣고 서둘러 귀국했으나, 귀족 대다수가 추방된 헨리 편에 가담하며 꼴사납게 포로로 잡혀 1399년에 퇴위당했다. 헨리 4세가 왕위에 올랐는데, 셰익스피어의 사극 『헨리 4세』라는 작품에도 나오듯 왕위를 찬탈했다는 비난을 받게 되었다. 리처드 2세는 이듬해인 1400년 석방되었다는 소문이 오랫동안 돌며 그의 죽음을 둘러싼 많은 의문이 남게 되었다.

왕은 동방 박사(The Three Kings 또는 Three Wise Men of East)를 수호성인으로 삼고 '세 개의 관'을 문장에 사용했다고 전해진다. 앞에서 어그멘테이션을 다룬 장에서 살펴본 로버트 드 베레(Robert de Vere, 그림 184 의 C)의 문장에 있는 관은 이 동방 박사의 관에서 유래했다는 설도 있다. 그러나 정식으로 최초는 에드워드 3세와 같은 문장을 사용했는데, 나중에는 에드워드 참회왕의 표식을 덱스터에, 쿼터리의 잉글랜드 왕의 문장을 시니스터에 배치한 임페일링 문장을 사용했다.

왕이 참회왕의 표식을 추가한 동기를 두고는 현재까지 정설은 없으나 아일랜드에서 참회왕의 인기가 뜨거웠기에 아일랜드와의 통합을 염두에 두고 추가했다는 설이 있다. 이 주장을 반박하는 의견으로 리처드 2세가 존경해 마지않는 참회왕을 모방해 표식을 추가

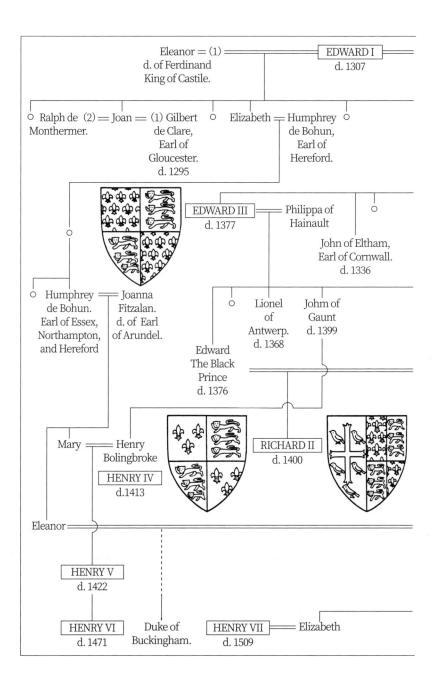

Eleanor = (1) ⟹ EDWARD I
d. of Ferdinand   d. 1307
King of Castile.

○ Ralph de (2) ═ Joan ═ (1) Gilbert   ○   Elizabeth ═ Humphrey ○
Monthermer.   de Clare,   de Bohun,
                        Earl of   Earl of
                        Gloucester.   Hereford.
                        d. 1295

EDWARD III ═══ Philippa of   ○
d. 1377   Hainault

                                John of Eltham,
                                Earl of Cornwall.
                                d. 1336

○ Humphrey ═══ Joanna   ○   Lionel   Johm of
  de Bohun.   Fitzalan.   of   Gaunt
  Earl of Essex, d. of Earl   Antwerp. d. 1399
  Northampton,   of Arundel.   d. 1368
  and Hereford
                        Edward
                        The Black
                        Prince
                        d. 1376

Mary ═══ Henry   RICHARD II
         Bolingbroke   d. 1400
         HENRY IV
         d.1413

Eleanor ═══════════════════════════════════════

         HENRY V
         d. 1422

         HENRY VI   Duke of   HENRY VII ═══ Elizabeth
         d. 1471   Buckingham. d. 1509

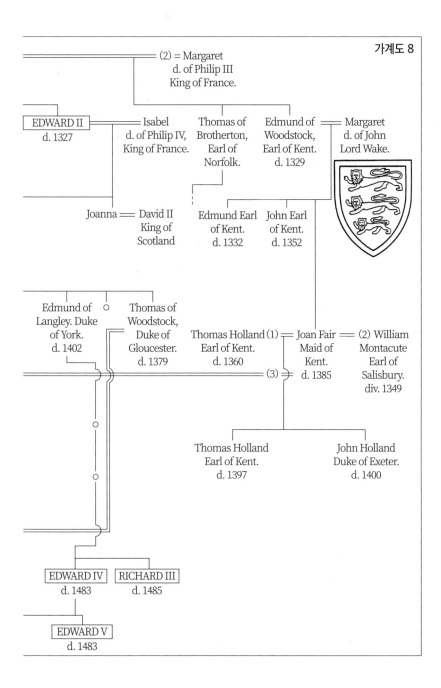

가계도 8

(2) = Margaret
d. of Philip III
King of France.

EDWARD II
d. 1327

Isabel
d. of Philip IV,
King of France.

Thomas of
Brotherton,
Earl of
Norfolk.

Edmund of === Margaret
Woodstock,   d. of John
Earl of Kent.   Lord Wake.
d. 1329

Joanna === David II
King of
Scotland

Edmund Earl
of Kent.
d. 1332

John Earl
of Kent.
d. 1352

Edmund of
Langley. Duke
of York.
d. 1402

○

Thomas of
Woodstock,
Duke of
Gloucester.
d. 1379

Thomas Holland (1) === Joan Fair === (2) William
Earl of Kent.   Maid of   Montacute
d. 1360   Kent.   Earl of
(3) ⊰ d. 1385   Salisbury.
                       div. 1349

○

○

Thomas Holland
Earl of Kent.
d. 1397

John Holland
Duke of Exeter.
d. 1400

EDWARD IV
d. 1483

RICHARD III
d. 1485

EDWARD V
d. 1483

했다는 반론이 좀 더 일반적인 지지를 받고 있다. 어느 쪽이 옳든 왕은 참회왕의 표식에 상당한 애착을 보였는데, 어그멘테이션 장에서도 설명했듯 토머스 홀랜드 같은 가까운 피붙이에게 '애정의 표시'로 참회왕의 표식 추가를 허가했다는 사실로도 참회왕의 표식에 대한 애착 정도를 짐작할 수 있다. 또 사족을 덧붙이자면 리처드 2세 왕비인 앤(Anne of Bohemia, 1366~94년)은 맹인왕이라는 별명으로 알려진 보헤미아 왕 얀 루쳄부르스키의 손녀로, 또 앤의 남동생 지기스문트*는 신성로마 황제로 1411년부터 1437년까지 재위했는데, 신성로마 황제의 '단두 독수리'를 '쌍두'로 바꾼 황제가 지기스문트였다.

‖ 3. 랭커스터 왕가, 요크 왕가, 튜더 왕가 ‖

랭커스터 왕가 초대 헨리 4세 시대에는 문장의 일부 개정이 이루어졌다. 이 문장은 이후 요크, 튜더와 3대 왕가 11명의 왕이 약 200년 동안 사용해 영국 왕의 문장 중 가장 장기간에 걸쳐 변경 없이 사용된 문장이 되었다. 그러나 불변 문장이라고는 해도 방패 부분만 변하지 않았지 크레스트와 서포터 등 액세서리는 수시로 변경되었고, 그중에는 재위 중 서포터의 동물을 서너 번씩 갈아치운 왕도 있다.

---

* 지기스문트(Sigismund, 1368~1437년)는 1387년부터 헝가리 왕, 1411년부터 신성로마 황제, 1419년부터 보헤미아 왕으로 만년까지 여러 국가의 왕을 겸임했다.

리처드 2세에게서 왕위를 찬탈했다고 여론의 뭇매를 맞았다고는 하나, 에드워드 3세의 넷째 아들로 랭커스터 공의 혈통을 물려받은 헨리 볼링브로크(Henry Bolingbroke)는 리처드 2세와 마찬가지로 에드워드 2세의 손자로, 헨리 4세로 왕위에 오르자마자 할아버지의 문장을 계승하는 게 당연했다. 그런데 당시 프랑스 왕 샤를 5세(1364~80년 재위)는 그때까지 플뢰르 드 리스를 새긴 '프랑스 에인션트'였던 문장을 '3개의 플뢰르 드 리스'로 변경했고, 이 문장은 '프랑스 모던'이라 부르게 되었다. 이 개정은 1365년 또는 1376년에 이뤄졌다고 알려져 있으나 정설은 없다. 샤를 5세가 문장을 개정한 이유도 명확하지 않다. 가톨릭에서 삼위일체의 상징(Pour symbolisée la Sainte Trinitée)의 뜻을 담아 개정했다고 알려져 있다. 그러나 이는 그럴듯한 구실을 대충 갖다붙인 가설로 여겨진다. 본심은 '잉글랜드 왕이 감히 프랑스 왕을 참칭하며 그 문장을 멋대로 사용한' 불경에 대응한 개정이 아니었을까. 열 길 물속은 알아도 한 길 사람 속은 모른다고, 프랑스 왕의 의중은 알 수 없으나 프랑스 왕이 문장 개정을 실시하자 잉글랜드 왕의 문장에 편입된다. '프랑스'가 단행한 프랑스 왕의 개정을 모방해 플뢰르 드 리스의 수를 줄이고 3개의 '프랑스 모던'으로 변경했다. 한쪽이 참칭이라면 다른 한쪽은 '프랑스 왕위 주장은 당연한 권리'라고 주장하는 양국의 힘겨루기를 방증하는 이야기다. 헨리 5세가 프랑스 왕위 계승권을 다시 들먹이며 출병해 아쟁쿠르 전투(Battle of Agincourt), 노르망디 전투 등에서 승리를 거둔 후 트루아(Troye) 조약으로 샤를 6세에게 왕위 계승

197 A) 헨리 4세~엘리자베스 1세 Henry IV~Elizabeth I(1405~1603년)
  B) 스튜어트 왕가 The House of Stuart(1603~88년)
  C) 커먼웰스 시대 Commonwealth(1649~60년)

권을 확보했다는 사실은 이 문장 개정의 배경을 잘 보여준다.

그런데 헨리 4세 시대에 그림 197 의 A에서 볼 수 있는 문장 개정은 1400년대 초기에 이루어졌는데 그 시기가 몇 년인지는 불분명하다. 1406년 무렵이라는 주장, 1405년이라는 주장 등 학설이 분분하다. 프랑스의 개정도 1365년, 1376년 이외에도 최근 학설로는 1396년경 이후라는 주장도 있다. 이 프랑스 측의 개정을 모방한 잉글랜드 측의 개정 연도가 명확하지 않은 건 어찌 보면 당연한 일이다. 대영박물관에 남아 있는 사료로는 에드워드 3세의 다섯째 아들인 제1대 요크 공작 랭글리의 에드먼드(Edmund of Langley, 1st Duke of York)의 첫째 아들인 제2대 요크 공작 노리치의 에드워드(Edward of Norwich, 2nd Duke of York, 1415년 사망)가 1403년에 사용한 실에 있는 문장이 현존하는 '개정 문장' 중 가장 오래된 문장이다. 훗날 헨리 5세가 되는 헨리 오브 몬머스(Henry of Monmouth)

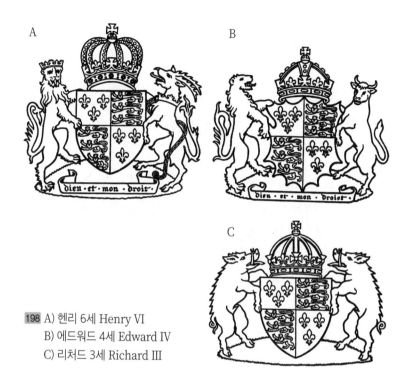

198 A) 헨리 6세 Henry VI
B) 에드워드 4세 Edward IV
C) 리처드 3세 Richard III

가 프린스 오브 웨일스의 실로 1405년에 사용한 문장이 그 뒤를 잇는다. 헨리 4세는 1406년부터 1408년에 걸쳐 사용한 두 번째 실에서 최초로 개정 문장을 사용했다. 왕을 비롯한 모든 왕족이 새로운 문장으로 통일한 건 헨리 5세 시대가 되고 나서부터다.

헨리 4세부터 엘리자베스 1세까지 약 200년간 문장 자체는 변하지 않았으나 헨리 6세 시대부터 서포터가 왕의 문장에 추가되었다. 잉글랜드 왕의 문장 서포터에 관해서는 그 기원을 에드워드 3세로

199 헨리 8세(Henry VIII, 1509~47년)의 문장

왼쪽 아래는 헨리 8세의 첫 왕비 아라곤의 캐서린(Catherine of Aragon), 오른쪽 아래는 두 번째 왕비인 앤 불린(Anne Boleyn)의 문장

보는 설이 있다고 앞에서 언급했다. 이를 증명하는 사료는 전혀 존재하지 않고, 또 리처드 2세, 헨리 4세, 헨리 5세도 서포터를 사용했다고 전해지나 에드워드 3세와 마찬가지로 확실한 증거는 없다. 사료가 현존하는 건 헨리 6세 이후다. 헨리 6세와 에드워드 3세는 세 차례, 리처드 3세는 두 차례, 헨리 7세는 세 차례, 헨리 8세는 네 차례, 메리 1세가 세 차례로, 한 왕이 몇 차례나 서포터를 변경한 사례는 수두룩하다. 그림 198, 199 에 그 일부를 볼 수 있다. 198 의 A는 헨리 6세의 두 번째 변경 문장, B는 에드워드 4세의 최초 문장, C는 리처드 3세의 두 번째 문장, 그리고 199 는 헨리 8세의 최초의 문장이다.

또 한 가지 이 시대 문장사에서 빼놓을 수 없는 이야기가 '튜더 로즈(Tudor Rose or Union Rose)'의 등장이다. 지금도 잉글랜드의 국화(國花) 또는 배지로 사용되는 장미의 시초다. 만약을 위해 덧붙이자면, 장미는 잉글랜드의 상징이지 영국 또는 연합국의 상징은 아니다. 그림 200 에서 볼 수 있듯 연합국의 배지에 있는 꽃은 잉글랜드의 장미, 아일랜드의 트레포일(Trefoil, 콩과 토끼풀속 등 잎이 3장으로 되어 있는 풀의 속칭. 세잎클로버, Shamrock), 스코틀랜드의 엉겅퀴에서 각 파츠를 조합해서 만들어졌다. 이미 장미의 잉글랜드 도입에 관해서는 헨리 3세의 왕비 엘레오노르(Éléonore de Provence)가 프로방스에서 시집오며 가져왔고, 부부의 큰아들인 에드워드 1세가 배지에 사용한 사례가 최초라고 이야기했다. 가계도 7에서 볼 수 있듯 랭커스터 가문으로 계승되어 이른바 '랭커스터의 붉은 장미(Red

Rose of Lancaster)'로 자리매김했다. 한편 '하얀 장미(White Rose of York)'로 알려진 요크 가문의 장미의 기원도 명확하지 않으나, 랭커스터 가문과 마찬가지로 에드워드 3세에게서 이어져 내려온 가계이기에, 기원은 에드워드 1세의 배지 이외에는 고려해볼 여지가 없다는 주장이 지배적이다. 그 기원을 파고들면 너무 전문적인 이야기라 생략하는데, 튜더 가문 출신이라고는 하나 랭커스터 가문의 헨리 5세의 왕비였던 캐서린을 할머니로 둔 헨리 7세와 요크 가문의 엘리자베스(에드워드 4세의 큰딸로 에드워드 5세의 누나)의 결혼으로 빨강과 하양 장미를 조합한 '튜더 로즈'가 탄생했다(그림 202). 에드워드 3세의 넷째 아들과 다섯째 아들의 가문으로 이어지는 랭커스터, 요크 두 가문이 벌인 '장미전쟁'은 헨리 7세의 결혼으로 일단 화해 분위기가 조성되었고, 두 가문이 화해하는 형식으로 채택된 배지가 빨강과 하양을 조합한 장미이다. 튜더 왕실이 들어서고 나서 탄생했다고 해서 '튜더 로즈' 또는 화합의 상징이라고 해서 '유니언 로즈'라는 이름이 붙었다.

　헨리 7세는 튜더 로즈 외에도 다양한 파츠를 사용했는데, 이후 역대 왕은 두 개의 사례를 제외하고는 대부분 튜더 로즈를 배지로 사용했고, 마침내 '잉글랜드'를 상징하는 배지로 정착하게 되었다.

스코틀랜드   대영연합왕국   잉글랜드

아일랜드

200 대영연합왕국의 배지

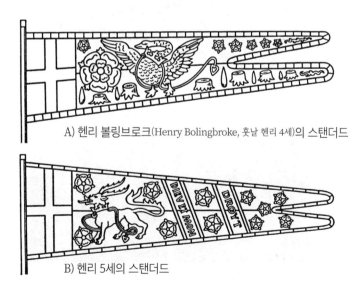

A) 헨리 볼링브로크(Henry Bolingbroke, 훗날 헨리 4세)의 스탠더드

B) 헨리 5세의 스탠더드

201 랭커스터의 장미를 배지로 삼은 스탠더드

202 헨리 7세의 어치브먼트
관 위의 장미가 튜더 로즈

203 헨리 8세의 그레이트 실

‖ 4. 스튜어트 가문 ‖

200년 가까이 변하지 않았던 잉글랜드 왕의 문장은 튜더 왕조의 마지막 왕인 엘리자베스 1세가 서거한 후 스튜어트 왕조가 들어서 며 대대적인 수정이 이루어졌다. 도중에 커먼웰스 시대를 끼고 7 대 왕, 111년 동안 네 차례나 변경되었다. 이 대대적인 개정은 스코 틀랜드와 아일랜드 문장이 새로 추가되며 이루어졌으나, 배후에는 잉글랜드 왕실의 대규모 변화가 자리하고 있었다. 왕실의 변화는 다시 말해 영국사의 대전환기로, 지면 관계상 깊이 파고들 여유가 없어 짤막하게 이름에 초점을 맞추어 대강 훑어보고 넘어가자.

이 책에서는 일관되게 잉글랜드와 영국을 엄격하게 구별하고 있 다. 잉글랜드 왕은 윌리엄 1세부터 헨리 8세까지 20대 왕이다. 에 드워드 6세부터 엘리자베스 1세까지 3대는 '잉글랜드 및 아일랜드 왕(여왕)'이다.* 또 제임스 1세부터 메리 1세까지 7대 왕이 '잉글랜 드, 스코틀랜드, 프랑스, 아일랜드 왕'**, 앤 여왕은 그레이트 브리 튼 및 프랑스, 아일랜드 왕***으로 쓰는 게 정식 칭호다(왕위표를 아울 러 참조). 이어진 하노버 왕조의 왕위 명칭은 다음에 소개하기로 하 고, 이러한 왕위 명칭의 변화가 곧 영국사의 일면을 단적으로 보여 주는 동시에 왕실 문장의 변화와도 밀접한 관계가 있음을 잊어서

---

* 헨리 7세 및 헨리 8세는 King of England and France and Lord of Ireland, 에드워드 6세~엘리 자베스 1세는 King(or Queen) of England and France and Ireland

** King of England, Scotland, France, and Ireland

*** King of Great Britain, France and Ireland. 이상과 같이 연대에 따라 왕위 명칭이 달라진다. 각 명칭을 구별해서 알아둘 필요가 있다. 많은 영국사 자료는 리처드 1세도 헨리 8세도 그리고 엘 리자베스 2세까지 구별하지 않고 '영국 왕'이라고 무신경하게 부르는데, 영국사를 이해하는 데 큰 걸림돌로 작용할 수 있으니 앞으로는 확실하게 알고 구분해서 사용하자.

는 안 된다.

튜더 왕조의 마지막 왕인 엘리자베스 1세는 미혼으로 평생을 살다 갔다. 왕위는 스코틀랜드 왕 제임스 6세가 잉글랜드 왕 제임스 1세로 계승하면서 잉글랜드와 스코틀랜드는 '동군연합(Personal union)' 시대를 맞이하게 되었다. 동군연합(同君連合)이란 같은 인물이 스코틀랜드에서는 제임스 6세로 즉위하고, 잉글랜드에서는 제임스 1세로 즉위한 상황으로, 두 개 이상 국가가 같은 군주를 모신 정치 형태를 말한다. 이로써 잉글랜드의 스튜어트 왕조가 시작되었다. 스코틀랜드와 잉글랜드의 대립에는 대놓고 언급하기 껄끄러운 부분이 있다. 지금도 스코틀랜드에서는 잉글랜드에 반대하는 정서가 남아 있고, 그러한 대립 관계에 있는 스코틀랜드 왕을 잉글랜드 왕으로 추대하는 상황은 외국인의 눈에는 기이하게 보여도 왕가의 가계도를 보면 고개를 끄덕이며 수긍할 수밖에 없다. 잉글랜드 왕가와 스코틀랜드 왕가의 혈연관계는 이 시대에 시작된 게 아니라 오래전부터 존재했다. 잉글랜드 왕 제임스 1세는 특히 끈끈하게 연결되어 있다. 가계도 9를 보면 스코틀랜드 왕 제임스 4세에게 시집가 왕비가 된 잉글랜드 왕 헨리 7세의 딸 마거릿 튜더(Margaret Tudor)는 제6대 앵거스 백작 아치볼드 더글러스와 1514년에 재혼했다가 1527년에 이혼했다. 제임스 1세의 어머니로 스코틀랜드 여왕인 메리 1세(Mary, Queen of Scots)도, 메리 1세의 남편이자 제임스 1세의 아버지인 단리 경 헨리 스튜어트(Henry Stuart [or Stewart], Duke of Albany, Lord Darnley)도 헨리 7세의 증손주에 해

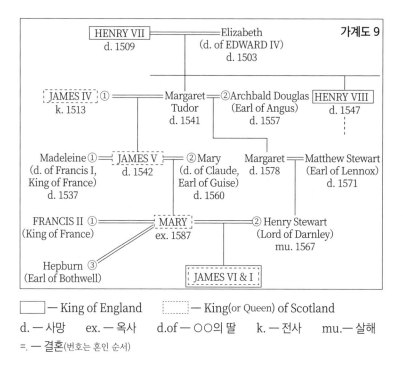

가계도 9

```
HENRY VII ━━━━━━━━━ Elizabeth
d. 1509              (d. of EDWARD IV)
                     d. 1503

JAMES IV ① ═══ Margaret ═② Archbald Douglas   HENRY VIII
k. 1513           Tudor      (Earl of Angus)      d. 1547
                  d. 1541     d. 1557

Madeleine ① ═ JAMES V ═ ② Mary       Margaret ═ Matthew Stewart
(d. of Francis I,  d. 1542  (d. of Claude,  d. 1578  (Earl of Lennox)
King of France)            Earl of Guise)            d. 1571
d. 1537                     d. 1560

FRANCIS II ① ═══ MARY ═══ ② Henry Stewart
(King of France)  ex. 1587    (Lord of Darnley)
                              mu. 1567

Hepburn ③
(Earl of Bothwell)        JAMES VI & I
```

▢ — King of England   ⌁ — King(or Queen) of Scotland
d. — 사망   ex. — 옥사   d.of — ○○의 딸   k. — 전사   mu.— 살해
=. — 결혼(번호는 혼인 순서)

당한다. 부계부터 모계까지, 쉽게 말해 친가와 외가 모두 잉글랜드
왕의 혈통을 물려받은, 그야말로 잉글랜드·스코틀랜드 연합 왕에
걸맞은 인물인 셈이다. 참수당하며 형장의 이슬로 사라진 메리 1세
는 절세 미녀로 이름을 떨쳤다.

안타깝게도 어머니의 미모를 물려받지 못한 못난이 제임스 1세
는 추남으로 알려졌다. 게다가 하필 엘리자베스 1세의 뒤를 이어
영국을 다스렸기에 사사건건 비교되며 별 볼 일 없는 한심한 왕으
로 평가받았으나 문장사에서는 나름 업적을 남겼다. 그림 197 B를

보면 제임스 1세가 실제로 사용한 왕의 문장에 스코틀랜드 왕 및 아일랜드 왕의 문장이 제2, 제3 쿼터에 추가되었는데, 이후 영국 왕실 문장의 기본이 된 잉글랜드, 스코틀랜드, 아일랜드 마셜링의 효시라는 영광을 안게 되었다.

이 문장에서 특별히 눈여겨봐야 할 부분은 제1과 제4 쿼터에 역대 잉글랜드 왕의 문장이 쿼터리 그대로 편입되었다는 점이다. 다소 늦은 감이 있지만 아일랜드 문장이 추가되었다는 점도 짚고 넘어가자. 왕위의 명칭이 '킹 오브 잉글랜드, 스코틀랜드, 프랑스 앤드 아일랜드(King of England, Scotland, France and Ireland)'이기에, 제1 쿼터리부터 순서대로 잉글랜드, 스코틀랜드, 프랑스, 아일랜드와 쿼터리에 마셜링하는 게 깔끔하게 디자인을 마무리할 수 있을 듯싶은데, 일부러 다르게 배치했다는 점이 제임스 1세의 독특한 처지를 보여준다. 즉 제임스 1세는 이들 네 개 국가를 통일한 국가의 왕이 아니라 잉글랜드, 프랑스 왕이며, 스코틀랜드 왕이고, 그리고 아일랜드 왕이라는 사실을 드러내고 있다. 애초에 이 문장은 왕이 잉글랜드 왕 제임스 1세로 사용한 문장이며, 스코틀랜드 왕 제임스 6세의 문장은 그림 204 에서 볼 수 있듯 잉글랜드·스코틀랜드 연합 왕국의 문장(그림 197 의 B)에서는 제2 쿼터에 있는 스코틀랜드를 제1과 제4 쿼터에 배치하고, 연합 왕의 문장에서는 제1, 제4 양 쿼터에 있는 잉글랜드와 프랑스를 하나로 합쳐 제2 쿼터에 배치한 '스코틀랜드 우위' 문장을 사용했다. 이러한 방식은 이후 답습되어 그림 55 에서도 볼 수 있듯 현재도 영국 왕이 스코틀랜드에서 공식적으

204 제임스 1세가 스코틀랜드 왕 제임스 6세로 사용한 문장

영국 왕이 '스코틀랜드'에서 스코틀랜드 우위 문장을 사용하는 관습은 한때 중지되었다가 부활했다. 그림 **55**를 보면 2022년 서거한 엘리자베스 2세 여왕이 스코틀랜드에서 사용한 문장도 이 방식을 채택하고 있다.

로 사용하는 문장은 '스코틀랜드 우위' 형식을 취하고 있다.

한편 제3 쿼터에 최초로 추가된 '아일랜드'는 원래 영국 왕이 아일랜드 왕임을 보여주는 상징인데, 잉글랜드 왕이 아일랜드 왕을 칭한 건 제임스 1세가 최초는 아니다. 잉글랜드와 아일랜드의 관계는 워낙 해묵은 역사가 있어 이 책에서도 이미 언급했듯 리처드 2세도 아일랜드 원정에 나섰고, 아일랜드에 대한 잉글랜드의 야망은 1169년 헨리 2세 이후로 줄곧 이어져 엘리자베스 1세, 제임스 1세 두 시대에는 아일랜드를 철저하게 짓밟고 억압하는 정책을 펼쳤다. 커먼웰스 시대 크롬웰의 탄압은 아일랜드 인구를 절반으로 줄이는 수준으로 가혹해 악명을 떨쳤다. 그때까지 용인하던 아일랜드 의회도 폐쇄해 완전한 식민지로 삼았다. 오늘날 아일랜드 문제는 이처럼 오랜 세월에 걸친 탄압을 배경으로 하고 있다.

잉글랜드 왕은 존 왕 이후로 킹 오브 잉글랜드(King of England) 이외에 로드 오브 아일랜드(Lord of Ireland) 직함을 보유하고 아일랜드 지배 수장임을 드러냈는데, '아일랜드 왕' 직함은 헨리 8세 시대인 1544년부터 추가되었다. 서양 문장의 관례는 이해에 '아일랜드'를 새로운 문장에 추가하는 게 일반적이나, 실제 아일랜드가 문장에 추가된 시기는 60년가량 늦어져 제임스 1세의 문장 개정 당시가 최초다. 다소 늦은 감이 있다고 표현한 건 이런 연유에서다. 잉글랜드 왕의 문장은 에드워드 3세 이후 지배하지도 않는 프랑스의 문장을 추가했을 뿐 아니라 1801년에 존 3세까지 '프랑스 왕'을 참칭하며 한편으로는 아일랜드처럼 불완전하게나마 아일랜드 왕을 칭하고, 야금야금 지배권을 실현하며 문장에 추가하지 않았다는 건 어떤 이유를 들든 참으로 기이하다.

어쨌든 제임스 1세의 둘째 아들인 찰스 1세는 청교도 혁명으로 폭군, 반역자 등의 죄명으로 처형되었다. 잉글랜드와 스코틀랜드, 아일랜드는 1649년부터 1660년까지 호국경(잉글랜드의 왕권이 약할 때 왕의 섭정에게 붙인 호칭-역주) 올리버 크롬웰과 리처드 크롬웰(Lord Protector Oliver Cromwell and Richard Cromwell)에 의한 커먼웰스 시대(Commonwealth of England)를 맞이해 연합 왕의 문장은 사라지지 않았으나, 국장은 그림 197 의 C에서 볼 수 있듯 커먼웰스 문

205 커먼웰스 시대의 주화에서 볼 수 있는 문장

장으로 변경되었다. 그때까지 스튜어트 왕가의 문장과 전혀 다른 도형인데, 구성은 묘하게 차이가 없다. 즉 제1, 제4 쿼터는 잉글랜드를 나타내는 성 조지 십자가(Saint George's Cross), 제2 쿼터는 스코틀랜드의 성 안드레아 십자가(Saint Andrew's Cross), 제3 쿼터는 아일랜드의 하프, 중앙의 인이스커천은 크롬웰의 문장이다.

이 문장에서는 잉글랜드와 스코틀랜드를 각각 십자가(Cross)로 변경했는데, 아일랜드를 나타내는 '성 파트리치오 십자가(Saint Patrick's Cross, 은색 필드에 붉은 솔타이어)'는 사용하지 않았다. 이유는 단순하다. 이 시대에는 아직 성 파트리치오 십자가가 없었기 때문이다. 성 파트리치오(패트릭)라는 아일랜드 수호성인의 이름을 달고 있기에 성인과 연관이 있는 십자가로 이해하기 쉬우나 이 십자가는 성인과는 전혀 관계가 없다. 1800년 아일랜드의 연합법이 성립하고 1801년부터 아일랜드와의 연합왕국이 실현되었는데, 그 연합왕국의 국기로 '흰 바탕에 붉은 대각선 십자가'가 고안됐고, 여기에 인위적으로 성 파트치리오의 이름을 붙여 기존에 존재하던 성 조

지 십자가와 성 안드레아 십자가를 합쳐서 오늘날 우리가 아는 유니언 잭이 탄생했다(『유니언 잭 이야기』[ユニオン・ジャック物語], 주오코론샤[中央公論社], 1992 참조).

제임스 1세가 개정한 문장은 찰스 1세 그리고 커먼웰스 시대 후 찰스 2세, 제임스 2세, 이렇게 4대에 걸쳐 사용되었다. 윌리엄 3세와 메리 2세의 공동 통치(Join Sovereign) 시대에는 나사우(Nassau) 문장을 추가해 사용했다(그림 **206** 의 A). 윌리엄 3세는 찰스 2세의 여동생인 메리와 오렌지 공(William of Orange, 네덜란드어로 빌럼 판 오라네)* 빌럼 2세(Willem II)의 큰딸로, 두 사람은 사촌끼리 결혼했다(가계도 10 참조). 결혼 당시 제임스 2세는 요크 공이었고, 빌럼 3세도 네덜란드 7개주 연합공화국(Republiek der Zeven Verenigde Nederlanden) 시대 네덜란드 최고행정관(stadholder, 스태드홀더)이었다. 두 사람이 왕과 여왕으로 영국 왕실에 추대된 것은 1688년 명예혁명으로 제임스 1세가 왕위에서 추방되고 프로테스탄트인 메리가 국민적 인기를 얻었기 때문이다. 아버지 제임스 2세의 추방, 남편과의 공동 통치라는 불편한 처지에서도 남편 윌리엄 3세를 현명하게 보필하고, 대외적으로는 정치에 전혀 개입하지 않았다고 전해진다. 게다가 메리는 자신이 사망한 이후에는 윌리엄 3세가 단독으로 왕위를 유지하라는 유언을 남겼다. 외국에서 데려온 군주의 공

---

* 오렌지 공은 본래 프랑스 귀족 가문이었는데, 16세기에 혈통이 끊어지며 독일 나사우(Nassau) 가문이 계승하며, 오라녜나사우(Oranje-Nassau)라 부르게 되었다. 윌리엄 3세는 영국 왕이며, 오렌지 공 작위를 물려받아 네덜란드 7개주 연합공화국의 최고행정관을 겸직했다. 윌리엄 3세 문장 중앙에 있는 나사우 문장은 현재 네덜란드 왕실의 문장으로 사용되고 있다(그림 **48**). 이는 현 네덜란드 왕실이 오라녜나사우를 계승했다는 상징이다.

206 A) 윌리엄 3세 William III(1689~1702년)
B) 윌리엄 3세와 메리 2세 William III & Mary II(1689~94년)
C) 앤 여왕 Queen Anne(1707~14년)
연도는 문장 사용 기간을 뜻하며, 재위 연도와 일치하지 않는다.

동 통치가 국민에게 받아들여진 것도 이러한 메리의 내조와 인기 덕분이었다. 또 원래 여왕의 남편(Prince consort)이라고 해야 할 입장이 되었을지도 모르는 윌리엄 3세도 일부에서는 외국인이라 반감을 샀으나, '군림하되 통치하지 않는다'는 영국 왕실 전통의 기초를 닦아 여왕의 내조에 부응한 왕으로 평가받는다.

이처럼 금실이 좋고 안팎으로 손발이 잘 맞았던 두 내외의 관계는 부부 문장에 잘 표현되어 있다. 그림 206 B에 소개한 문장은 덱스터가 윌리엄 3세, 시니스터가 메리 2세 공동으로 '왕'으로 표시된 문장을 조합한 '공동 군주' 문장이며 동시에 부부 문장이다. 이런 문장은 영국 왕의 문장으로는 처음이자 마지막이다. 그런데 이 문장은 공식적으로는 사용되지 않았고, 두 사람의 공동 통치 시대에 발행된 주화 문장도, 또 왕의 실도 모두 그림 206 A에서 볼 수 있는 윌리엄 3세의 문장만 사용했다. 이 대목에서 대외적으로는 남편 윌리엄 3세를 내세운 메리 2세의 현명한 내조를 엿볼 수 있다.

  윌리엄 3세와 메리 2세는 후사를 보지 못해 윌리엄 3세는 만년인 1701년에 제정된 왕위 계승법(The Act of Settlement)에 따라 왕위를 메리 2세의 여동생 앤에게 물려주었고, 이로써 스튜어트 왕가 마지막 여왕 앤이 탄생했다. 앤 여왕 즉위 후 1707년까지 사용한 문장은 제임스 1세가 개정한 문장과 같았는데, 1707년에 잉글랜드·스코틀랜드 연합으로 그레이트 브리튼이 성립하며 앤 여왕(Queen of Great Britain, France and Ireland)으로 명실상부하게 최초로 '그레이트 브리튼 왕'을 칭하는 여왕이 되었다. 그리고 왕의 문장은 제1과 제4 쿼터에 '잉글랜드'와 '스코틀랜드'를, 퍼 페일에 조합한 문장을 '그레이트 브리튼'으로 배치하고, '프랑스'를 제2 쿼터, '아일랜드'를 제3 쿼터에 마셜링했다(그림 206 의 C). 이 문장의 특이점은 에드워드 3세에 의해 1340년 이후 우위 필드였던 제1과 제4 쿼터에 배치된 '프랑스'가 367년 만에 제2 쿼터로 이동했다는 점이다. 잉글랜드 왕이 프랑스에 가졌던 콤플렉스가 국력 증대와 문화 향상으로 가까스로 희석되었음을 방증하는 증거이지만, 그래도 역시 미련이 남았는지 영국 왕의 문장에서 '프랑스'가 사라지려면 100년 가까운 세월이 더 필요했다. 또 앤 여왕은 덴마크 왕 프레데리크 3세(Frederik III)의 차남인 조지(Prince George of Denmark and Norway, Duke of Cumberland, 덴마크 발음으로는 요르겐)와 결혼해 아들 여섯, 딸 여덟을 낳았는데 자식 복이 없었다. 그중 아홉을 사산하고

(그 밖에 다섯 명이 유산), 태어나서 살아남은 다섯 자식도 오래 살아야 11년, 짧게는 1개월 이내에 세상을 떠나며 후사가 끊겨 왕위는 하노버 왕가가 계승하게 되었다.

5 하노버 왕가,
색스코버그고타 왕가, 윈저 왕가

앤 여왕이 후사 없이 승하하자 왕위는 찰스 1세의 누나인 엘리자베스의 막내딸뻘인 조피 폰 데어 팔츠 공녀(Sophie, Prinzessin von der Pfalz)와 하노버 선제후 에른스트 아우구스트 1세(Ernst August I von Hannover)의 큰아들인 게오르크(Georg)가 계승해 하노버 왕가 초대 왕 조지 1세가 탄생했다(가계도 10). 조지 1세는 가계도를 보면 알 수 있듯 스튜어트 왕가의 혈통을 물려받은 인물로, 왕위에 올랐을 때는 이미 쉰네 살이었다. 이미 아버지 에른스트 아우구스트 1세의 뒤를 이어 브라운슈바이크뤼네부르크 공 게오르크 루트비히(Georg Ludwig, Duke of Brunswick-Lüneburg)로 하노버 선제후 지위에 올랐고, 신성로마제국의 재무대신(Arch-Treasurer)이기도 했다.

조지 1세의 취임으로 머리가 복잡해진 사람은 문장관이었다. 왕의 문장을 어떻게 마셜링할지 고심하며 골머리를 앓았다고 전해진다. 윌리엄 3세의 오라네나사우처럼 단순한 문장이라면 그리 어렵지 않을 텐데, 16개의 쿼터로 나누어진 복잡한 하노버 선제후의 문

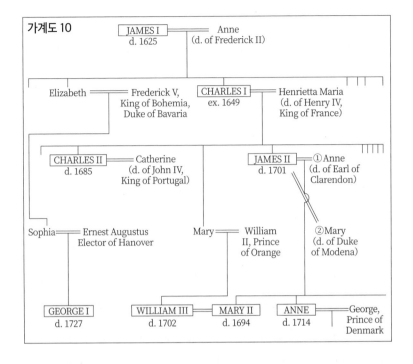

가계도 10

JAMES I
d. 1625
══ Anne
(d. of Frederick II)

Elizabeth ══ Frederick V,
King of Bohemia,
Duke of Bavaria

CHARLES I
ex. 1649
══ Henrietta Maria
(d. of Henry IV,
King of France)

CHARLES II
d. 1685
══ Catherine
(d. of John IV,
King of Portugal)

JAMES II
d. 1701
══ ①Anne
(d. of Earl of
Clarendon)

Sophia ══ Ernest Augustus
Elector of Hanover

Mary ══ William
II, Prince
of Orange

②Mary
(d. of Duke
of Modena)

GEORGE I
d. 1727

WILLIAM III
d. 1702
══ MARY II
d. 1694

ANNE
d. 1714
══ George,
Prince of
Denmark

장(그림 207 의 D)을 어떻게 영국 왕의 문장에 조합할지를 두고 문장
관들 사이에서 격렬한 논쟁이 벌어졌으나, 결국 앤 여왕 문장의 제
1과 제4 쿼터에 있는 '그레이트 브리튼' 중 제4 쿼터를 제외하고, 그
자리에 하노버 선제후의 문장을 배치하기로 합의했다. 아무리 머
리를 싸매고 고민해도 16개는 무리였던지라 그림 207 의 A에서 볼
수 있듯 네 개의 문장으로 간소화한 디자인으로 개정했다. 티어스
드 퍼 페일 앤드 퍼 셰브런(Tierced per pale and per chervon) 형태
로 나누어진 문장 중에서 덱스터의 사자 두 마리는 브라운슈바이
크(Brunswick), 시니스터의 작은 심장과 사자 한 마리는 뤼네부르

207 A) 하노버 왕가 Hanover-1(1714~1801년)
B) 같은 그림-2(1801~16년)
C) 같은 그림-3(1816~37년)
D) 하노버 선제후 게오르크(훗날 조지 1세)의 문장 D

크(Lüneburg), 베이스의 말은 하노버를 나타내는 문장이다. 중앙의
인이스커천은 카롤루스 마그누스(=샤를마뉴 대제)의 관을 그린 도형
으로, 신성로마제국의 재무대신을 나타낸다.

이 문장은 후대 왕인 조지 2세, 조지 3세도 사용했다. 조지 3세는
1810년에 아일랜드와의 연합을 기회로 대대적으로 개정했다. 먼저
431년 동안 자리를 지켜온 '프랑스'가 드디어 삭제되었다는 부분에
주목해야 한다. 그리고 제1과 제4 쿼터에 '잉글랜드', 제2 쿼터에 '스
코틀랜드' 그리고 제3 쿼터에 '아일랜드'가 배치되었고, 중앙에 하노
버 선제후의 문장을 인이스커천으로 배치했다(그림 **207** 의 B). 인이

스커천 위에 있는 모자는 '선제후 모자(Electoral Bonnet)'로, 1816년
에 하노버 선제후령이 왕국이 되고 나서 이 모자는 그림 207 의 C
와 같이 왕관으로 변경되었고 나중에 윌리엄 4세가 1837년까지 사
용했다.

드디어 리처드 1세에서 시작된 영국 왕실 문장은 최후의 개정을
맞이하게 된다. 윌리엄 4세의 뒤를 이어 왕위에 오른 조지 2세의 넷
째 아들, 윌리엄 4세의 남동생 켄트 공작 에드워드(Prince Edward,
Duke of Kent)의 딸이 바로 그 유명한 빅토리아 여왕이다. 남편은
독일 작센코부르크고타(Sachsen-Coburg und Gotha) 가문 출신으
로, 영국으로 장가를 오며 영국 여왕 부군 앨버트 색스코버그고타
공자(Prince Albert of Saxe-Coburg and Gotha)라는 칭호로 불리게
되었다. 현명한 남편의 조언으로 빅토리아 시대를 '해가 지지 않는
나라'로 만든 여왕에 관해 이야기하자면 끝이 없기에 이쯤에서 줄
이자. 어쨌든 엘리자베스 2세 여왕이 사용한 영국 왕의 문장은 액
세서리를 제외하고 빅토리아 여왕의 개정 이후 그대로 계승한 문
장이다.

윌리엄 4세 이후 남자가 왕위를 계승했더라면 아마도 조지 3세가
사용한 문장을 그대로 계승했겠지만, 여왕의 등극으로 문장을 변
경할 수밖에 없었다. '살리카 법전(The Salic Law)'에 따른 결과물이
었다. 잉글랜드 시대 이후 영국에서는 여성에게도 상속권을 인정
했지만, 유럽 대륙에서는 스페인, 프랑스를 중심으로 여성의 상속

208 빅토리아 여왕의 어치브먼트

209 빅토리아 여왕 부군 앨버트
The Prince Albert of Saxe-Coburg and Gotha의 문장

권을 인정하지 않았다. 하노버 가문도 예외는 아니었다. 이러한 관
습은 살리카 법전에 따랐는데, 윌리엄 4세까지 대대로 계승된 하노
버 공국(후대에 왕국)의 계승권은 빅토리아 여왕에게도 적용되지 않
아 결과적으로 윌리엄 4세까지 사용된 문장부터 인이스커천의 하
노버 문장이 제거되었다. 또 영국 왕의 대문장은 서포터가 제임스
1세 시대에 정해진 사자(덱스터)와 유니콘(시니스터) 이후 변하지 않
았으며, 방패 도형도 빅토리아 여왕 이후로 바뀌지 않았다. 다만 세
부적으로는 역대 왕에 따라 다소 차이가 있다. 빅토리아 여왕의 대
문장(어치브먼트)을 그림 208 에서 보면 실제로 어떻게 적용되었는

지를 잘 알 수 있다.

사족을 덧붙이자면 영국 왕실은 빅토리아 여왕의 큰아들인 에드워드 7세를 색스코버그고타(The House of Saxe-Coburg and Gotha) 왕가, 후대 조지 5세부터 엘리자베스 2세 여왕까지를 윈저(Windsor) 왕가라 부르는데, 실질적으로는 하노버 왕가라는 사실에 변함이 없다. 다시 말해 영국 왕이라고는 하나 독일계 색채가 짙은 가문이다. 특히 윈저 가문의 명칭은 제1차 세계대전에서 독일을 적대시하며 국민 감정을 고려해 1917년 7월 17일에 조지 5세의 선언으로 영어식으로 개칭한 것으로, 예부터 존재하던 윈저 가문을 계승한 이름은 아니다. 독일 혈통이 짙다고는 하나 엘리자베스 2세 여왕의 큰딸 앤 공주 결혼식에서 식장에 흘러나온 음악은 놀랍게도 독일 국가 원곡인 하이든의 현악 4중주 No.77 C장조 『황제』의 제2악장이었다. 영국 왕실의 행사에서 독일 음악이 당당하게 울려 퍼진다고 수군대는 여론은 영국 국내에서 일지 않았다.

참고문헌

문장학 원론 관계

- J. Gvillim, *A Display of Heraldry*, 1638
- J. Gvillim, *A Display of Heraldry, 6th edition*, 1724
- J. Edmondson, *A Complete Body of Heraldry, or Edmondson's Heraldry. Vol. 1-2*, 1780
- J. Dallawy, *Science of Heraldry in England*, 1793
- W. Berry, *Encyclopaedia Heraldica*, 1828
- R. C. Boutell, *The Manual of Heraldry*, 1863
- J. E. Cussans, *The Handbook of Heraldry*, 1869
- J. Woodward, *A Treatise of Heraldry. Vol. 1-2*, 1891-2
- A. C. Fox-Davies, *The Art of Heraldry*, 1904
- A. C. Fox-Davies, *A Complete Guide to Heraldry*, 1909
- B. Koerner, *Handbuch der Heraldskunst. Band 1-4*, 1920-30
- J. P. Brooke-Little, *Boutell's Heraldry*, 1950

문장감 관계

- T. Wright, *The Rolls of Arms of the Prince, Barons and Knights who attended King Edward I to the Siege of Caerlaverock in 1300*, 1864
- G. J. Armytage, *Glover's Roll of the Reign of King Henry III*, 1868
- A. R. Wagner, *Catalogue of English Mediaeval Rolls of Arms*, 1950
- A. R. Wagner, *Rolls of Arms Henry III*, 1967
- S. Anglo, *The Great Tournament Roll of Westminster*, 1968
- G. J. Brault, *Eight Th irteenth-century Rolls of Arms in French and Anglo-Norman Blazon*, 1973

왕실·왕족의 문장

- A. B. Wyon, *The Great Seals of England*, 1887
- J. H. and R. V. Pinches, *The Royal Heraldry*, 1974
- J. P. Brooke-Little, *Royal Heraldry, Beasts and Badges of Britain*, 1977
- *Burke's Royal Family of the World*, 1977

교회·성직자의 문장

- J. Woodward, *Treatise on Ecclesiastical Heraldry*, 1849
- D. L. Galbreath, *Papal Heraldry*, 1972
- B. B. Heim, *Heraldry in the Catholic Church*, 1978

귀족·기사단 관계

- J. Logan, *Analogia Honorum, or Treatise of Honour and Nobility. Vol. 1-2*, 1677
- E. Ashmole, *The Institution, Laws and Ceremonies of the Most Noble Order of the Garter*, 1672
- P. Wright, *Help to English History*, 1709
- J. Hope, *The Stall Plates of the Knights of the Order of the Garter, 1348-1485*, 1901
- A. Chaff anjon, *Les Grands Ordres de Chevalerie*, 1969
- R. V. Pinches, *A European Armorial*, 1971
- *Annuaire de la Noblesse de France*, 1976

문장총감 관계

- J. Burke, *Heraldic Illustrations with Explanatory Pedigrees, Vol. 1-3*, 1848
- J. W. Papworth, *Ordinaries of British Armorials*, 1874
- B. Burke, *General Armory*, 1884
- H. G. Strohl, *Deutsche Wappenrolle*, 1897
- H. G. Strohl, *Österreichsch-ungarische Wappenrolle*, 1899
- J. B. Lietstap, *Armorial General(. Tome 1-2)*, 1884
- J. B. Lietstap, *Illustrations to the Armorial Général. Vol. 1-6*, 1903-26
- J. B. Lietstap, *Supplement to Lietstap's Armorial Général. Vol. 1-9*, 1904-54
- J. Foster, *Some Feudal Coats of Arms*, 1902
- A. C. Fox-Davies, *Armorial Families. Vol. 1-2*, 1929
- *Die Wappen Der europaischen Fürsten ; Siebmacher's Grosses Wappenbuch, Band 5*, 1894

문장학 세론(細論) 관계

- *Fairbairn's Book of Crests*, 1905
- A. C. Fox-Davies, *Heraldic Badges*, 1906
- W. Hall, *Canting and Allusive Arms of England and Wales*, 1966
- R. Gayre, *Heraldic Cadency*, 1960

지자체·공기업 및 단체 관계

- A. C. Fox-Davies, *The Book of Public Arms*, 1894
- A. C. Fox-Davies, *The Book of Public Arms*, 1915
- R. Closley, *London's Coat of Arms*, 1928
- K. Stadler, *Deutsche Wappen, Bundesrepublik Deutschland. Band 1-8*, 1964-71
- J. S. Bromley, *Armorial Bearings of the Guilds of London*, 1960
- J. Louda, *European Civic Coats of Arms*, 1966
- D. Christie-Murray, *Armorial Bearings of British Schools*, 1960
- G. Briggs, *Civic and Corporate Heraldry*, 1971
- G. William, *The Heraldry of the Cinque Ports*, 1971

국가별 문장 관계

- O. Hupp, *München Kalender*, 1895-1906
- T. Innes, *Scots Heraldry*, 1934
- R. M. Urquhart, *Scottish Burgh and County Heraldry*, 1973
- A. y A. G. Carraff a, *El Solar Vasco Navarro. Tomo 1-6*, 1966
- A. y A. G. Carraff a, *El Solar Catalan Valenciano y Balear. Tomo 1-4*, 1968
- *Armorial Lustiano Genealogia e Heláldica*, 1961
- G. B. di Crollalanza, *Dizionario Storico-Blasonica. Volume 1-3*, 1886
- ЗЕМЕЛЬНЫIЕ ГЕРБЫI РОССИИ Xll-XlXBB, 1974
- J. Louda, *Zanky Česko-Slovenských Měst*, 1975
- M. Gumowski, *Handbuch der Polnischen Heraldik*, 1969
- L. G. Pine, *International Heraldry*, 1970

기타

- N. H. Nicols, *The Scrope and Grosvenor Controversy in the Court of Chivalry 1385-1390*, 1832
- R. Griffi n, *The Heraldry in the Cloister of the Cathedral Church of Christ, at Canterbury*, 1915

- W. S. Ellis, *Antiquities of Heraldry*, 1869
- C. A. H. Franklin, *The Bearing of Coat-Armour by Ladies*, 1923
- The Burlington Fine Arts Club, *British Heraldic Art*, 1916
- W. Hamilton, *French Book-Plates*, 1896
- Davenport, *English Heraldic Book-Stamps*, 1909
- M. Morris, *Brass Rubbing*, 1965
- M. Clayton, *Catalogue of Rubbings of Brasses and Incised Slabs*, 1968
- J. Page-Phillips, *Monumental Brass*, 1969
- H. Trivick, *The Craft and Design of Monumental Brasses*, 1969
- C. W. Scot-Giles, *Shakespeare's Heraldry*, 1950
- C. W. Scot-Giles, *The Romance of Heraldry*, 1929
- L. G. Pine, *The Story of Heraldry*, 1963
- R. Dennys, *The Heraldic Imagination*, 1975
- G. G. Napier, *English Heraldry*, 1934
- The Heraldic Society, *The Colour of Heraldry*, 1958
- C. E. Wright, *English Heraldic Manuscripts in the British Museum*, 1973
- W. Hamilton, *Introduction to Inn signs*, 1969
- G. Dow, *Railway Heraldry*, 1973
- D. S. Howard, *Chinese Armorial Porcelain*, 1974
- R. Gayre, *Heraldic Standards and other Ensigns*, 1959
- L. G. Pine, *Princes of Wales*, 1970
- J. Bryce, *The Holy Roman Empire*, 1913
- W. Beattie. *The Castles and Abbeys of England*, 1860

화폐 관계

- J. S. Davenport, *European Crowns. 1600-1700*, 1974
- J. S. Davenport, *European Crowns. 1700-1800*, 1971
- J. S. Davenport, *German Church and City Talers. 1600-1700*, 1975
- J. S. Davenport, *European Crowns and Talers since 1800*, 1964
- P. Arnold, *Grosser Deutscher Münzkatalog von 1800 bis heute*, 1970
- J. de Mey, *European Crown Size and Multiples. Vol. 1, Germany, 1486-1599*, 1975
- G. Sobin Jr., *The Silver Crowns of France*, 1974
- Jean-Paul Divo, *Die Münzen der Schweiz*, 1969
- H. A. Seaby, *The English Silver Coinage from 1649*, 1949
- P. Seaby, *Coins of England and the United Kingdom*, 1975

- P. Seaby, *Coins and Tokens of Ireland*, 1970
- P. Seaby, *Coins and Tokens of Scotland*, 1972

문장학 전문 사전

- J. Parker, *A Glossary of Terms used in Heraldry*, 1894
- C. N. Elvin, *A Dictionary of Heraldry*, 1889
- J. Franklyn, *An Encyclopaedic Dictionary of Heraldry*, 1970
- C. N. Elvin, *Handbook of Mottoes*, 1860
- Le Baron Stalins, *Vocabulaire-Atlas Héraldique*, 1952

색인

색인 중 1과 같은 숫자는 본문에 삽입된 그림 번호, 1과 같은 숫자는 이 책 맨 앞 쪽의 원색 그림 번호를 가리킨다.

문장 관련 용어

창작을 위한 아이디어 자료

AK 트리비아 시리즈

환상 네이밍 사전
의미 있는 네이밍을 위한 1만3,000개 이상의 단어

중2병 대사전
중2병의 의미와 기원 등, 102개의 항목 해설

크툴루 신화 대사전
대중 문화 속에 자리 잡은 크툴루 신화의 다양한 요소

문양박물관
세계 각지의 아름다운 문양과 장식의 정수

고대 로마군 무기·방어구·전술 대전
위대한 정복자, 고대 로마군의 모든 것

도감 무기 갑옷 투구
무기의 기원과 발전을 파헤친 궁극의 군장도감

중세 유럽의 무술, 속 중세 유럽의 무술
중세 유럽~르네상스 시대에 활약했던 검술과 격투술

최신 군용 총기 사전
세계 각국의 현용 군용 총기를 총망라

초패미컴, 초초패미컴
100여 개의 작품에 대한 리뷰를 담은 영구 소장판

초쿠소게 1,2
망작 게임들의 숨겨진 매력을 재조명

초에로게, 초에로게 하드코어
엄격한 심사(?!)를 통해 선정된 '명작 에로게'

세계의 전투식량을 먹어보다
전투식량에 관련된 궁금증을 한 권으로 해결

세계장식도 1, 2
공예 미술계 불후의 명작을 농축한 한 권

서양 건축의 역사
서양 건축의 다양한 양식들을 알기 쉽게 해설

세계의 건축
세밀한 선화로 표현한 고품격 건축 일러스트 자료집

지중해가 낳은 천재 건축가 -안토니오 가우디
천재 건축가 가우디의 인생, 그리고 작품

민족의상 1,2
시대가 흘렀음에도 화려하고 기품 있는 색감

중세 유럽의 복장
특색과 문화가 담긴 고품격 유럽 민족의상 자료집

그림과 사진으로 풀어보는 이상한 나라의 앨리스
매혹적인 원더랜드의 논리를 완전 해설

그림과 사진으로 풀어보는 알프스 소녀 하이디
하이디를 통해 살펴보는 19세기 유럽사

영국 귀족의 생활
화려함과 고상함의 이면에 자리 잡은 책임과 무게

요리 도감
부모가 자식에게 조곤조곤 알려주는 요리 조언집

사육 재배 도감
동물과 식물을 스스로 키워보기 위한 알찬 조언

식물은 대단하다
우리 주변의 식물들이 지닌 놀라운 힘

그림과 사진으로 풀어보는 마녀의 약초상자
「약초」라는 키워드로 마녀의 비밀을 추적

초콜릿 세계사
신비의 약이 연인 사이의 선물로 자리 잡기까지

초콜릿어 사전
사랑스러운 일러스트로 보는 초콜릿의 매력

판타지세계 용어사전
세계 각국의 신화, 전설, 역사 속의 용어들을 해설

세계사 만물사전
역사를 장식한 각종 사물 약 3,000점의 유래와 역사

고대 격투기
고대 지중해 세계 격투기와 무기 전투전술 총망라

유럽의 문장 이야기

초판 1쇄 인쇄 2023년 10월 10일
초판 1쇄 발행 2023년 10월 15일

저자 : 모리 마모루
번역 : 서수지

펴낸이 : 이동섭
편집 : 이민규
디자인 : 조세연
영업·마케팅 : 송정환, 조정훈
e-BOOK : 홍인표, 최정수, 서찬웅, 김은혜, 정희철
관리 : 이윤미

㈜에이케이커뮤니케이션즈
등록 1996년 7월 9일(제302-1996-00026호)
주소 : 04002 서울 마포구 동교로 17안길 28, 2층
TEL : 02-702-7963~5 FAX : 02-702-7988
http://www.amusementkorea.co.kr

ISBN 979-11-274-6581-0 03920